笑いの日本史

船橋晴雄

中央公論新社

目次

笑いの日本史

第一章 神楽

神も笑い人も笑う『古事記』

本書、題名を「笑いの日本史」とあります。従って巻頭はこの列島に人類が住みつき一つの社会を形成した時代、弥生、縄文を超えて先史時代まで遡って考察すべきかもしれません。何しろ笑いは人類と共にあったといわれるくらいですから。

しかし笑いも様々です。体をくすぐって笑わせる、この笑いは考察の対象外です。赤ちゃんが生まれながらに見せる笑み、これも考察の対象外です。では考察の対象は何かといえば、人間が言語によってお互いに意思を疎通し、大きさはともかくとして一つの社会を形成した時代以降、更にその営みの結果が文字によって記録され、今日のわれわれがそれを読み解き、理解共感できるレベルまで文化が発達した時代以降に限定したいと思います。「日本史」と銘打つ以上それ以外の方法はありません。

そこでまずわれわれが想起するのが『古事記』です。日本民族の神話と、今なお国民統合の「象徴」である皇室の歴史をまとめたものです。

まず『古事記』の笑いはどのようなものか。日本人なら誰でも知っているアマテラス（『古事記』では「天照大御神《アマテラスオオミカミ》」と記されています。いちいちルビを振るのも大変なので、適宜略称します。その対象を粗略に扱っている訳ではありませんので念の為。以下同）の「天の岩戸隠れ」の話を見てみましょう。

弟のスサノオ（「速須佐之男命《ハヤスサノオノミコト》」）の乱暴狼藉に立腹したアマテラスが天の岩屋に隠れてしまったので、この世は真っ暗になってしまい、困った八百万の神々は鳩首協議をしてアマテラスに何とか岩屋から出てもらおうと、あるイベントを企画します。それがアメノウズメ（「天宇受売命《アメノウズメノミコト》」）のダンスショーを中心とした大宴会でした。

その一部を原文で読んでみましょう。

> 天宇受売命、手次《たすき》に天の香山《かぐやま》の天《あめ》の日影《ひかげ》を繫《か》けて。天の真折《まさき》を縵《かずら》と為《し》て、手草《たぐさ》に天の香山の小竹《ささ》の葉を結《ゆ》ひて、天の石屋の戸にうけを伏《ふ》せて、踏みとどろこし、神懸《かむがか》り為《し》て、胸乳《むなち》を掛き出だし、裳《も》の緒《お》をほとに忍《お》し垂れき。爾《しか》くして、高天原《たかあまのはら》動《とよ》みて、八百万《やおよろず》の神共に咲《わら》ひき。

（大意）アメノウズメが天の香山の日影かずらをタスキにかけ、天上のマサキ蔓を髪飾りとし、天の香山のササの葉を結えて手に持って、天の岩屋の戸の前に桶を伏せて、その上に乗って足踏みして大きな音を轟かせ、神がかりして胸の乳房を露わにし、裳の紐を女陰まで垂らして踊った。するとこれを見ていた高天原の神々はどっと笑った。

まんまと八百万の神々の計略にはまったアマテラスが、外は騒がしいな何をしているのだろうと岩屋の戸を少し開けて様子を窺った瞬間、この時を待っていたタヂカラヲ（「天手力男神」、いかにも怪力の神にふさわしい名前です）が、戸を押し開けアマテラスの手を取って岩屋から引き出し、結果天上も天下も明るく照り輝くようになったという話です。

いろいろ論点はありますが、まずはじめにアメノウズメのパフォーマンスはどのようなものだったのかについて考えてみましょう。

ここで筆者はダンスショーとか踊りとか、勝手に解釈していますが、原文には舞いだったのか踊りだったのか記されていません。ただ「桶の上で足踏みして大きな音を轟かせて」いると記されていることから、それは舞いではありえない。タップダンスのように上下に跳びはねる動きが想像されます。また桶も手桶のような物の上でタップするのは中々難しいと思われますので、少なくとも洗濯盥か風呂桶くらいの大きさがあったと思われます。

では踊りだとして、どのような所作が伴っていたのでしょうか。神々がどっと笑ったというのですから、例えばどじょうすくいのような滑稽な仕草を伴った踊りだった可能性もない訳ではありませんが、筆者は男女の間で行われる何かを連想させるような、性的な踊りだったのではないかと考えています。というのも、アメノウズメの姿があまりにもセクシーだからです。

筆者は以前、この天の岩戸の物語を伝えているとされる高千穂（宮崎県西臼杵郡高千穂町）の夜神楽を見たことがあります。男神・女神（男性が演じている）のカラミのある、かなり際どいパフォーマンスでした。男神がワザと観客の女性に抱きついたりして、そこでまた男神と女神が大立ち回りをする脱線もありましたが、この時の観客も、高天原の神々のように「動みて」「共に咲ひき」と大いに盛り上がりました。

なお、神楽は、神に奉納する音曲歌舞などの総称ですが、このアメノウズメのパフォーマンスの前に神楽・細男《せいのお》を行ったと記しているのは、世阿弥の『風姿花伝』です。細男というのは神楽の中で、初め人長《にんじょう》の舞（神楽の進行役による舞）を舞った後、滑稽な物マネ藝があったそのことをいうそうです。

さらに、アマテラスが岩屋から出てきて一斉に世界が明るくなった時、『風姿花伝』には「神達の御面白《おんおもて》かりけり」と記されていますが、面白いという言葉の語源だといわれます。

次に、アメノウズメの踊りに歌が伴っていたでしょうか。今日のミュージカルや伝統藝術である能・歌舞伎などにおいては、舞踊と歌唱は一体のものとして演じられています。それが、人の視覚と聴覚を同時に刺激して、感動をより高めることになるからです。『古事記』には何も触れられていませんが、神々であるからこそその辺の呼吸は十分に弁えていると考え、このパフォーマンスには歌が伴っていたと思います。場合によってはバックにコーラスを伴っていたかもしれません。合わせて楽器についていえば、桶を踏んで音を出すというのは、一種の打楽器です。桶の大きさや素材の差によって出る音も違うでしょうから、これらを用意した伴奏もあったかもしれません。

問題は歌があったとして、どういう言葉だったのか、どういう内容だったのか、神代の昔文字のない時代に、どのようにそれは継承されていったのか、何も記録は残されていません。

これについて興味深いのは、『日本書紀』にアメノウズメについて、「作俳優《ワザオギ》」としていることです。「わざをき」とは、滑稽な仕草や歌舞によって神や人を楽しませることをいい、それが神懸りしているということは、何やら呪文もしくは経文のようなものを唱えていた可能性が高い。巫女といってもいいし、シャーマンといってもいい。あるいは、藝能民、エンターテイナーといってもいいでしょう。

このアメノウズメのような人々がエンターテイナーの祖であり、彼ら彼女らが数多くの藝能（その中には当然笑いを含みます）を伝えていったと考えられます。詳しくは以下の各章で触れることにします。

二番目に、どっと笑った八百万の神々です。八百万はもちろん大勢のという意味です。『古事記』で登場する神々の数はおよそ三百柱（神様は柱と数えます）とされています。それぞれに様々な出自や地位、役割や性格が付与されたまさに多神教の世界です。古代日本にはこの『古事記』に登場しない神々も多数存在し、人々は彼らとともに生きてきました。

多神教の対極は一神教です。ユダヤ教、キリスト教、イスラム教の神観念がそれです。全智全能、万物創造、唯一絶対の神です。われわれがこのような神観念を中々実感し難いのは、多神教の神観念が、自覚するしないにかかわらず、日本人の心の奥底に棲みついているからです。俗に「捨てる神あれば拾う神あり」といわれます。これが多神教の世界観です。一神教の絶対神の世界では捨てられたらおしまいです。この差は、笑いやユーモアの姿や形に影響を与えずにはおきません。

三番目に気付くことは、「笑」ではなく、「咲」の字を使って「わらふ」と読んでいることです。漢和辞典などを引くと実は「咲《ショウ》」は笑の本字であるとあって、これを花が咲《さ》くなどと読むのは、花が開花する様が人が口を開けて笑うことに似ているので、使われるようになったそうです。

笑う意味の漢字には、咲の他、嗤《シ》、哂《シン》、吲《シン》、矧《シン》、噱《ガク》、粲《サン》などがあります。江戸の大儒荻生徂徠に『訳文筌《せん》蹄《てい》』という漢字の用法を説いた一種の漢和辞典があって、そこでは「嗤《シ》」は「アザケリワロフナリ」、「哂《シン》」や「吲」は、「ニッコリトワラヒテ歯ヲアラハス事ナリ」、「噱」は、「大笑スルナリ」などと説かれています。

なお、「笑」には「𥬇」という別字もあって、これには次のような笑い話が伝わっています。

一休和尚が知らぬものはないというので、ある僧が笑う時には口を広げるか、目元に皺を寄せるか、ならば字も口偏に広とか目偏に皺という字が相応しいのに、竹冠に犬とは解せませんと挑んだ所、和尚は次のように答えたというのです。

昔神農《しんのう》などが字を作り、わらいをどうするか一同腕を組んでいたところ、そこへ一匹の犬が頭に籠を被って狂ったように走ってきた。その有様がおかしくて一同どっと笑ったので、そうだこれがいいということで竹かんむりの下に犬と書くようにしようと決まったということだ。(『一休和尚頓智奇談』)

以下、本書の趣旨を考え、必ずしも前後に脈略がつかなくても時に寄り道して笑い話をご紹介したいと思いますので、御了解いただきたく存じます。

『古事記』は、天武天皇(在位六七三～六八六)が発意し、舎人稗田阿礼に命じて、歴代天皇の皇位継承の次第や昔からの記録を暗記させ、これらを審査して偽りを正し、真実を残すという編纂作業をして、一つの一貫したストーリーにまとめることを命じ、また太安万侶に対し、これを文章にして提出するよう命じて成ったものです。編纂作業は天武天皇の死によって中断されましたが、元明天皇(在位七〇七～七一五)の時に完成し、これを天皇に呈じたとされています。時に和銅五年(七一二)正月二十八日。このことは、『古事記』序に安万侶自身が記しています。

和銅五年といえば、まだひらがなやカタカナは生まれていません。先ほど「原文で読んでみましょう」と記しましたが、これは実は漢文風の読み下し文で、本当の原文はすべて漢字で記されています。

原文では例えば「天の真拆を縵と為て」は、「為縵天之真拆而」とあり、これに返り点を打てば「為レ縵二天之真拆一而」と漢文風になります。一方「踏みとどろこし」の原文は「蹈登杼呂許志」とあり、割り注でこの「五字は音を以てす」と記されています。

安万侶も日本語を漢字を使って記す難しさについて序文で、漢字を訓読みだけで使おうとしても、思っていることを十分に伝えられない(特に日本語の特徴である助詞・助動詞が存在しないからです)し、音読み(ここで音読みというのは、「登杼呂許志」のような読み方を言っています)だけだと文章が見た目に長すぎる(かんじをおとしてつかうのですから、ぶんしょうはながくなります）。そこで音訓併用とならざるをえないと記しています。従って『古事記』の「漢文」（？）は、漢字を使った日本語文ともいえ、後に漢字から作り出したひらがなカタカナの発明で、今日まで続く、漢字仮名交じり文という日本語が定着する訳です。

次に「笑」という字は使われていませんが、内容的に笑える、ユーモア溢れるエピソードが、イザナギ（伊耶那岐命《イザナギノミコト》）、イザナミ（伊邪那美命《イザナミノミコト》）の国生みの話です。天つ神一同からその使命を受けたイザナギとイザナミが天降りをして交わす問答から、すべては始まります。

イザナギ
「汝《なむち》が身は、如何にか成れる」

イザナミ
「吾《あ》が身は、成り成りて成り合はぬ処《ところ》一処《ひとところ》在《あ》り」

するとイザナギは、

「我《あ》が身は、成り成りて成り余《あま》れる処一処在り。故《かれ》、此のあが身の成り余れる処を以て、汝が身の成り合はぬ処を刺し塞《ふさ》ぎて、国土《くに》を生み成さむと以為《おも》ふ。生むは、奈何《いか》に」

イザナミは答える。

「然《しか》、善《よ》し」


（大意）

「あなたの体はどのようになっていますか」

「私の体はすべて成り上がっているけど、まだ合わない所が一ヵ所あるの」

「私の体は成り上がって余った所が一ヵ所あるんだ。そこで、私の体の余った所であなたの体の合わない所をさし塞いで国を生もうと思います。どうですか」

「えゝ、いいわよ」

そこで二柱は、寝所に入ってはじめて顔を合わせると、まずイザナミが「あなにやし、えをとこを」（まあ、なんて素敵な男なんでしょう）、そしてイザナギが「あなにやし、えをとめを」（ああ、何と麗しい乙女なんだろう）と言葉を交わして子（国）作りに励みますが、未熟児ばかり生まれたので、天つ神に助言を求めた所、会話の順序が良くなかったとわかったので、今度はイザナギの「あなにやし、えをとめを」にイザナミの「あなにやし、えをとこを」が応ずる形で答えると、それからは順調に、淡路島を皮切りに、四国、隠岐島、九州、壱岐島、対馬、佐渡島、本州、児島《こじま》（岡山県）、小豆島《あずき》（香川県）、大島（山口県）、女島《ひめ》（大分県）、知訶島《ちかの》（長崎県）、両児島《ふたご》（長崎県）などを生んだとされています。

この話、信じる信じないは別として、何ともほのぼのとしたユーモアを感じるのではないでしょうか。もっとも最近の一部の女権拡張論者に言わせれば、「男尊女卑」で怪しからんとなるのでしょうか。

そしてこのような性の問題を隠したり、眼を逸らしたり、下に見たりすることなく、イの一番に取り上げていることに、筆者は『古事記』編纂に携わった人々の、そして古代人の、おおらかで事の本質を直視する健全な精神を感得するのです。本書の中心テーマである「笑い」も、もとより性とは切っても切れない関係にあり、以下においても随所で触れていきたいと思います。

あと一点、後の連歌や俳句の源流ともいうべき掛け合いの問答歌の例をご紹介しておきましょう。これは神武天皇の求婚の際に交わされたもので、天皇が大和の野で七人の乙女が遊んでいるのを見て、伊須気余理《イスケヨリ》比売《ヒメ》がよいというので側近の大久米命《オオクメノミコト》が姫の許に尋ねて交わされたもので、姫が、

あめ鶺鴒《つつ》　千鳥真鵐《ちどりましとと》　など黥ける利目《とめ》

（大意）黄セキレイやチドリやホオジロのように、どうして目に鋭い入れ墨をしているのですか。

と歌うと、大久米命が、

媛女《おとめ》に　直《ただ》に逢はむと　我が裂《さ》ける利目

（大意）娘さんに直接逢おうと、私は目を鋭く見開いているのです。

と返し、これに対し姫は「仕へ奉らむ」と答えたということです。黥《さ》ける（入墨をしている）を裂《さ》ける（目を見開いている）と同音異義語で洒落た機智に納得したのです。

時代は下って十六世紀にヨーロッパの宣教師が渡来しますが、当時の日本人が彼らと交わした問答の中に、仮に自分が洗礼を受けキリスト教徒として天国に行けるとしても、父祖はどうなるのですかという質問がありました。祖先を尊崇することの篤い日本人として当然の問いです。多くの宣教師はそれは無理だと答え、それなら入信しないと離れていった人も多かったようです。

こういう感覚は今でも日本人の中に残っているのではないでしょうか。一神教的な神観念に対する違和感です。この『古事記』にも、日本人の笑いは神話から始まり、笑いが神話の根幹をなす大きな役割を果たしてきたこと、日本人は多神教の世界に生きており、またその神々は笑いを楽しみ、自らも笑いを生成する主体であったこと、つき合い笑いは日本人特有の現象ですが、天岩戸においてもアマテラスの笑いにそのことが象徴的に示されていること、日本人の笑いの一つの中心は、性にかかわる笑いであるということ、そして同音異義の言葉遊びが好まれることなど、日本人の笑い感覚が横溢しています。

第二章

言の葉

言霊の幸はふ国『万葉集』

『古事記』の次は『万葉集』です。収録歌数およそ四千五百首余り、舒明天皇（在位六二九～六四一）の国見の歌（六二九年）から巻末の大伴家持の歌（七五九年）まで、およそ百三十年間に詠まれた日本全国、国民各層の歌を編纂して成ったものです。

『万葉集』といえばまず、

春過ぎて夏来たるらし白たへの衣干したり天《あめ》の香具山　持統天皇

あかねさす紫野行き標野《しめの》行き野守《のもり》は見ずや君が袖振る　額田王

東《ひんがし》の野にかぎろひの立つ見えてかへりみすれば月西渡《かたぶ》きぬ　柿本人麻呂

田児《たご》の浦ゆうち出でて見れば真白にそ不尽《ふじ》の高嶺《たかね》に雪はふりける　山部赤人

銀《しろがね》も金《くがね》も玉も何せむにまされる宝子に如《しか》めやも　山上憶良

などが『万葉集』を代表する歌人であり、彼らの代表的な歌が思い出されます。日本の美しい自然を愛でたり、切なくも深い恋を歌っていますが、これらに「笑い」はありません。

一方、これらのように愛唱されている訳ではなく、これらのように大きく深いものではありませんが、「笑い」の歌もいくつか採録されています。

『万葉集』巻第十六は、巻頭「有由縁幷雑歌《ゆうゆえんぞうかをあわせたり》」とあります。「有由縁《ゆうゆえん》」とはその歌が作られた由来を述べる文章が付記されたものをいい、また「雑歌」とは、その他大勢の歌というような意味でしょうが、この中に、宴席歌、戯笑歌、物名歌など様々なカテゴリーの歌が収められています。

その中でまず「鰻の歌」として知られる、大伴家持が吉田石麻呂の大食漢で酒呑みなのにガリガリに痩せた姿を笑った戯笑歌を二首引用してみましょう。

痩せたる人を嗤咲《わら》ひし歌二首

石麻呂に我物申《もう》す夏痩せに良しといふものそ鰻《うなぎ》捕り食《め》せ

（大意）石麻呂じいさん！　夏痩せにいいですよ。鰻を取って召し上がりなさい。

「土用のウナギ」ではありませんが、日本人は当時から夏バテには精力のつくウナギがいいと思っていたのですね。もっとも蒲焼きは江戸時代からと聞きますから、当時はどのような調理法だったのでしょうか。

痩す痩すも生けらばあらむをはたやはた鰻を捕ると川に流るな

（大意）でもそのガリガリぶりじゃ困ったな。鰻を取っても川に流されないようにね。

石麻呂じいさんの返歌はありません。注記には「所謂仁敬《じんけい》の子《ひと》なり」とあります。人間が出来ているようですから、こんなにからかわれても、「流石家持じゃ、いい歌を作りよる」などと軽く受け流していたのでしょう。

次は気心の知れた友人同士の応酬です。

池田朝臣《いけだあそみ》の大神朝臣《おおみわあそみ》奥守を嗤《わら》ひし歌

寺々の女餓鬼《めがき》申《もう》さく大神《おおみわ》の男餓鬼《おがき》賜《たば》りてその子はらまむ

（大意）大和大寺の女餓鬼が言っているよ。大神の男餓鬼を賜って、その子を宿したいと。

ここで「嗤」が使われています。「アザケリワロフ」というより、親しみを込めてからかっているのです。女餓鬼というのは、大神朝臣がガリガリに痩せているのでそれに合わせていっています。

大神朝臣奥守の報《こた》へ嗤ひし歌

仏《ほとけ》造る真朱《まそほ》足らずは水溜《た》まる池田の朝臣が鼻の上を掘れ

（大意）仏造りに使う赤土が足りなかったら、池田の朝臣の鼻の上を掘ったらいいんだ。

真朱というのは仏像の赤い彩色に使う顔料で辰砂、朱沙などと呼ばれる赤土から精製します。「水溜まる」は池の枕詞です。

これはお互いに、その身体的特徴、大神の朝臣の痩身（餓鬼）、池田の朝臣の赤鼻と笑い合っているのです。最近は身体的特徴を笑ったりすると、すぐ何とかハラスメントといわれる世の中ですから、窮屈になりました。文明が進んでいるのか、退歩しているのか。

次の例はお坊さんと檀家のかけ合いです。

戯《たわぶ》れに僧を嗤ひし歌

法師らがひげの剃《そ》り杭《くい》馬繋《つな》ぎいたくな引きそ法師は泣かむ

（大意）お坊さん、見事なヒゲの剃り跡ですな。でも、杭のように見える新しいヒゲに、馬をつないで強く引っ張っちゃいけないよ。痛くて泣き出すからね。

法師の報へし歌

檀越《だんおち》や然《しか》もな言ひそ里長《さとおさ》が課役《えつき》徴《はた》らば汝《いまし》も泣かむ

（大意）檀家の檀那さん、そんなことを言いなさんな。里長が税金を取り立てに来たら、今度はあなたの泣く番だよ。

ヒゲの濃い法師をからかったのに対し、法師は「泣かむ」なら、自分達には無縁の課役もあなたには大変でしょうと皮肉ったのです。この時代から人々は税に泣かされていたのです。

これらの戯笑歌、相手方とのかけ合いでやれば贈答歌、男女の場合は相聞歌ともいいますが、それは一種の社交の手段といってもよいでしょう。冒頭に掲げた額田王の歌に対する大海人皇子（後の天武天皇）の返歌は次のようなものでした。

紫草《むらさき》のにほへる妹《いも》を憎くあらば人妻ゆゑに我《われ》恋ひめやも

額田王はもと大海人皇子の妃でしたが、兄の天智天皇に召されて「人妻」になってしまったのです。しかしその思いの断ち切れぬ切なさがこの歌には溢れています。

あらためていうまでもないことですが、『万葉集』の時代にまだ仮名はありません。当時の日本人は漢字を表音文字と表意文字として使って書き表わしていた（いわゆる「万葉仮名」）訳です。

因みにこの額田王と大海人皇子の相聞歌は万葉仮名で次のように記されています。（二十巻すべてが揃っているもので最も古いものとされる西本願寺本によります）

茜草指《アカネサス》武《ム》良《ラ》前《サキ》野《ノ》逝《ユキ》標《シメ》野《ノ》行《ユキ》
野《ノ》守《モリ》者《ハ》不見《ミズ》哉《ヤ》君《キミ》之《ガ》袖《ソデ》布《フ》流《ル》

これが額田王、大海人皇子は、

紫草《ムラサキ》能《ノ》尓《ニ》保《ホ》敝《エ》類《ル》妹《イモ》乎《ヲ》尓《ニ》苦《ク》久《ク》有《アラ》者《バ》
人嬬《ヒトヅマ》故《ユエ》尓《ニ》吾《ワレ》恋《コイ》目《メ》八《ヤ》方《モ》

一部漢文の語順に沿ったもの（不見哉《ミズヤ》）もありますが、ここに表現されているのは紛れもなく日本人の文章です。また、音読み（良《ラ》、保《ホ》、久《ク》など）と訓読み（行《ユキ》、君《キミ》、恋《コイ》など）が両用されていることがわかります。しかしながら、このように漢字がずっと並んでいると、二人の間の恋の思いが伝わってこないような気がしませんか。あらためて仮名の発明が、日本人の、日本の文化や美意識の根底にあることを再認識します。「仮名」については、第四章で詳しく見ていきたいと思います。

次の歌は、舎人親王が「意味不明の歌のコンテストをやってみよう。優秀作には懸賞金をとらせるぞ」として作句を募った所、安倍朝臣子祖父《こおじ》という者の献上した次の二首が選ばれたと解説付きのものです。

無心所著《むしんしょじゃく》の歌二首
我妹子《わぎもこ》が額《ひたい》に生《お》ふる双六《すぐろく》の牡《ことひ》の牛の倉の上の瘡《かさ》

（大意）妻の額から、双六、特大の牛、倉の上に瘡が生えている。これは最早大意ではありません。意味不明なのですから。

「無心所著」とは心の著《つ》く所無きということで確かに何が何だか意味不明です。こんなのが大学受験の試験問題に出たら全くお手上げですね。

我が背子が犢鼻《たふさき》にするつぶれ石の吉野の山に氷魚《ひお》そ懸《さが》れる

（大意）夫がフンドシにする丸い石の吉野山に氷魚がぶらさがっている。

これも全く意味不明。どこがおかしいのかもわかりませんが、舎人親王とその取り巻きはニタニタしながら懸賞金を安倍なにがしに手渡していたに違いありません。

以上挙げた戯笑歌や無心所著の歌は、作者が笑っていたり読む者が笑えたりする歌です。一方、次に挙げるような歌は笑いがある訳ではありませんが、言葉を伴った笑いということを考える際に見落としてはならない点ではないかと考えます。

それは「言霊《ことだま》」ということです。柿本人麻呂の作という次の例を見てみましょう。

葦原《あしはら》の瑞穂《みずほ》の国は神ながら言挙《ことあ》げせぬ国しかれども言挙ぞ我《あ》がする事幸《ことさき》くま幸《さき》くませと（以下略）

反歌

磯城島《しきしま》の大和の国は言霊《ことだま》の助《たす》くる国ぞま幸《さき》くありこそ

（大意）まずこの瑞穂の国、我国は神の御心のままに言挙げしない国だ、しかし私は事挙げする。お幸（しあわ）せにと。（反歌）大和の国、即ち我国は言葉の霊が助ける国です。お幸せに。

「言霊」とは、ある言葉を口にするとその通りのことが起こるという言葉の霊力のことをいいます。また

「言挙げ」とはその言葉を口にすることです。もし言葉にそういう力があったら、ここでは誰かの幸せを祈って口に出しているからよいようなものの、考えようによっては恐ろしいことです。敵対者、憎しみの対象者などに対して彼らの不幸を口に出せばその通りになるというのですから。逆に敵対者から自分の不幸を言葉に出されてその通りになっても困ります。俗に「人を呪わば穴二つ」といいますが、言霊的世界ではそうなって不思議がない訳です。そこでそのような発言には自ずと自制心のようなものが働きます。このことは後にも見てゆきますが、日本の諷刺文学ないし諷刺の笑いには、他国に見られるような徹底した辛辣さが少ないことにつながっているような気がします。

実はこの「言霊」的現象は、万葉歌人の世界にのみ見られたものではなく、今日の日本社会でも見られる現象です。ある意味で非合理を前提する考え方ですから、空疎なかけ声やスローガン、希望的観測、思考停止的表現、事実の隠蔽や歪曲のため言葉を変えて誤魔化すことなど、政治の場や会社の内などでもこのような「言霊」的病理現象が時に発生することには注意を払いたいと思います。

一方において、言葉には、ある言葉が次々と新しい意味を紡ぎ出していくという働き（「興」）があり、またものの形をイメージするという働き（「観」）があります。これを「興観の功」といいますが、ふさわしいコンテキストで言葉を選ぶと、そのことで脳が活性化されたり、新しいアイデアが生まれたりするものです。笑いにおいても同様で、笑いのプロはそのような言葉遣いの巧者でもあります。

この『万葉集』の編纂の目的、成立の経緯などについては古来様々に研究され議論されているようですが、ここで筆者の考えを二、三述べておきたいと思います。

第一に、『万葉集』編纂の目的は政治的なものだったということです。何か世の中で愛唱されている和歌を収集して後世に伝えたいというような、純文学的な目的で行われたものではありません。

まず先ほど述べましたが、冒頭舒明天皇の歌というのは、天皇が天の香具山に登って国見をした時に作った歌で、「国原《くにはら》は煙立ち立つ海原《うなはら》はかまめ（鷗）立ち立つうまし国そあきづ（秋津）しま大和の国は」というものです。「煙」とは民の竈《かまど》から立ち昇る煙のことで、仁徳天皇の「民の竈は賑ひにけり」の故事同様、天皇の使命は国家の安寧と人民の生活の安定を保障することを、天皇の国見の歌を冒頭に置いて宣言しているのです。

次に和歌というものを、今日のわれわれは文字を眼で追って理解しようとしますが、当時の人にとっては歌、即ちまずは耳で聴くものであったことを確認しておきたいと思います。中国の古典で『万葉集』に見合うものが何かといえば『詩経』です。各国の王朝の歌、民謡の歌などを集めたものです。筆者は、中国の人達が漢詩を詠じているのを聴いたことがあります。筆者の中国語力では、音だけでは字型が思い浮かびませんが、その音楽的なリズムには心地良さを感じました。同様に毎年宮中で行われている歌会始における和歌の詠み方も非常に音楽的です。

実は音楽が統治に欠くべからざる手段であることは、東洋社会においては古くからの常識でした。「礼楽」、即ち礼儀と音楽が人心を陶冶し秩序を安定させる基本手段と考えられてきたからです（詳しくは拙著『反「近代」の思想』（中央公論新社、二〇二〇）をご参照下さい）。わが皇室も当時からそのような思想を導入し、国の統治に活用してきた訳です。『万葉集』の編纂もそのような目的の下に行われたものと考えています。

耳で聴くことに関連しますが、和歌、やまと歌は三十一《みそひと》文字といいます。しかし、何故五・七・五・七・七と五音及び七音で構成されているのでしょうか。この点はかねてより疑問に感じていたのですが、今回あらためて『万葉集』関係の資料を探索していた時、『七五調の謎をとく――日本語リズム原論』（坂野信彦著、大修館書店、一九九六）という本を見つけました。専門的な所はよくわかりませんが、それが日本語の特質、二音の言葉（名詞など）が中心になって構成されていること、助詞（を、が、など）は一音で、両者をつなげると文節の切れ目にポーズが入り、文節の切れ目が明確になること、同様に二音がつながって八音または六音となった場合、最終音を休止するとリズムが生まれること、例えば、

タタ　タタ　タタ　タタ　（八音句）
タタ　タタ　タタ　タ　（七音句）

を口で唱えてみれば明らかのように、最終音を休むとリズムの切れがよくなる、ということのようです。専門家の評価は承知しておりませんが、筆者は納得しました。

最後に笑いの観点から『万葉集』の意義をまとめておきましょう。

第一に、『万葉集』に集められた「よろずの言の葉」を母体として、日本人は数多くの笑いの短詩型文藝を生み出してきたことです。後にそれぞれ触れますが、俳諧歌、俳諧の連歌、連句、川柳、狂歌など、それら作者の脳裡には何時も、「万葉秀歌」が、またその言葉遣いが存在していました。

第二に、これと関連しますが、日本人の美意識のプロトタイプがいくつか生まれたということです。その自然観、恋愛観、家族観など。それは後の『新古今和歌集』などで確立される雅びの極点とは違いますが、その骨太でおおらかな生き方は、以降の日本人の理想ともなりました。そして以降の笑いも、その理想とのズレに発生するようになります。

第三に、今なお日本人に色濃く残る「言霊」思想、それを善用すればイメージの増幅効果が高まりますから、笑いの波及効果も大きなものとなることに留意したいと思います。

第三章 物語

異界からの来訪者『竹取物語』

「かぐや姫」を主人公とした『竹取物語』は、数ある「物語」の中でも、最も古く（九世紀末）作られたものとされ、かの紫式部も、「物語」即ちフィクションの元祖であると評価しています（『源氏物語』絵合の巻）。紫式部が活躍していたのは十世紀末から十一世紀初頭にかけてですから、およそ一世紀の時間差がある訳です。

「かぐや姫」といえば、単なる昔話かお伽話か、原文を読んでいない人は、そういう反応で終わってしまうでしょう。

しかし筆者は、この「物語」こそ、笑いを主眼に創作された、わが国最古の小説ではないかと考えています。ここで「主眼」と記しました。「主眼」は「主題」とは違います。「主題」となると、男女間の愛情、恋愛における女性の強さ、「色好み」にうつつを抜かす貴族への批判、特定のターゲットに対する諷刺など、『竹取物語』でも様々な読み方が出来るでしょうが、それらは『笑いの日本史』の立入る領域ではありません。「主眼」はねらいです。この小説は読者に楽しんでもらおうというねらいを持って作者は笑いのタネをあちこちに埋め込んでいます。そのような箇所に遭遇し、読者はニヤリとしたり、肯いたりする。タネにはいろいろな種類のものがありますが、以下、どんなタネが使われているのかを見ていきましょう。

そこでまず最初に『竹取物語』のあらすじを簡単にまとめてみます。

昔々、竹を取って暮らしていた翁がおりました。ある時根本が光る竹を見つけたので、近寄ってみると、三寸ばかりの輝くような美しい女の子が筒の中に入っていました。この子を翁は家に伴って育てたところ、三か月で一人前の娘に成長しました。

その美しさは並ぶ者なきとの評判が広まり、世の男という男がこの娘を得たいと言い寄ってきましたが、最終的に五人の貴公子が残り、互いに我こそ姫に相応しい男だと主張します。そこでかぐや姫は、五人それぞれに自分の願いをかなえてくれた人と結婚すると返事します。

その願いとは、

石作《いしつくり》の皇子……仏の御石の鉢
庫持《くらもち》の皇子……蓬萊山の玉の枝
右大臣阿部御主人《みうし》……火鼠の皮衣
大伴大納言……竜の首の珠
石上《いそのかみ》中納言……燕《つばくらめ》の子安貝

です。かぐや姫はあくまで即物的にそれを取ってきたら結婚してもいいというのです。

いずれも無理難題です。しかし、無理難題を課された時に、人がどう反応するか。それを見てその人の真価を見極める。これは今日でもよくある話です。

第一の石作の皇子は、仏の御石の鉢（釈迦に四天王が奉った石鉢のこと）のあるという天竺にどうやって行くんだと思いつつも、かぐや姫には「これから天竺に行って参ります」と伝えておいて身を隠し、三年後に大和のとある山寺の賓頭盧《びんずる》像の前にあった黒ずんだ鉢を持って、天竺から取って参りましたと持っていった所、かぐや姫は本物なら光を発するものだと詰め寄ります。もとより古鉢が光を発する訳もなく、直ちにそれが偽物と見抜かれてしまいます。

これは何の努力もしないでニセ物で釣ろうとした悪質な詐欺行為でしょう。

第二の庫持の皇子は「これから玉の枝を取りに蓬萊山に行って参ります」といって難波津から出港しましたが、三日後には舞い戻って、秘密裡に最上の鍛冶工匠六人を集め、工房に押し込めて千日間かけて姫の言う通りの玉の枝を作らせ、これを持ち帰ってかぐや姫に見せます。この際、皇子は竹取の翁に艱難辛苦に満ちた蓬萊山への旅を得々としゃべりますが、この辺りは紙数の関係でカットします。流石のかぐや姫もその見事な出来栄えに、「私の敗けね」と覚悟を決めたその時、六人の工匠がやってきて、まだお手当をいただいておりません、これをお求めになった方からいただきたいと思って参りましたと訴えたのです。ここに庫持の皇子の企てが露見し、これまでの努力が水の泡となってしまいました。

ここでかぐや姫の歌を引用しておきましょう。

まことかと聞きて見つれば言の葉を飾れる玉の枝にぞありける

この皇子は第一の石作の皇子に比べれば、真面目にニセ物作りにいそしんでいる所が評価されます。近年内部告発で、お役所や会社の悪事が露見することがありますが、しかるべき処遇や報酬が支払われていないケースも多いようです。

第三の右大臣阿部御主人は、（濡れても火を以って焼けば汚れを落とすという）火鼠の皮衣は唐土にあると聞いて、旧知の王慶という中国商人に、部下に資金と手紙を託して派遣し依頼したところ、王慶からはようやく手に入れたが入手工作資金がかかってお金が足りませんと、追加の要求がありました。大臣は言われるままにそれを支払って皮衣を入手し、かぐや姫の下に胸を張って持参します。しかしかぐや姫は火で焼いてみて焼けないのなら本物ですといって皮衣を火にくべた所メラメラと焼けてしまったので、偽物と知ったかぐや姫は大臣に会いもしないで、大臣はスゴスゴと帰っていったということです。

お人好しの日本人が王慶のような人物にコロリと欺されることは、今日でもしばしば耳にするところです。ただこの右大臣はただお金を使って人に頼んだだけで、自分で汗をかくような人物ではなかったようです。

第四の大伴大納言は、竜の首の珠を取って参れと家来に命じたものの、誰も帰ってこないので（実はこんな途方もない命令に従う家来はおらず、皆支度金だけ受け取ってあちこちに身を隠していたのですが）、自ら難波の港から出航したものの、猛烈な暴風、荒波、雷鳴に見舞われ、大納言は生きた心地もせず、ゲロを吐きながら嵐に耐え、這《ほ》う這《ほ》うの体で命からがら浜辺に打ち上げられた時は、立ち上がることもできません。お腹をパンパンに膨らませ、両眼はスモモを二つくっつけたように張れ上がっていたということです。

帰宅すると大納言は、可愛さ余って憎さ百倍、かぐや姫を大盗人呼ばわりし、帰宅を聞きつけて集まってきた家来に竜の珠を取ってこなかったことに褒美を与えるという変わり様であったそうです。

大納言は猪突猛進で思慮の足りない男ですが、自らを反省することなく気持ちをスッパリと切り換えています。その単細胞ぶりは笑えます。

第五の石上中納言は、燕の巣の子安貝を求めて、大炊寮《おおいづかさ》の飯炊く建物の棟に燕が巣を作っていると聞き、家来を二十人ばかり派遣して足場を作って観察させ、子安貝を見つけたら直ちにそれを取ってくるように命じたのですが、誰一人として取ってくる者がいません。

大炊寮の役人の倉津麻呂という老人が、そんな大勢でいっても燕は寄ってきません。籠に人を乗せ、鳥が子を生もうとしている時に、綱を吊り上げてさっと巣に手を入れて採るのですと訳知り顔に入れ智恵するものですから、中納言はよしその方法だとやり方を変えてみますが、皆何もありませんとの返事。中納言は家来を叱りつけて「われ登りて探らむ」と自ら籠に乗って燕の巣を探ったところ、何か手に触ったものがあったので、これこそ子安貝だ遂に取ったぞと叫んで籠を下ろそうとした所、途中で綱が切れて、中納言はあおむけになって大きな鼎の上に落ちてしまったのです。

白い眼を剝いて気絶してしまった中納言に家来が水を飲ませると、中納言はようやく息をふきかえして、手の中に握りしめていた子安貝をよく見るとそれは燕の古糞だったということです。

中納言はこの時の怪我と精神的なショックから病に伏することになるのですが、これを聞いて気の毒に思ったかぐや姫がお見舞の歌を送り、これに息も絶え絶えに返歌した中納言はまもなく亡くなってしまいます。

その中納言の返歌、

かひはかくありけるものをわび果てて死ぬる命をすくひやはせぬ

かひは貝と甲斐と匙をかけています。今さらお見舞の歌をもらってもそれで助かるものでもないと、未練と諦観との複雑な心境が綴られています。

五人の中でかぐや姫から心配されたり慰労されたりしたのは、この中納言だけです。

このように五人の貴公子の挑戦はいずれも見事に失敗しました。しかし、失敗にこそ笑いがあるのです。誰も成功者の成功談を聞いて笑う人はいません。そして無理難題に向き合う中で、それなりに無益な努力を懸命に努める人により笑いが生まれます。石作の皇子や阿部の御主人は、手を抜いています。大伴の大納言は何の計略もないまま船で漕ぎ出し暴風雨に見舞われて逃げてきただけです。

かれら三人に比べ、庫持の皇子は綿密な計画とその遂行によって、かぐや姫にあわや「我は、この皇子に負けぬべし」と、敗北宣言の一歩手前まで迫ることができた訳ですし、また石上の中納言は真面目に任務を遂行したものの、ミッションは達成できず、鼎に墜落した時の傷がもとで命を落とすことになる訳ですから、さすがのかぐや姫から「少しあはれとおぼしけり」と同情されています。

笑いの観点からいっても、この二人が他の三人よりも豊かな素材となっています。

二番目に、このようなお話は読者がそれとなく思い浮かぶことができるモデルが存在していれば、より可笑味《おかしみ》が増すことはいうまでもありません。

この五人のモデルとして、古来様々な人物を充てる研究がなされてきましたが、江戸時代の加納諸平《かのうもろひら》という人に成る研究書によると、石作の皇子は丹比真人島《たじひのまひとしま》、庫持の皇子は藤原不比等《ふじわらのふひと》をあて、あとの阿部御主《あべのみう》人《し》は阿倍御主人、大伴大納言はそのまま、石上中納言は石上麻呂、それぞれ実名だということです。

後の三人は、いずれも天武・持統朝時代に活躍した人だといいます。今日のようにそれぞれイメージが残っている訳もありませんが、彼らの子孫は誰もが知る高位の人物として活躍していたとすると、面白味が出てきます。そのような視点から、この物語は藤原氏の専横を批判する意図を持って作られたとの説もあります。確実な証拠がある訳ではありませんが、そのような諷刺の笑いを狙ったという面もあるのでしょう。

第三に、この物語の中に言語遊戯、即ち縁語、掛詞、洒落、コジツケの笑いが至る所に埋め込まれていることに注意を払いたいと思います。

例えばこの五人の挑戦者の記録の末尾はもっともらしいコジツケの笑いで統一されています。

石作の皇子は、ニセの鉢を捨てた後も姫に言い寄ったので、そのような厚かましいことを「恥（鉢）を捨つ」というようになりました。

庫持の皇子は、自らの計略が失敗して身を隠す羽目になったので、このように意気消沈することを「魂《たま》（玉）さかる」というようになりました。

阿部御主人は、皮衣が焼けてしまって目的を遂げられなかったので、これを「あへなし（敢え無し、阿部なし）」というようになりました。

大伴大納言は、両目についたすももは食べられないので、やることなすことちぐはぐになり、おかしくて我慢できないことを「あなた（食・耐）へ難《がたし》」ということになりました。

最後の石上中納言は、最後にかぐや姫に「少しあはれ」と言ってもらったので、このようにちょっとうれしいことを「かひ（貝、甲斐）あり」というようになりました。

いずれも同音異義語の洒落（又は地口）で落ちを決めるという、以降日本人が作りあげてきた笑いのスタイルの一つが早くも確立していることに注目したいと思います。

以上様々な例を見てきましたが、本書の作者が至る所で笑いを取ろうと工夫を重ねてきたことがわかると思います。

「物語」の方はこの後帝《みかど》が出てくるのですが、帝はかぐや姫を見て、「げにただ人にはあらざりけり」と悟りつつも、その美しさに心を奪われ、手紙や歌のやりとりをするなど心を通わせる年月が三年ほど続きましたが、いよいよかぐや姫が月に帰る時が訪れ、帝の派遣した二千名の兵の抑止も効果なく、竹取の翁と媼の慨嘆も甲斐なく、かぐや姫は月に帰っていくのです。この帝が出てきて以降は、笑いの観点から見ればいわば付け足しのような部分なので詳しくは述べません。

では、帝に「ただ人にはあらざりけり」と見破られたかぐや姫とは一体何者なのでしょうか。

すぐ思い起こすのは、三保松原の羽衣説話でしょう。天女が降臨して湯浴みしているその隙に羽衣を隠してしまうと、天に帰れなくなる、その天女を妻として云々というような昔話です。類似の話は全国各地にも、また東アジアにも古来からあって、このような説話を下敷きにしたと説かれたりしています。

この点につき、筆者がストンと腑に落ちたのが、中国哲学の泰斗加地伸行氏の説かれるかぐや姫＝三尸《さんし》説です。

尸とは見慣れない漢字ですが、しかばねを意味するということです。三尸というのは、道教において説かれる考え方で、寄生虫のように人間の体に潜んでいる邪魔のことです。物欲や名誉欲を催す上尸、五感の欲望を促す中尸、性の欲望を強める下尸の三種あり、それぞれ頭の病気、内臓の病気、泌尿・生殖の病気を引き起こします。何故三尸がそんなことをするのかといえば、三尸は寄生している人間の死とともに解放されることになっているからで、できるだけ早く解放されるには、早く病気になってもらった方がいいからです。

また三尸は寄生している人間の言動を監視し、特にその罪過を数え上げて、六十日毎に天上神に報告する義務があります。その日というのが庚申の日で、三尸はその夜人間が眠っている間に体を抜け出て天上に報告に行くのです。天上神は三尸の報告する罪過の大きさに応じてその人の持つ寿命から何日間か引き算をして帳面に付けておきます。

そこで人間としては、三尸に告げ口をされて寿命を減らされてはたまりませんから、庚申の日は徹夜して寝ないでそれに対抗しようとします。一人でじっとして徹夜するのはつらいしつまらないですから、大勢で集まって食事は勿論のこと碁や双六などの遊び事や歌合せ、詩や物語の披露などを楽しんで過ごすという習慣が生まれました。

それが庚申信仰で、その名残は今日でもあちこちに残っている庚申塚です。

庚申信仰はもともと道教の教えの中にあるものです。それが日本にも伝わり、平安時代この物語の生まれた頃は、宮中でも盛んに庚申の日の集まりが開かれていたようです。

加地氏は「おそらく、夏の或る庚申待ちの夜、話上手なそして道教に深い理解をしていた者が、当夜の参会者の共通の関心である三尸を材料にして、或るストーリーを巧みに物語ったのであろう」とし、「その際、三尸と寄生された人間との対立を主題として構想するなかで、〈悪〉である醜怪な三尸を美麗なかぐや姫として表現したところに」、『竹取物語』が他の物語説話などを圧倒して後世に伝えられ、「紫式部が「物語の出できはじめの祖《おや》」と述べた深い意味がある」とされています。(『日本思想史研究』研文出版、二〇一五)

要するにかぐや姫は化物、妖怪、異界からの来訪者です。かぐや姫を「ただ人にはあらざるなり」と見抜いたみかどはそれがよく見えていた訳です。この異界というのは、われわれの生きている世間の常識で推し量ることのできない世界ですから、笑いというものが生じる種ともなっています。詳しくは第二十九章であらためて取り上げてみましょう。

第四章

仮名

日本語の成立

『古今和歌集』

『竹取物語』が作られたとされる九世紀後半は、日本語史上革命的な変化が生まれた時代です。それはいうまでもなく仮名（ひらがな、カタカナ）の発明とそれを用いた文章・文学の成立です。

そのような時代の中で、仮名書きで綴られた「千歌《ちうた》二十巻《はたまき》」の和歌集が編まれ、『古今和歌集』と名付けられます。醍醐天皇（在位八九七～九三〇）の命により、紀友則、紀貫之、凡河内《おおしこうちの》躬恒《みつね》、壬生忠岑《みぶのただみね》の四人によって編纂されました。

ここにおいて日本人の美意識が一つの頂点として形成され、以降の和歌にも絶大な影響を及ぼしたことはいうまでもありません。

代表的な歌をいくつか挙げれば、

久方の光のどけき春の日にしづ心なく花の散るらむ　紀友則

五月待つ花たちばなの香をかげば昔の人の袖の香ぞする　読人不知

秋来ぬと目にはさやかに見えねども風の音にぞ驚かれぬる　藤原敏行

あさぼらけ有明の月と見るまでに吉野の里に降れる白雪　坂上是則

これら名吟はさておき、本書の主題である笑いの観点からいえば、まず『古今和歌集』巻第十九雑躰《ざってい》に収められている六十首近い「誹諧歌」を挙げなくてはなりません。

ここで初めに「誹諧」という言葉について『古今和歌集』の編者達が誤った使い方をしていることを、漢和辞典風に確認しておきましょう。

即ち、まず、「誹」はヒと読み、ハイという読み方はありません。「誹」は「誹謗中傷」とあるようにそしるという意味です。

これに対して「俳」はハイと読み、にんべんに非、人にあらずで、変わったことをして人を面白がらせること、またそれを行う藝人の意味です。「俳優」は和語でわざおぎと読み、古くはそういう藝人を指していました。

三番目に「諧」はカイと読み、「諧謔」という熟語がありますが、冗談とかユーモアという意味です。

従ってここは同じような意味を重ねた「俳諧《はいかい》」でなくてはならない所です。
なお、時代が下がって「俳諧」を狭義に用いる例が出てきました。芭蕉の言葉に「発句は門人の中、予におとらぬ句する人多し。俳諧においては老翁が骨髄」(森川許六『宇陀法師』)というものがありますが、ここで俳諧は上句下句を連鎖して詠む連句を指しています。

一部の注釈書では、古くは「誹諧歌」といったとか、「ヒカイカ」と読むとか説かれていますが、いずれもありえない話です。編者の誤用又《また》は写本を作る時の写し間違いであろうと思われます。ただ丁寧な注釈書からは多大のご教示を得ていますので、注釈者を「誹《そし》る」意図は全くありません。

漢字の穿鑿はさておき、ここではどんな歌が採用されているのか、いくつか例を挙げて検討してみましょう。

むめの花みにこそきつれ鶯のひとくひとくといとひしもをる　　読人不知

――(大意)私は梅の花を見に来ただけなのに、鶯は(ひとく)人が来た(ひとく)人が来たと嫌がっているみたいだ。

今日のわれわれの常識では、鶯の鳴き声は「ホーホケキョ」ですが、当時の人には「ひとく」と聞こえたのでしょうか。これについて最近出版された釘貫亨氏の『日本語の発音はどう変わってきたか』(中公新書、二〇二三)では、古代の発音について、ハ行子音はhではなく、p、後にfで発音していたと説かれています。即ち、「ひとく」は「pitoku」もしくは「fitoku」だったということです。釘貫氏も説かれているように、「pitoku」なら、俗にいう「ピーチクパーチクひばりの子」に近似してきます。

山吹の花色衣ぬしやたれ問へどこたへずくちなしにして　素性《そせい》法師

（大意）山吹の花の黄色の衣、誰が持っているのかと問うても答えがない。なぜなら梔子《くちなし》（口無し）の実で染めたんだから。

次も似たような例です。

秋風に綻びぬらし藤袴つゞりさせてふきりぎりす鳴く　在原棟梁《むねやな》

（大意）秋風に吹かれて藤袴が綻びてしまったようだ。綴り刺せ（ツヅリサセ）とコオロギが鳴いているよ。

第一のグループは、同音異義のおかしさを主題にしているといってよいでしょう。次に第二のグループは、どことなく滑稽感を思わせるものです。

いでて行かん人をとゞめむよしなきに隣の方に鼻もひぬかな　読人不知

（大意）出て行こうとする人を引き止めるすべもない。せめて隣家の人がくしゃみでもしてくれるといいのに。

夫婦喧嘩でしょうか、ひっこみがつかなくなっている有様です。

ねぎ事をさのみ聞きけん社《やしろ》こそ果てはなげきの森となるらめ　讃岐

（大意）お参りに来た人々の願いを沢山聞いてきた神社は、しまいに人々の嘆き（木）の森となってしまうだろう。

次も似たような発想です。

世の中の憂きたびごとに身を投げば深き谷こそ浅くなりなめ　読人不知

──（大意）世の中のつらいことがある度に谷底に身を投げていたら、深い谷もすぐ浅くなってしまうだろう。

次の二首は、滑稽というのではありませんが、世の中によくある話です。大意をつけずとも意味は明らかでしょう。

我を思ふ人を思はぬむくいにや我が思ふ人の我を思はぬ　読人不知

思ひけん人をぞともに思はましまさしや報いなかりけりやは　深養父《ふかやぶ》

いずれも恋のスレ違いです。なお（清原）深養父というのは清少納言の曾祖父に当たる人です。
次のグループは王朝の美意識というにはやや露骨な恋の有り様を歌ったもの。

睦言もまだ尽きなくに明けぬめりいづらは秋の長《なが》してふ夜は　凡河内躬恒

──（大意）寝物語もまだ終わらないのにもう夜が明けてしまった。秋の長い夜はどこへ行ったのだ。

秋の野になまめきたてる女郎花《おみなえし》あなかしがまし花──（大意）秋の野で妍を競っている女郎花（女達）よ、やか

もひと時　　僧正遍照

――ましいことだ。盛りの時はほんの一時なんだよ。

次の小野小町の歌も、このカテゴリーに入るかと思いますが、掛け言葉や縁語が余りにも多用されていて、ここまでくると作者の真情を表現したものなのかどうか不明です。

人にあはんつきのなきには思ひおきて胸走《むねはし》り火《び》に
心焼けをり　　小野小町

（大意）人に逢う手だてもない月の出ぬ闇夜に、熾火《おきび》の燃えるような思いで寝ることもできず、胸中にはその火が走り回わり心が焼けたようになっている。

ここでは、「つき」が手だて（手段）と月の、「おき」が寝ないでおきていると熾《おき》火の、「走り」が胸走ると走り火のそれぞれ掛け言葉になっており、「焼け」は「火」の縁語となっています。

以上、俳諧歌をいくつか見てきましたが、内容的にはまさに「雑躰」で、いわゆる俳諧味のある歌の方が少ないようです。

この中で、第一のカテゴリーに挙げた同音異義のおかしみを主眼とするものは、日本の笑いの伝統であり、後世にまで綿々と続いているものですが、どうしてそうなるのかについてここで考えてみましょう。

まず、日本語の特色です。

言語の類型として、孤立語、膠着語、屈折語という三分類があります。孤立語とは、ひとつひとつの単語がそれぞれの意味を持ち、文の機能は語順によって示されるもので、中国語がこれに当たります。第一章で中国語では笑う意味の漢字が、笑、咲、嗤、哂、吲、矧、噱、粲などと沢山あって、それぞれ意味が違っているということに触れましたが、それがまさに孤立語たる所以です。膠着語は、ある単語に接頭辞や接尾辞（テニヲハ）のような要素を付加する（ニカワになってくっつくのです）ことで文中の関係性を示す言語で日本語がこれに当たります。屈折語というのは、単語の形が変化する（格や時制など）ことで文法的機能を果たすもので、ヨーロッパの各語やアラビア語がこれに当たります。

二番目に音節による区分があります、ひとつは単音節語で、一字一音節で、ある母音の前後に子音が加わって一音節になるような語をいいます。中国語がまさにそれに当たり、例えば、狗（gou）、去（qu）、書（shu）のようなものです。二つめに多音節語、一字が二つ以上の音節でできている語があります。日本語はこれに当たり、犬（イヌ）、行（イク）、本（ホン）のように、ほとんどが二音節以上になっています。またヨーロッパ言語は、単語によって単音節dog、go、bookとなったり、多音節になったりします。例えばphotoは二音節、customerは三音節といった按配です。

それから、これは言語類型というものではありませんが、母音の数も言語によって様々です。日本語の母音はア・イ・ウ・エ・オの五つしかありません（なお釘貫前掲書では、古代日本語には八母音あったとされています）。一方、中国語は単母音が六つ（a・o・e・i・u・ü）で、複母音、鼻母音すべてを合わせると三十六あります。さらに子音が二十一あります（日本語の場合子音は十三）から、これらを正確に聞き分け、発音しようと思ったら大変です。なお、英語は母音十六、子音二十四となっています。

以上を要するに日本語は、助詞・助動詞を接着剤として文章を構成し、二音節を基本とする多音節語で、母音の数が最小限の五つしかないという言語だということです。

このことは日本語には同音異義語、類音異義語が多いということを意味します。文字を眼で見る場合は識別は容易ですが、耳で聴く場合は文脈で識別する訳です。一方で音が同じということは、そして漢字（例えば花、鼻）でなく仮名（ハナ、はな）で書かれている場合はなおさら、勘違い、取り違えが多く発生します。そこに笑いが生まれます。地口、洒落、駄洒落など、日本の笑いの多くがこの種の言語使用にあります。カナが生まれてなおさら、言語遊戯がやり易くなっているのです。

そのような日本語が、外来の漢字文化との悪戦苦闘の末、ようやく平仮名・片仮名という便利かつ革新的な文字を作り出し、それを駆使して、漢字仮名交じり文という今日の日本語の原型を作り出したのが、丁度この頃だった訳です。

このように『古今集』の編纂とその美意識の確立は、日本の漢字漢詩文からの独立宣言といってもよいと思いますが、その根底にある思想においては、全く新しいものを作り上げた訳ではありません。最後にそのことを、『古今集』仮名序の有名な冒頭の一節において確認しておきましょう。

仮名序は編者の一人紀貫之によるものとされます。

やまと歌は、人の心を種として、よろづの言の葉とぞなれりける。世の中にある人、事《こと》・業《わざ》しげきものなれば、心に思ふことを、見るもの聞くものにつけて、言ひ出せるなり。花に鳴く鶯、水に住む蛙の声を聞けば、生きとし生けるもの、いづれか歌を詠まざりける。

まずここでは、第一に和歌というものは心を、いわば心象風景を歌うものであって、花や鶯や水や蛙そのものをいわば客観的に記述するものではないということが説かれています。そして第二に、「生きとし生けるもの」以下について、歌を詠まない生き物があるだろうかとか、すべて命あるもので歌を詠まないものがあるだろうかと解されていますが、第一の点から考えてそのような解釈は大いに疑問です。鶯や蛙が歌を詠むことなどおよそ考えられないからです。そのような解釈を不思議に思わないのは、日本人には動物にもさらには万物にも心があると漠然と思っているからなのでしょう。この時代の日本人、紀貫之や『古今集』の編者達が同じように考えていたかどうかはよくわかりません。しかし、彼らが中国古典『礼記』の「楽記」(古代の音楽論、ひいては藝術論ともいえます)に親しんでいた可能性は大いにあります。そこには次のようにあるのです。

凡《およ》そ音の起るは、人心に由りて生ずるなり。人心の動くは、物、之をして然らしむるなり。物に感じて動く、故に声に形《あら》はる。

ここで音が「歌」であり、物が「見えるもの聞くもの」に対応しています。

古代中国の統治の思想の一つに「礼楽思想」というものがあり、天子は古代の聖王(先王)が制作した礼儀や音楽を活用して天下安民を目指すべきであるというものです。音楽はその一翼をなすものと位置づけられている訳です。

その後『古今和歌集』は、「やまと歌」の正典と位置づけられ、『新古今和歌集』に至るまで数多くの勅撰集の手本となり、さらには日本人の美意識のスタンダードとして扱われてきました。これを笑いの観点からいえば、雅と俗、正と奇といった美意識のズレの基準点のような役割を果たしてきたのです。

それを明治になって、正岡子規などによって『古今集』は全否定(「廃仏毀釈」になぞらえていえば「廃古今毀伝統」ともいうべき)され、和歌は『万葉集』を正典とするようになってしまったのです。ここで「雅」が失われたことによって「俗」も失われてしまいました。笑いとは、雅やかな俗もしくは俗っぽい雅ですから、同時に笑いも失われてしまったのです。子規流の即物的な和歌がいかにも面白味を欠くのは、そこに根本原因があるのではないでしょうか。

第五章 国風

日本人の美意識『枕草子』

王朝文学といえば、何といっても『源氏物語』と『枕草子』でしょう。日本人なら誰もがその一節を学校で学んだか、受験の例題に出て苦労したか、関心を持って本を買ったが歯が立たなくて挫折したか、様々な思いを持っているでしょう。

作者の紫式部と清少納言、ともに宮廷の女房として同じような立場にあった同時代人ですが、作品も文体も対照的です。

対照の例として、芭蕉と蕪村、鷗外と漱石という対比もあるでしょう。それぞれに好みがあるでしょうが、筆者は断然、清少納言、蕪村、漱石派です。一言でいえば、近づき難い巨人でなく、等身大の人間としてより共感できるからです。

そこで『枕草子』を材料に、平安時代の笑いを見ていくこととしましょう。

はじめに清少納言の父親、清原元輔（九〇八〜九九〇）の逸話を見ておきます。『今昔物語』巻第二十八に、「歌読元輔、賀茂祭に一条大路を渡る語《こと》」と題して載せられています。（なお同様の記述は『宇治拾遺物語』にもあります）

或る時元輔が賀茂祭の御幣供奉《ぐぶ》の一員として飾り馬に乗って堂々と行進していたところ、馬がつまずいて頭から真っ逆様に落馬し、冠もかつらもないハゲ頭が露わになってしまった。折からの夕陽に照らされてその頭がテカテカに光っている。周りの公達《きんだち》たちが気の毒そうな顔をしつつも笑っているので、元輔は「君達に申したいことがある」と大音声で公達の所へ行って、「何がおかしいのだ。誰だって物につまずいて倒れることがあるだろう。そもそも馬だってこんな石ころがゴロゴロしている所で倒れないというようなことがあろうか。また冠だって鬢《びん》に差し込んで固定するものだが、このツルツルの頭にどう固定するのだ。冠を落とした先例は○大臣は大嘗会の際、△中納言は鷹狩の際、□中将は賀茂祭の帰路で落とした例がある。そんなことも知らない近頃の若君達よ、君らに笑う資格があるのか」と説教を垂れた後、大路の真中で従者に「冠を持ちてまいれ」と命じ、これをスッポリと被ったので、行列の見物人達もどっと笑ったという逸話です。


筆者が原文をかなり簡略化していますが、気位の高さ、理屈っぽく曲がったことを嫌う性分、故事来歴に詳しい学者肌といった元輔の人となりがよく表れているエピソードです。

この段末尾には、「此の元輔は、馴者《なれもの》（老練な）の物可咲《おか》しく云ひて、人咲《わら》はするを役と為《す》る翁にてなむ有り」けると、自他ともに認める人を笑わせるエンターテイナーとして知られていた人だったようです。

清少納言（九六六？〜一〇二四？）はこの笑いのプロの父親から生まれたのです。母親の名前は知られていません。

ところで、読者の皆さんは清少納言をどう呼んでいますか。大多数の人は「せいしょう・なごん」と発音しているのではないでしょうか。しかし本来「清」は「清原」の姓を中国風に一字で表したものですから「せい・しょうなごん」と呼ぶべきではないかと思います。以下少納言を使います。なお、本人の名前は「諾子《なぎこ》」といったという説がありますがわかっていません。

その少納言が一条天皇（在位九八六～一〇一一）の中宮定子《ていし》（内大臣藤原道隆娘）の後宮に出仕したのは、九九三年とされています。この時一条天皇十四歳、定子十八歳、少納言二十八歳。しかし、この七年後定子は第二皇女媄子《びし》出産後亡くなってしまいます。従って少納言の宮中勤務は七年間でした。なおこの間、道隆の死（九九五年）に伴って弟の道長の勢力が強くなり、一条天皇にはその娘の彰子《しょうし》が入内《じゅだい》（九九九年）しています。この彰子の生んだ二人の皇子がいずれも後一条天皇（在位一〇一六～一〇三六）、後朱雀天皇（在位一〇三六～一〇四五）となり、外戚となった道長は「望月の欠けたることとなき」世を謳歌するのです。さらに加えれば、この彰子の後宮に仕えたのが紫式部です。

紫式部もまた少納言と同様、中級官人（受領といって地方の国司などを勤める官僚です）の出身です。父は藤原為時、母は藤原為信の娘です。式部の本名も不明ですが、同様に「香子《かおるこ》」という説があります。ただ式部が彰子の後宮に出仕したのは寛弘元年（一〇〇四）と考えられています。従って定子、彰子の二人の妃と少納言、式部の二人の女房が同時期に一条帝の後宮にいた訳ではないようです。

前置きが長くなりましたが、ここから『枕草子』に入っていきましょう。

『枕草子』で有名なのが、いわゆる「ものづくし」です。例えば、「すまじきもの」「心ときめきするもの」「つれづれ慰むもの」「うつくしきもの」など、「もの」は使われていませんが、「鳥は」「虫は」「川は」などというのも「ものづくし」です。そもそもあまりに有名な第一段の「春は曙、……　夏は夜、……　秋は夕暮れ、……　冬は早朝《つとめて》、……」というのも「ものづくし」といってよいでしょう。では、「笑いは」とか、「可笑《おか》しきもの」とかいう段はあるのでしょうか。

それはありませんが、例えば「をかし」という言葉は多用されています。ただその用例はかなり幅の広いものです。

その一例として第一二六段を見てみましょう。

九月《ながつき》ばかり、夜一夜《よひとよ》降り明かしつる雨の、今朝は止みて、朝日いとけざやかにさし出でたるに、前栽の露はこぼるばかり濡れかかりたるも、いとをかし。

雨上がりの朝、庭の草花に露がこぼれるばかりにかかった姿、ここで「をかし」は「趣がある」とか「素敵なものだ」という意味でしょう。続いて、

透垣《すいがい》の羅紋《らもん》、軒の上などにかいたる蜘蛛の巣のこぼれ残りたるに、雨のかかりたるが、白き玉を貫きたるやうなるこそ、いみじうあはれに、をかしけれ。

同じように透垣の菱形紋や軒上の破れ残ったクモの巣に、露がまるで真珠を連ねた首飾りのように残っているのも、何とも心にしみてあわれなものだというのです。ここの「をかし」も前と同じ意味です。続いて、

少し日たけぬれば、萩《はぎ》などのいと重げなるに、露の落つるに、枝うち動きて、人も手触《てふ》れぬにふと上《かみ》

様《ざま》へ上がりたるも、いみじうをかし、と言ひたることどもの、人の心には、つゆをかしからじと思ふこそ、またをかしけれ。

日が上ってくると、萩などに置いた露は落ちてその枝が人の手も触れないのに上に撥ねてくる、その姿も、ここは「とても面白い」とでも解すべきでしょう。ついでながら萩は少納言の最も愛好した花であったようです（第六四段）。同じ自然現象なのに、前の二例が「素敵だ」なのに、ここは「面白い」のは何故かといえば、鍵は「人も手触れぬ」にあります。こう書くことによって萩が一種擬人化され、おかしみの対象となるからなのです。擬人化がおかしみを生む例は例えば『鳥獣戯画』（第八章参照）です。そこではカエルとウサギが相撲を取ったり、サルが読経をしたりする絵が描かれていますが、これを見る人は、そこに特定の人の姿を思い浮かべたり、世の中の実相に思い至ったりして、思わずニヤっとしたりする訳です。

そして最後の所は、その人の世の有様を想像して少納言は一人で面白がっているのです。あえて訳せば、「そんなことを面白がっていることも、他の人にはちっとも面白くないことだろうと思う、そのことがまた面白い」でしょうか。ここで「つゆをかしからじ」が「露」を受けていることはいうまでもありません。

以上のようにこの段における「をかし」の意味は、前二例と後三例では違っているのです。

次に「笑い」については数多い事例がありますが、いくつか分類して例示してみましょう。

第一に、お祭や風習、しきたりなどで、参加者が集い悪戯けあったりして、自然そこに笑いが生じるもの。例えば小正月の行事で、小豆粥を炊いた薪で女性の尻を打つと男の子が生まれるという俗信があり、この日は女房たちが皆打たれまいと後に気をつけて歩いていたり、また、うまく打たれて皆大笑いするなどという例（第二段）。

第二に、笑いに包まれた中宮定子の姿が数々描かれています。その一例を、『枕草子』でも最も有名な「香炉峰の雪」の段でみてみましょう。

雪のいと高う降りたるを、例ならず御格子参りて、炭櫃《すびつ》に火おこして、物語などして集り候ふに、（定子）「少納言よ、香炉峰の雪、いかならむ」と、仰《おほ》せらるれば、御格子上げさせて、御簾《みす》を高く上げたれば、笑はせ給ふ。（第二八四段）

白楽天の詩の一節、「遺愛寺の鐘は枕を欹《そばだ》てて聴き、香炉峰の雪は簾《すだれ》を撥《かか》げて看る」を踏まえたやりとりです。白楽天の詩集を『白氏文集』といいますが、少納言は別の段で「書《ふみ》は、文集《もんじゅう》。文選《もんぜん》。博士の申文《もうしぶみ》」（第一九三段）、と記しているように、当時の貴族社会の教養にこれら漢籍があった訳です。

ただこの香炉峰の段、続いて、

人々も、「さることとは知り、歌などにさへ歌へど、思ひこそよらざりつれ。なほ、この宮の人には、さべきなめり」と言ふ。

（大意）周りの女房達も、「その詩は誰でも知っているし、歌ってもいるけれども、そうやって御簾を上げることは思いつかなかったわ。この（定子）中宮にお仕えする人は、そうでなくてはね」などといったのです。

このくだりは何か少納言が自慢しているようで、読んでてあまりいい気はしません。こういう少納言を紫式部は冷ややかに見ていました。『紫式部日記』には、次のようにあります。

清少納言こそ、したり顔にいみじうはべりける人。さばかりさかしだち、まな書きちらしてはべるほども、よく見れば、まだいとたらぬことおほかり。

（大意）少納言こそ、得意顔をして大変鼻持ちならない人です。あんなに賢こぶって漢字を書き散らしていますが、よく見れば未熟なものです。

さらに畳みかけるように、紫式部は、そういう自分は人とは違うんだと思い込むような人は、必ずどこかでつまずき、真心のこもっていない振舞いが人に気づかれてしまいます。そのような人の身の果は良くなることはあるのでしょうかと、突き放しています。

実際その予言が当たったのか、次のような晩年のエピソードが記録されています。

少納言が零落した後、若い殿上人が大勢でその家の前を通った時、「少納言も落ちぶれたね」と車の上で言ったのを聞きとがめて、少納言は、この時もまた簾をかき上げて、鬼のような形相で「まだお前たちは駿馬の骨を買っていないのか」と、悪態をついたということだ。（『古事談』第二の第五五話）

この父にしてこの娘あり。

この「駿馬の骨を買う」というのは、人材リクルートに金を惜しむなという含意のある故事で、戦国時代燕の昭王にその側近の郭隗が説いた話です。ここで少納言が若い殿上人にそのことをいったのは、遊び呆けていないで天下の政事《まつりごと》に必要な人材を登用することが、あなた方の使命ではないですかと忠告したのでしょう。若い殿上人には通じなかったかもしれませんね。なお、郭隗は、「隗より始めよ」という成語の主です。

第三に、笑いは文字には表れていませんが、文章からそれが想像されるもの。この例は多くありますが、少納言らしい切れ味を感じさせる例を挙げてみましょう。

恐ろしげなるもの　橡《つるばみ》のかさ。焼けたるところ。水蕗《みずふき》。菱《ひし》。髪多かる男の、洗ひて干すほど。（第一四二段）

ドングリの毬《かさ》や菱の実は刺々《とげとげ》しいものです。「ところ」は文字通り焼けた所との解釈があるようですが、筆者は山芋との説をとります。蕗はオニバスだそうです。これら形がおどろおどろしい点が共通しています。その連想から、全く意表を衝く、黒々とした男の髪が洗った後にそそけ立っている姿が来る。こんな対比も何か笑えます。

第四に、少納言と手紙の往来などがあって、お互いがそれぞれの力量を認め合って思わず笑みをこぼすような笑い。これはかなり知的な素養がないとついていけないのですが、例えば藤原行成と、『史記』の孟嘗君の函谷関《かんこくかん》の故事（「鶏鳴狗盗」）を踏まえて書をやり取りし、その書を中宮と中宮の弟君に差し上げた例などがあります。（第一三一段）

この藤原行成という人は、藤原公任、藤原斉信、源俊賢と並んで「四納言」と称され、一条天皇の時代に活躍した人です。特に書の達人とされていましたから、誰もがその書を欲しがったのでしょう。

宮中はこのような男女の手紙のやり取りが行われるいわばサロンでもありました。そしてこのサロンで人気になるのは行成のように、歌が詠めて、筆が上手で、機智ある対応ができるような人です。

そして最後に、笑いを運んでくるいわば「お笑い藝人」について記しておきましょう。

つれづれ慰むもの　碁、双六、物語。三つ四つの児《ちご》の、ものをかしう言ふ。またいと小《ち》さき児の物語し、違へなどいふわざしたる。果物。男などの、うちさるがひ、ものよく言ふが来たるを、物忌みなれ

ど、入れつかし。（第一三五段）

退屈しのぎになるものとして、まず囲碁、双六。物語には、前章で見たように当意即妙の創作話も多かったでしょう。三、四歳の子どもは何を話しても「慰むもの」ですし、子どもが得意になって何かの話を始めたのに、途中で間違えちゃったとバツの悪そうな顔をするのも可愛らしい。果物までは前置きのようなもので、ふざけた冗談をいったり、滑稽な話を上手にする男がやってくると、物忌みで本来そんなことは出来ないのに、つい家に入れてしまうというのです。

ここで「さるがふ」とは、「猿楽ふ」、「猿楽」を動詞化した言葉です。ふざけたり、おどけたり、冗談を言って、周りを笑わせるのです。彼らは必ずしも職業的な存在ではありませんが、人間社会、洋の東西、時代の古今を問わず、誰からも求められ、喜ばれる存在です。

筆者は少納言の『枕草子』がそのような笑いの宝庫であることにも価値を見出しますが、少納言が「ものづくし」などで整理した当時の美意識が、その後この『枕草子』が広く長く読まれてきたことによって日本人に定着し、いわば雅びの典型として捉えられたことにも大きな価値があると考えています。笑いの観点に立っても、笑いは雅と俗との対置によって多く生まれるものですから、その対置関係が明瞭である事が大切なのです。

「香炉峰の雪」の段でも見てきたように、当時平安貴族社会の雅の規準は、中国の古典でした。まさに「文集。文選」の世界です。しかし、寛平六年（八九四）に遣唐使が廃止され、この少納言の活躍した時代まで百年が経っています。この間に『古今和歌集』が撰され、国風文化が定着しつつありました。少納言の「ものづくし」も、彼女がそのような美意識を創造したというのではなく、この百年の間に醸成された日本人の美意識をここで的確に捉えて書き上げたというべきものでしょう。端的にいえば、第一段に使われている言葉で、「やうやう」「紫立ちたる」「ほのかにうち光」「ぬるくゆるびもて」などという表現は、漢籍には見られない日本独特の、この温暖湿潤の風土の中から生まれてきた言葉です。そのような言葉を駆使して「国風」の美意識を表現した所に少納言の価値があると考えています。

第六章 今様

「日本第一の大天狗」の秘密

『梁塵秘抄』

わが国は天皇を「象徴」として戴く「万邦無比」の国で、初代神武天皇から数えて、今上天皇は百二十六代となります。この間様々な天皇が現れていますが、中でも第七十七代後白河天皇（在位一一五五〜一一五八）は、最も個性的な人物といってよいでしょう。その生きた時代は院政末期、保元の乱、平治の乱、平氏の擡頭、その没落と源氏の擡頭、鎌倉幕府、武家政権の誕生という、古代から中世へと権力構造や社会が激変する時に当たっており、不倒翁よろしくその激流を乗り切ってきた人です。その辣腕怪人ぶりは源頼朝をして「日本第一の大天狗」と言わしめたことは、よく知られています。

彼を不倒翁たらしめたのは、天性の政治センスもさることながら、彼が「祝祭」空間の創造とその活用に、これもまた天性の藝術センスを働かせたことにあると筆者は考えています。

中国の古い言葉に「祀《まつり》と戎《つわもの》は国の大事なり」（『春秋左氏伝』）というものがあります。祀は、先祖の祀《まつり》であり、共同体の祭《まつり》であり、国の政事《まつりごと》でもあります。人間社会の求心力を生むものが、「祀」なのです。

この天皇が、自覚していたかどうかは別として、人一倍熱心に行っていたのが、この「祀」です。

蓮華王院惣社をはじめとする数多くの祭礼の挙行、生涯三十四回といわれる頻繁な熊野詣、御所における鵯合《ひよどりあわせ》（ヒヨドリの声・羽色を競う）、火打角合《ひうちづのあわせ》（牛の角の大きさや形を競う）、そして今様合（流行歌今様ののど自慢大会）などのイベント、これらの多くは誰もが参加でき、従って「堂上、堂下、上下群衆す」（『吉記』）とありますから、大変な人気であったことが窺えます。

ここで今様とは、はやり歌、流行歌のことです。今日これを集めたものとして知られる『梁塵秘抄』は後白河院（以下、院とします）自身が撰述したもので歌集十巻、口伝集十巻であったとされますが、今残るのは歌集二巻（一部断簡）、口伝集二巻（一部断簡）です。歌伝集二巻の部立ては、巻の一が長歌《ながうた》、古柳《こやなぎ》、今様《いまよう》、巻の二は法文歌《ほうもんのうた》、四句神歌《しくのかみうた》（実際には神祇と関係のない歌が大多数です）、二句神歌《にくのかみうた》と分類されています。口伝集にはこの他片下《かたおろし》、早歌《はやうた》、初積《しょじゃく》、大曲《だいごく》、足柄《あしがら》などの名前が挙げられており、当時から数多くのジャンルがあったことがわかります。伴奏の楽器は鼓が中心だったと考えられています。

なお「梁塵」とは、虞公《ぐこう》、韓娥《かんが》という中国の名歌手の歌の響きに、梁《はり》の塵が感動して舞い上がって三日落ちてこなかったという故事に因むものだそうです。

それではそのいくつかの歌を笑いの観点から選択して見ていきましょう。

遊びをせんとや生《う》まれけむ

戯《たわぶ》れせんとや生《む》まれけん
遊ぶ子どもの声きけば
わが身さへこそゆるがるれ

最も人口に膾炙した一首。誰もが無心に遊ぶ子どもの声につられて、身も浮き立つような思いをした経験があるでしょう。遊び、戯れに笑いが伴っていたことはいうまでもありません。

大江山
生野の道の遠ければ
まだふみも見ず　天の橋立

これは『百人一首』にも採られている小式部内侍《こしきぶのないし》の歌（『金葉集』）。和歌をそのまま今様で歌ったのですね。母の和泉式部が夫の任地丹後に下っていたので、定頼卿（藤原定頼、同じ『百人一首』に、「朝ぼらけ宇治の川霧たえだえにあらはれわたる瀬々の網代木」が採られている）から、お母さんからの代作がまだ届いていないでしょうとからかわれた（ここでは嘲笑というのではなく、親しい仲でふざけている笑いです）のに対し応えた歌。「踏み」に「文」を掛けて、やり返したのです。

このように特定のシチュエーションではありませんが、からかいといえば田舎漢《いなかもの》を嘲笑した歌も見られます。

東《あずま》より
昨日《きのう》来たれば　妻《め》も持たず
この着たる紺の狩襖《かりあお》に　女《むすめ》換へたべ

（狂言風に大意を記します）それがし東男《あずまおとこ》でござる。昨日都へ来たばかりで妻もおり申さぬ。この紺の狩衣を進ぜるによって、娘御と換えて下さらぬか。

こんな非常識な交換があるとは考えられませんが、それを堂々と要求する所に東男の「田舎漢」性があるのでしょう。

次は恋の歌。

わが恋は
一昨日《おととい》見えず　昨日《きのう》来ず
今日《きょう》おとづれなくは　明日《あす》のつれづれいかにせん

恋も一昨日、昨日、今日、明日と畳みかけるように思いを述べられるとむしろ滑稽感が生まれます。ここまで相手が来なければ諦めた方がよさそうです。

次は所作を伴って歌われたと思われる歌。

海老《えび》漉《すい》舎人《とねり》はいづくへぞ
小魚《さい》漉《すい》舎人《とねり》がり行くぞかし
この江に海老なし　下《お》りられよ

（大意）「海老漉舎人はどこ行くの」「小魚漉舎人のとこだよ」「この入江に海老はいないよ、さあ舟を下りて、あの入江へ、雑魚がいなくなってしまう前に」

あの江に雑魚《ざこう》の散らぬ間に

このようなものは字面だけ見ても何の面白味もありません。しかし歌い手が、どじょうすくいよろしく「海老漉舎人」や「小魚漉舎人」のモノマネをしながら歌っていたらどうでしょうか。あるいは今様の歌い手の両脇に「海老漉舎人」と「小魚漉舎人」に扮した遊女《あそびめ》が、それぞれ大きさの違う笊《ざる》を持って踊っていたらどうでしょうか。いずれにしても場は、大いに盛り上がっていたに違いありません。

実は平安京の賑わいをつづった記録『新猿楽記』（後述、第十四章）に、都で流行《はや》る諸藝能の一つとして「蝦漉舎人《えびすきとねり》の足仕《あしつかい》」という演目が見えます。当時としては誰もが知っている足藝だったのでしょう。それにいかに似せるか、あるいはそれをいかに改変するか、演者の苦心する所だったと思われます。

次も所作が伴うと楽しそうです。

舞へ舞へ　蝸牛《かたつぶり》
舞はぬものならば
馬の子や牛の子に蹴《く》ゑさせてん
踏み破《わ》ろせてん
実《まこと》に美《うつく》しく舞うたらば
華の園まで遊《あそ》ばせせん

（大意）舞え舞えカタツムリ、舞わないなら、馬の子や牛の子に蹴らせてしまうぞ、踏み割らせてしまうぞ、でもまことに美しく舞ったなら、オマエの好きな花園で遊ばせてやろう。

これは「でんでん虫虫、かたつむり、お前のあたまはどこにある。角だせ槍だせ、あたま出せ」という今日の童謡につながるものです。あるいはこの童謡の方が古くて、これを今様化したものが収録されているのかもしれません。これも何人かの遊女が蝸牛の舞い、多分ノロノロとした所作で、蝸牛の真似をしながら唄ったことでしょう。

この辺り何か根拠があってこう記しているのではなく、想像力をふくらませて、その方が面白そうだなと思って記しています。そもそも学術論文でもありませんし、そもそも笑いについての本なのですから、それぞれに想像を広げて楽しんでいただきたく思います。

院は自身「十余歳の時より今にいたるまで、今様を好みて怠ることなし」（『口伝集』）と記しているくらい今様マニアでした。それも「昼は終日《ひねもす》うたひ暮し、夜は終夜《よもすがら》うたひ明かさぬ夜はなかりき」という打ち込みようで、「声を破《わ》ること三ケ度なり」という徹底ぶりですから筋金入りです。

なおこの口伝は院自身、「声わざ（音声藝術）の悲しきことは、わが身亡《かく》れぬるのち、留《とど》まることの無きなり。その故に、亡《な》からむあとに人見よ、とて、いまだ世になき今様の口伝を作りおくところなり」と解説しています。院が言うように今様は「声わざ」ですから「悲し」いことに音声はわかりません。

またこの「口伝」を読むと、院の自叙伝ともいえるもので、その率直さと真摯さに、ある感動をすら覚えます。歴代天皇の中で自らをかくも赤裸々に述べ来たった帝《みかど》は存在しないのではないかと思います。

院の今様マニアは母譲りだったようです。母は絶世の美女と謳われた待賢門院（藤原璋子、鳥羽院中宮）、女院は今様がお好みで、中宮御所に摂津神崎の遊女かねなどを屢々《しばしば》召していたとされます。当時の遊女というのは江戸時代と違っていわば藝能集団ともいってよく、プロデューサーともいうべき長者に率《ひき》いられて宮廷行事や、各御所や高位の貴族の館に招かれてその藝を披露するとともに、中には手がついて彼らの子を生んだ事例も多かったといわれています。（辻浩和『中世の〈遊女〉』京都大学学術出版会、二〇一七など）

院は、美濃青墓の乙前《おとまえ》という遊女を召し、彼女に師事して熱心に今様の指導を受けていました。乙前の死の直前には、院自ら彼女の前で法華経一巻を詠んだ後、病気平癒を願う歌（『梁塵秘抄』三十二）を歌っています。病床の乙前が眼に涙をため、手を擦り合わせて院を仰ぎ見る様子は、読む者の身にも伝わってきます。乙前の出身地青墓は東山道の宿場町です。岐阜県大垣市に今でもその地名が残っています。

この地は平治の乱で破れた源義朝が落ちのびる際、深手を負った次男の朝長が自害した所でも有名です。謡曲「朝長」は彼を後シテとした修羅物ですが、「諸国一見の僧」が「青墓の宿に着きにけり」という所から始まっています。

朝長の菩提を弔ったとされる円興寺には、『梁塵秘抄』の碑があり、そこでは、

仏は常にいませども
現《うつつ》ならぬぞあはれなる
人の音せぬ暁に
ほのかに夢に見えたまふ

が記されていました。誠に朝長に手向けるにふさわしい歌（同二十六）です。

青墓同様遊女を抱えていた江口、神崎は、いずれも淀川の河港です。当時淀川は大坂湾へいくつもの支流となって注いでおり、そのいくつかの分岐点にこれらの港が賑わっていました。江口は淀川と神崎川の分岐点、神崎は神崎川の河口部に位置しています。港では遊女が小舟に乗って客を引いたり歌舞を披露したりしていたことは、謡曲「江口」にも織り込まれています。今行くと、いずれも堤防が高く長大に作られている

ので、川面を見ることはできません。江口には小さな江口君堂（寂光寺）と呼ばれるお寺が残っています。平資盛の娘が平家没落後江口の遊女となり、後に出家してこのお寺を建立したとされています。

この院の今様狂い、連日連夜の法住寺殿における饗宴、「心ある」廷臣からは眉を顰《ひそ》められていたでしょうが、実はこれこそが院を「不倒翁」「日本第一の大天狗」たらしめた韜晦《とうかい》ではなかったかと筆者は考えています。

そこには青墓の乙前を代表とする遊女が集まっていました。彼女達の本拠地は、青墓、江口、神崎などいずれも交通の要衝です。様々な人が行き交い、様々な情報が飛び交う。

当時、情報は街道を往還する人々によって噂として口伝えに伝えられていました。誰が、何処で、何を企み、どのような行動を起こそうとしているのか、このいわば遊女ネットワークによって院及び院の近臣が天下の情勢を一番的確に把握していたかもしれません。

第二は、院は多くのイベントを公開（庶民まで見物を許可）することによって、都の群衆に人気があったということで、これは政治実力者にとっては大きな脅威となります。後に院を幽閉した平清盛にとっても、その扱いには慎重を要せざるを得なかったと思います。結果としてその保身に大きく役立ったといえるでしょう。

第三に、院の周囲には笑いが絶えなかったであろうことです。先に『梁塵秘抄』の各歌は、鼓を伴い、舞や踊を伴って歌われていたのではないかと触れました。そこに笑いも伴っていたことは間違いありません。

笑いにはリアリティを気づかせる効果があります。あるいはその場の空気を変える力があります。従って組織が盲目的になったり、狂信的になったりするリスクを回避することができるのです。権力者が周囲に笑いを絶やさないこと、それは現実を見る眼を曇らせないために必要なことなのです。

院が以上述べてきたようなことを意識して今様に熱中していたとは思いません。しかし、今様に熱中することで、院ははかり知れないメリットを享受していたといえるでしょう。

第七章　誑惑

だましだまされる『宇治拾遺物語』

平安末期から鎌倉前期にかけて、説話文学と称される書物が編まれるようになってきます。中でも『今昔物語集』『宇治拾遺物語』『古今著聞集』は三大説話集と称されます。説話とは、著名人のゴシップ、庶民の中に伝えられてきた昔話、高僧の功徳や因果応報の理を表す逸話などを短くまとめたものです。

中でも笑いの観点に立ちますと、その編集方針に一貫して笑いを置いていたと思われるのが『宇治拾遺物語』であるといってよいでしょう。講釈は後にして、早速説話に入ります。

第一に、中納言師時《もろとき》、法師の玉茎《たまぐき》検知の事（第六話）を見てみましょう。

今は昔、中納言師時という人がいました。その許へ修行僧（以下、聖とします）が訪ねてきます。師時が何者かと尋ねると、聖は、「この世は仮の世、迷いの世界に流転するのは、つまりは煩悩に引きとめられてこの世から離れられないからです。そこで煩悩を切り捨ててこの生死の境を離れようと決心した聖です」と答えます。中納言が「さて、煩悩を切り捨つるとはいかに」と畳みかけると、聖は「これを御覧ぜよ」と言って衣の前をあけると、まことにあるべき一物がなく「ひげばかりあり」。

中納言がこれは不思議なことだと見ていると、下にさがっている嚢《ふくろ》の形が奇妙なので、家来二、三人を呼んで、聖の足を広げさせ十二、三の若い家来に股の上をさすらせると、「毛の中より、松茸の大きやかなる物の、ふらふらと出で来て、腹にすはすはと打ちつけたり」。その場にいた者すべてが大笑いとなり、当の「聖も、手を打ちて、臥しまろび笑ひけり」。この聖はその物を袋の中にひねり込んで、飯粒の糊で毛を取りつけて、人をだまして物を乞おうとしたのでした。

この段末尾に、「狂惑の法師にてありける」とあります。

この「狂惑」、読みはキョウワク、ワウワク（現代仮名遣いではオウワク）があり、また「誑惑」「枉惑」の表記があります。漢字の使い方としては「誑惑」がふさわしいと思われます。というのも「誑」とはたぶらかす意味で、「惑」はまどわす意味です。これが熟語となって人を欺き騙す、イカサマ師、インチキ野郎となります。以下「誑惑《おうわく》」を使用します。

このような「誑惑」の法師の例を外にも上げてみましょう。

まず今は昔、奈良に恵印という僧の話です（蔵人得業、猿沢の池の龍の事、第一三〇話）。この僧が若い時思い付いて猿沢の池に、「何月何日、この池から龍が登ってくる」という札を立てた所、これが評判になって老いも若きも群がり集まり、黒山の人だかりが出来るようになりました。恵印も自分の悪戯が大袈裟なこととなってきたが、本当にそうなるかもしれないとも思われたので、当日は興福寺南大門の壇の上に登って、今にも龍が登るか登るかと待ちましたが、龍が登るはずもなく日が暮れてしまいました。

この僧は、大勢の群衆が集まるのを目にして、「ただごとにもあらじ、わがしたることとなれども」「さもあらんずらん」（本当にそうなるかもしれない）と思って、自分で見に行くのです。そんな心理、わかるような気がします。

次は、これも今は昔、桂川に（極楽往生を願って）入水しようとした僧の話です。（そら入水したる僧の事、第一三三話）

この僧（以下、聖とします）はまず祇陀林寺というお寺で百日間法華経を読誦して罪障を懺悔し十分な準備をし、さて当日になると牛車に乗って京都の町を横切って桂川まで歩みます。道の両側には野次馬が群がって、中には手を合わせて拝む人もいる。川に到着すると、聖は時間を尋ねます。申の刻（午後四時過ぎ）と答えると「往生の刻限にはまだ早いな」などというので、周囲の者は入水するのに時間を訊くのもおかしな話だなと思っていると、心も定まったのかこの聖は褌一つになって川にザンブリと入ったのですが、舟端についている縄に足を引っかけて手足をバタつかせているので、弟子の僧が見かねて縄を外し水の中に落としたのです。聖は真っ逆さまに水中に沈みましたが、すぐに浮かび上がってゴボゴボともがいて口から水を吐き出している。見物人の一人が手を取って引き上げると、聖は顔を拭い口から飲み込んだ水を吐き出して、この見物人に向かって手をすり合わせ、「広大の御恩蒙《こうぶ》り候ひぬ。この御恩は極楽にて申し候はん」といって、川下に向かって逃げるように走り去っていきました。それを見ていた見物人は川原の石を拾って聖に向かってまき散らすように投げたので、裸の聖の頭は打ち破られてしまいました、という話です。

群集心理の残酷さがよく表れていますが、聖の心が変わったのが何時なのか、最初から人を欺すつもりだったのかどうか、興味のあるところです。

三番目は、今は昔、多武峰の増賀《ぞうが》上人という貴き聖の話です。（増賀上人、三条の宮に参りふるまひの事、第

一四三話）

増賀上人は気性が激しく、名利を嫌って気が狂わんばかりの振舞いをすることがありました。三条の大后の宮（一条天皇の生母）が尼になる際に、増賀上人がその戒師を勤めることとなりました。上人が鋏を入れ宮の長い髪を切り、式が終わって退出しようとする際、上人は大声で、自分をお呼びになったのは何故ですか、理解ができません「もしきたなき物を大《おおき》なりときこしめしたるか。人のよりは大に候へども、今は練《ねり》ぎぬのように、くた〳〵と成たる物を」といったので、御簾の近くの女房達、殿上人、僧などその場にいた者はこれを聞き口をポッカリと開けて茫然自失、尊いと思う気持ちも失せてしまいましたというお話です。

しかし、本段の末尾には、「貴きおぼえは、いよいよまさりけり」とあります。これもわかるような気がします。上人は名利を嫌うというのですから虚の世界に付き合わされる事ほど耐え難いものはなかったのでしょう。何かの義理があったのか、何とか勤めを終えた時に、我慢していた怒りが爆発して「暴言」が口をついたのかもしれません。話を伝え聞いた民衆は、それこそ聖の真のあり方だと思ったことでしょう。

最後に氷魚を盗み食いした僧の話。（ある僧、人のもとにて氷魚《ひお》盗み食ひたる事、第七九話）

今は昔、ある僧が人のもとへ訪ねたところ、主人が酒を出し、肴にちょうど出始めの氷魚《ひお》をもってもてなしました。主人が所用で奥に入り戻ってくると、氷魚が随分少なくなっている。不審に思いましたが訊く訳にもいかないので、この僧と雑談をしていると、この僧の鼻から氷魚が一匹飛び出てきました。そこで主人が「その御鼻より、氷魚の出《いで》たるは、いかなる事にか」というと、僧はすかさず「このころの氷魚（雹）は、目鼻から降り候なるぞ」と言ったので、一同どっと笑ったということです。

氷魚と雹が洒落言葉になっていますが、ここで「すかさず」が大切です（原文は「とりもあへず」）。頓智という言葉がありますが、気の利いた言葉がすかさず出てくることで、局面が一転し、怒りが笑いに変わるのです。

以上、「誑惑」の法師の実態を例示しましたが、そこに見られるものが何かといえば、第一に、その行為に人をたぶらかし、まどわすものがあったとしても、他者に深刻な打撃や損害を与えるものではないこと、第二に、その行為によって世の中の人を考えさせたり笑いを生んだりすること、第三に、そのことを行為者も世の中もわかって許容していることを上げることができるでしょう。

第一の点、いずれの例も彼らの行為によって損害を蒙った人はいません。あえていえば氷魚を盗み食いされた主人くらいでしょうか。逆に打撃を受けたのは、石を投げられたそら入水した聖です。第二の点、増賀上人の暴言は人をして考えさせる部分があります。またこの例話のすべてに、だからこそ記録に残されているのですが、笑いの空間が横溢しています。第三に笑いの価値を大切なものとする世の中が、「誑惑」をむしろ喜び、それを生む人々を許すのはあたり前だといえるでしょう。そら入水した聖に石を投げつける群衆の気持ちもわからないこともありませんが、当時の人々が持っていたおおらかさにもっと気がつくべきではないかと思います。

なお、冒頭、著名人のゴシップとか、庶民の昔話とか、『宇治拾遺物語』に載せられた様々な説話があることを述べましたが、第一の例としては、例えば藤原道長の愛犬が主を呪詛した証拠を発見したこと（御堂関白の御犬、清明等、奇特の事、第一八四話）とか、歌や書に秀でた小野篁《おののたかむら》が、嵯峨天皇から片仮名の子（ネ）を十二書いたものを示されてこれを読めと命じられた時、「子子子子子子《ネコノコノコネコ》　子子子子子子《シシノコノコシシ》（猫の子の子猫、獅子の子の子獅子）」と解いたこと（小野篁広才の事、第四九話）とか、広く言えば笑話といってよいお話が満載です。

第二に、「日本昔話」ではお馴染の瘤取爺さん（鬼に瘤取らるる事、第三話）、腰折雀（雀、報恩の事、第四八話）、藁《わら》しべ長者（長谷寺参籠の男、利生に預る事、第九六話）などです。これらはやや教訓臭が強く、文末には「物うらやみはすまじき事なりとぞ」などと記されています。

この『宇治拾遺物語』は作者不明ですが、序があり、そこでは源隆国という人が編んだ『宇治大納言物語』という説話集が取り残した話を集めて（拾遺）作られたものとされています。

源隆国（一〇〇四〜一〇七七）という人は、醍醐天皇の曾孫に当たる人です。即ち、醍醐天皇の皇子で臣籍に下って源姓を賜った源隆明、その三男で藤原道隆（清少納言が仕えた中宮定子の父、藤原道長の兄）の知遇を得て当時「四納言」として重用された俊賢、そしてその次男が隆国です。隆国は頼通に近く、官界を順調に出世して最終的には権大納言まで栄進します。晩年宇治に住んだことから宇治大納言と呼ばれていました。

この隆国、中々魅力的な人物であったようで、次のような逸話が残されています。

源経頼が、先妻の娘の聟を選ぶ際に、娘とともに行幸の見物をして供奉する公達の中で、どの男がいいんだと娘に見せた所、隆国が通るのを見て娘が「これをせん」と言ったので、「まことにこれに過ぎたる人はあらじ」と思って彼を聟に取った所、後妻の方から「わがむすめには、隆国よりもよからん人をあはせよ」と責められたので、中々そういう人物はいないが、才能学識に秀でた（藤原）資仲をめあわせた。資仲はしきりに隆国には敗けまいとしたが、昇進は生涯及ぶことはなかったということです。（『古今著聞集』第三二〇話）

隆国という人物の良さは、『宇治拾遺物語』の序に次のように記されていることからもわかります。

髻《もとどり》を結《ゆ》ひわげて、をかしげなる姿にて、莚《むしろ》を板に敷きて、涼《すず》みゐ侍《はべ》りて、大きなる団扇《うちわ》をもてあふがせなどして、往来《ゆきき》の者、上中下をいはず、呼び集め、昔物語をせさせて、われは、内にそひ臥して、語るにしたがひて、大きなる双紙《そうし》に書かれけり。

「髻」とは髪の毛を頭頂で束ねた部分のことです。これをゆがめて結って、おかしな格好をして往来の人を呼び止めては、いろいろな話を聞き、それを大きな紙に書き止めていたというのです。

ここに説話集の生まれる一つの姿があります。それは官製のものではありません。隆国のように好奇心と人を楽しませたいという気持ち、そして自分も楽しみたい気持ちがあって始めて説話の収集活動が可能となり、それが自発的なものだけに良いものが生まれるのです。

しかし残念ながらこの隆国が編んだ『宇治大納言物語』は散佚してしまって残っていません。

ただ隆国が残した傑作は、その九男鳥羽僧正覚猷《かくゆう》でしょう。第四十七代延暦寺座主をも務めた天台宗の高僧で、鳥羽の証金剛院の住持をしていたことから鳥羽僧正と称され、『鳥獣戯画』の作者とも伝えられています。

その鳥羽僧正は第三七話（鳥羽僧正、国俊と戯れの事）に登場します。その概要は次の通りです。

ある日鳥羽僧正のもとに甥（実際は兄と考えられています）の国俊が訪ねてきました。国俊は僧正の家の者からちょっと待って下さいといわれましたが、二時《ふたとき》（四時間）ほど経っても出てきません。さすがに不審に思って様子を訊いてみると、僧正は国俊が乗ってきた牛車を使って外出してしまったとのことでした。国俊は帰ってきたらとっちめてやろうと思って、僧正がいつも外出から帰邸すると、湯殿に直行して、細かく切った藁をいっぱい入れその上に莚を敷いた湯舟に、裸になって「えさい。かさい、とりふすま」と言って仰向けに飛び込むことを思い出しました。そこで国俊は湯殿に入り、湯舟の莚の下にある藁を取り除き、代りに湯桶を下にその上に囲碁盤を裏返して置き、莚を上にかぶせて待ち構えます。

するとき僧正が帰ってきて、着物を脱ぐのももどかしく湯殿に入り、いつものように「えさい、かさい、とりふすま」といって、仰向けに湯舟に飛び込んだのです。僧正は碁盤の足のとんがったところに尻骨をしたたか打ちつけ、悶絶して倒れてしまいました。眼は見開いたまま死んだようになっています。お側の者が顔に水を吹きかけたりして蘇生を図り、何とか息を吹き返しましたが、僧正はその息の下にムニャムニャと何を言っているのかわからない有り様であったというお話です。

たしかにこれは痛そうな話です。原文では最後に「このたはぶれ、いとはしたなかりけるにや」(このいたずらはあまりにひどかったのではないか) としています。

この国俊もそして覚猷も、そのいたずら好きは隆国譲りであったように思われます。

いたずらは漢字で「悪戯」と書きます。しかし「悪」にも程度問題があるのではないでしょうか。「いたずらっ子」といえば可愛い感じがしますが、「悪ふざけ」といえば人を不快にさせます。その差を分けるものが何かといえば、共に楽しむという気持ちを持っているかどうかではないでしょうか。

本章副題に「だましだまされる」としました。だますのは悪でだまされるのは被害者だという図式は、三面記事や法廷論争の話です。笑いの観点からすると、人間社会においては、人をだましたりかついだりする、相手もそれと知ってだまされたりかつがれたふりをする。あるいは歌の贈答のように一度だまされたら次はこちらがだます。こちらが相手をかついだら次は相手にかつがれたふりをする。そのような人間関係の方がずっと楽しいのではないでしょうか。もとより信頼関係のある間柄の話ですが。

第八章 戯画 宗教画として見る『鳥獣戯画』

前章で尻骨をしたたかに打った鳥羽僧正（一〇五三〜一一四〇）は当時中々の人気者だったようで、『宇治拾遺物語』以外にもいくつか逸話を残しています。

第一に、『古今著聞集』に二つの逸話が載っています。

その第一は、「鳥羽僧正、絵を以て供米の不法を諷する事」（第三九五話）

「鳥羽僧正は近き世にはならびなき絵書《えかき》なり」と始まって、何時のことか、年貢米のゴマカシがあった時に、旋風《つむじかぜ》に吹き上げられている米俵を法師達が取りおさえようとしている絵を描きました。その絵を白河法皇が御覧になって、鳥羽僧正にその心を尋ねた所、僧正は、「あまりに供米不法に候ひて、実の物は入り候はで、糟糠（かすとぬか）のみ入りてかろく（軽く）候ふゆゑに」つむじ風に吹き飛ばされる様子を描いたのですと答えた所、白河院は僧正の絵心に感心する一方、供米の不正は怪しからん事だとして厳しく対処したので、その後不正なゴマカシはなくなったという事です。

この米俵が空を飛ぶ絵というのは、その実例が『信貴山縁起絵巻』（飛倉の巻）にあり、ご覧になられた方も多いと思います。この逸話この絵巻も鳥羽僧正筆とされる一つの材料ともなっているようです。

二つ目に、「鳥羽僧正、侍法師の絵を難じ、法師の所説に承伏の事」（第三九六話）

僧正の許に絵を描く法師がいました。中々達者なもので僧正の絵にも匹敵するものを描きます。僧正がある時この法師の絵を見た所、それは争いの絵で、人を突き刺した刀が拳《こぶし》ごと背中まで貫通しているので、僧正は「いかなるものか。人を突くに拳ながら背へいづる事のあるべき」と、あり得ないものを描くような気持ちなら、絵を描くべきではないと叱りつけますと、この法師は、逆に絵とはそういうものでございますと反論し、僧正が重ねてそんな作法はないと畳みかけると、法師は、昔より「おそくづ」の絵というものがあり、その物の大きさは実際以上に大きく描かれています。「ありのままの寸法にかきて候はば、見所なきものに候ゆゑに、絵そらごととは申す事」なのです。僧正のお描きになっている絵にも、そういう例は多いではありませんかと逆襲され、僧正も返す言葉がなかったということです。

ここで「おそくづ」の絵というのは、「お」は臥《ふ》すの意で、「そく」は側、即ちお側に臥すということで、枕絵、秘戯画、春画などと称される一連の絵で、実際鳥羽僧正筆と伝えられるいわゆる「陽物くらべ」の絵が残されています。

『古今著聞集』は、作者も成立年もはっきりしています。作者は橘成季《なりすえ》（一二〇五？〜一二七二？）といい、中級公家で、関白九条道家に重用され活躍した人です。漢詩文や和歌をよくし、音楽や絵にも素養のある文化人だったようです。なお、この成季の五代前の祖先は橘則光といい、清少納言の夫だった人です。

さらに鳥羽僧正の臨終に当たっての次のような逸話も残されています。

僧正が臨終の時、弟子達が財産などの処分のご指示をいただきたいと、再三にわたり慫慂《しょうよう》したので、僧正は硯と紙を持ってこさせ、ただ「処分は腕力に依るべし」と記したということです。(『古事談』第七三話)でどうなったかといいますと、院政を開始した白河法皇が弟子などの関係者に一覧表を作らせて巧みに分配されたと後段に記されています。物に拘らない鳥羽僧正の人柄と、政治的手腕に長けた白河法皇の力量を感じさせる逸話です。

『古事談』というのは源顕兼《あきかね》(一一六〇～一二一一)という公卿によって鎌倉初期にまとめられた説話集です。冒頭に称徳天皇好色譚(道鏡の一物ではあきたらず山芋で陰形〔張形のこと〕を作った話)を置くなど有名人のゴシップ記事を集成した観があります。

以上、前章の『宇治拾遺物語』に続き、『古今著聞集』及び『古事談』にある鳥羽僧正の逸話を見てきましたが、天衣無縫というか傍若無人というか、型破りで飾らない人柄を髣髴とさせます。

そして長らく鳥羽僧正作とされてきたのが、高山寺蔵の『鳥獣戯画』です。今日においてもその作者探しは続いているようですが、筆者は鳥羽僧正によるものではないと思います。というのも、素人の直感ですが、現物を見ると、これを描いた人の非常に真面目で純粋な心を感じるからです。

高山寺は山寺です。大きな伽藍があるようなお寺ではありません。しかしそこにある空気は澄み切っていて、石水院の縁側に腰を下ろして一休みしていると、その清澄さが心にも伝わってきます。そういうイメージに鳥羽僧正は相応しくないのです。

実は筆者は『鳥獣戯画』には特段の思い出があります。

今から六十年以上前、昭和三十年頃のことです。当時筆者は関西に住んでいて、よくお寺巡りをしていました。その頃から古いものに関心があり、特に仏像彫刻には魅せられていたからです。周りからは「けったいなボンボンやな」などといわれながら、和辻哲郎の『古寺巡礼』や亀井勝一郎の『大和古寺風物誌』などを手に休日に一人であちこち歩いていたのです。

高山寺を尋ねたのは、夏の暑い日でした。嵯峨野から額に玉のような汗をかきながら山を登っていった記憶があります。その頃は今のように大勢の人がお寺巡りをするという時代ではありません。まして子どもが一人でなんていうのは珍しかったのでしょう。当時のご住職が「坊、よう来たな」などといわれて秘蔵の絵巻の一部を広げて見せてくれたのです。それがどの部分で何の絵だったのかは全く覚えていませんが、ご住職のご厚意に満足して山を下りたのでした。

当時であっても勿論このようなお坊さんばかりではありませんでした。しかし筆者は後に開山の明恵上人のことを学ぶ（白洲正子『明恵上人』新潮社、一九九九など）につけ、その感化が今にも及んでいるんだなということを思わざるをえなくなりました。

今回、笑いの日本史に欠かせぬ一章がこの『鳥獣戯画』だなと思っていたら、幸いなことに、その全巻、即ち、甲乙丙丁の四巻を一挙公開する催しが東京国立博物館平成館で開催され（二〇二一年春）、あらためて全巻を拝見する機会に恵まれました。コロナ禍の下で予約制となっていましたから、一人一分とか二分とかパンダを見る時のような混雑ではありませんでしたが、やはり甲巻の人気が一番であることは、その人の動きからもわかりました。

本章でも、その甲巻を中心として、日本人と笑いという観点からこの絵の示す意味を考えてみたいと思います。

まず第一に、この絵は「戯画」ではなく、宗教画なのではないかということです。

もともとこの画巻に「戯画」という名前がつけられている訳ではありません。この絵が描かれた頃の言葉でいえば「嗚呼絵《おこえ》」という言葉があります。『今昔物語集』などでも使われています（本朝世俗部、比叡山の無動寺の義清阿闍梨の嗚呼絵の語《こと》、第三十六）。また、高山寺自体の永正十六年（一五一九）の年記のある什宝目録には「シャレ絵」三巻という言葉が使われています。この「シャレ」というのが、「洒落」なのか「戯《ざ》れ」なのかはよくわかりません。さらに時代は下って、本居宣長との大論争で知られる藤貞幹が丙巻を「戯画ニアラズ」、他の三巻を「勝絵トナラベ賞スベシ」と評しています。「勝絵」というのは「おそくづ」の絵の別称です。

こうしてみると『鳥獣戯画』を宗教画として捉えてきた例は見かけられません。

最近出版された本で、宮川禎一氏の『鳥獣戯画のヒミツ』（淡交社、二〇二一）という本があります。筆者はこれを読んで我が意を得たりという気がしました。宮川氏が、この画巻を仏の功徳や明恵上人の行動や思想を含意したものとして解読しているからです。

「宗教画」といえば、絵の好きな人はダ・ヴィンチの「最後の晩餐」とか、ファン・アイクの「神秘の小羊」などを思い浮かべるかもしれません。

仮に宗教画としても、甲巻には断簡（巻物の一部が失われてしまっている箇所）、錯簡（画面の順序がつながらない箇所）があることが確認されており、現状のままの姿でどのようなストーリーが展開されているのか、その復元は難事業と思われますが、宮川氏は天竺まで旅をして大量の仏典を持ち帰った初唐の高僧玄奘三蔵が、その旅と天竺の有様を記したとされる『大唐西域記』を克明に読み込んで、その内容を様々な動物達が無邪気に遊ぶユートピアとして描いたものとの説を立てられています。

例えば『西域記』にある「兎王本生譚」（仏陀が前世で兎であった時、一人の老父の空腹を満たすため自ら火の中に飛び込んでその食事にあてて下さいとした話、『戯画』には冒頭ウサギが背中から川に飛び込む絵やキツネのしっぽに火が着いている絵があります）とか、「救生鹿本生譚」（釈迦が山火事から生き物を救うために鹿となって川に身を横たえて渡し、自らは傷つき力尽きて死んでしまう話、確かに鹿が背にウサギを乗せて川を渡る絵がありま す）などが作画の下敷きになっており、それらを踏まえて釈迦の生涯、そして明恵上人の信仰を表したものと説かれています。

このどちらの話も、自分の身は捨てて他者のために尽くす話です。

それは明恵上人の最も大切にしたことです。『明恵上人遺訓』というものが残されていますが、その一節に次のようにあります。

聊《いささ》かの流れに少しきの木一つをも打ち渡して、人の寒苦を資《たす》くる行をも成し、又聊かなれども、人の為に情け情《なさ》けしく当るが軈《やが》て、無上菩提までも貫きて至る也。

一行目、まさに鹿がウサギを乗せて川を渡る絵そのものです。ここに真の宗教者の生き様が説かれています。この画巻が、明恵上人が絵師の誰かに依頼して作らせたものなのか、あるいは弟子や信者が上人の遺徳を偲んで作らせたものなのか、それはわかりませんが、そのような宗教画として捉えると、それぞれの絵が何を意味しているのかも、自ずと違って見えてきます。

笑いの観点に立ちますと、まず甲巻の中でも最も有名で、誰もが一度は見たことのあるウサギとカエルの相撲の場面です。

ウサギがカエルに投げ飛ばされてひっくりかえっています。それを回りで見ている三匹のカエルが、三匹

『鳥獣戯画』「蛙と兎の相撲」高山寺蔵

三様の姿ですが大笑いしています。勝ったカエルの口からは、何やら吹き出しのような息のようなものが吐き出されています。不思議なのは投げ飛ばされたウサギも痛そうな顔もせず、何か笑っているように見えることです。

これは何を表しているのでしょうか。

宮川氏はここでウサギは明恵上人だとしています。甲巻の冒頭、川に背面飛びするウサギ、そして鹿の背に乗って川を渡るウサギは、釈迦最後の弟子善賢（蘇跋陀羅）であり、上人自身である。自身天竺への渡航を企てるほど釈迦を敬愛し、自らを一体化させようとしていた上人の人生そのものが、この甲巻に一貫して表されているのです。

明恵上人は二度にわたって天竺渡航を企てたとされています。第一回目は、建仁二年（一二〇二）、上人三十歳の時で、この時は翌年春日大明神の託宣を得て中止しています。第二回目は元久二年（一二〇五）、上人三十三歳の時です。この時は渡航「計画」を練り、長安から天竺まで五万里と見積もって、一日五〇里で歩けば一千日で到達する。即ち一月一日に出発すれば、一年三百六十日だから、三年目の十月十日に到達することになるなどと計算しています。このように子ども染みた計画を立てていた訳ですが、本人は大真面目で周りからみれば気が触れたとしか見えなかったでしょう。

筆者はそのような上人の子ども染みた所、純真な気持ちに、真の宗教者の姿を見ます。今年の初詣はコロナの影響でお賽銭が少なかったなどと嘆いている僧侶神官は、真の宗教者とはいえません。

仏道に打ち込む志を確かめるため右耳を切った故事、承久の変の際落人武者を匿って六波羅の北条泰時の前に連行された時、敵の手を逃れて助けを求めに来た者を自分が罪になるからといって見捨てることなど出来ようかといって、その引渡しを拒否した故事、そして生涯見た夢を記していた故事など、いずれもその心の純度の高さを示しています。

画巻に戻って、ここでカエルやウサギが笑っています。笑っているように見えますが、そもそも動物は笑うのでしょうか。ゴリラなどの霊長類の研究に詳しい山極壽一氏（前京大総長、総合地球環境学研究所所長）によると、動物でも類人猿には笑いとわかる表情や発声があるそうです。特に子ザルは追いかけっこなどの遊びをしている時にそのような表情が生まれるといいます。

しかし、「或る動物なりあるいは何か無生物なりが首尾よく笑わせえたとしても、それは人間との類似によって、人間がそれに刻みつけたしるしによって、あるいは人間がそれについてした使用によってである」（アンリ・ベルクソン『笑い』）ということでしょう。

また宮川氏によれば、カエルは釈迦で、釈迦に投げ飛ばされて喜ぶのは、ウサギたる明恵としては本懐を遂げたという心境だったとされます。

なお、このカエルの吹き出しについても宮川氏は、次のような面白い文句を充てておられます。

『鳥獣戯画』「猿僧正」高山寺蔵

「日本国からやってきた明恵とやら、私の教えを学んで研究して修行を重ねてきたとか言うが、おぬしの修行や理解などまだまだ全然足りんわい。顔洗って出直して来い！」

笑いの観点からもう一つ注目すべきは、巻末に近く袈裟をつけたサル僧正が本尊のカエルに向かって何やらお経を読んでいる図です。口からはカエルとウサギの相撲で見た吹き出しのようなものが吐かれています。またカエル本尊の後ろにはギョロリと眼を剝いたフクロウが木に止まっています。

これはかなり意味深長な、見る人が見たらハハーンあのことだなと悟るような絵ではないかと思わせます。

カエル本尊はその右手を上げて手のひらを正面に向けていますが、これは施無畏印《せむいいん》といって、相手の恐れを和らげ、信心者に何でも遠慮なくいいなさいという意味だそうです。また左手はお腹の前で手のひらを上にしていますが、これは与《よ》願印《がんいん》といって、その願いを何でもかなえてあげようという意思を示したものだそうです。これらによって、御本尊はお釈迦様であることを表しています。一方サル僧正は誰なのか、実はサルは甲巻で何度も登場していますが、袈裟をまとっているのはこの読経の場面の前後、僧正が鹿と猪の供物をもらっている絵と、山積の供物を前にしてニタニタ笑っているように見える絵との二ヵ所あります。どうもこの僧正物欲に取りつかれた俗物なのかもしれません。

明恵上人が心の底から嫌ったのも、そういうエセ坊主でした。

同じく『明恵上人遺訓』に次のようにあります。

よき物食《くら》ひ、布施とらむとする事、大切なる様に覚えて、真信ならぬ心に経を読み、陀羅尼《だらに》を満てたれば、亡者の資《たすけ》とはならぬのみに非ず、此の信施の罪に依りて、面々悪道に堕つべし。共に無益《むやく》に浅猿《あさまし》き末世の作法也。

「浅猿《あさまし》き」というルビが効いています。ここで陀羅尼とは本来真言を保つ心といった意味でしょう。本当の信心あってこそ初めてお経に功徳が生まれるのでしょう。

そして、

真信とも無くて過る法師程に畏《おそろ》しき大盗・大誑惑の者は、よも俗家には在らじと覚え侍り。仏の番々に出世して、衆生を仏に成さんとし給ふ法を盗みて、我が身《み》過《す》ぎにすることそ浅猿《あさまし》けれ。

明恵が敵視する法師達が具体的に書かれている訳ではありませんが、阿弥陀仏への帰依と名号（南無阿弥陀仏の六字）の読誦で極楽往生が可能だと説く法然ら浄土宗系統の法師達を念頭に置いているのでしょう。

明恵的な見方に立つと、「浅猿」き浄土系のサル僧正は、こともあろうに阿弥陀如来でなく釈迦如来に向かって読経し、布施や供物を取っていることを諷刺し（笑い飛ばし）ていると読み取ることができるでしょう。またそう理解して始めて本画巻の意味を捉えたということになるのではないでしょうか。

宮川氏はそこまで述べておられませんが、ここでのサル僧正の吹き出しを考えてみました。


「ナンマイダ、ナンマイダ。世間の人は釈迦とか阿弥陀とかいっても、区別がつかないんだ。それも信心深い人ほど、そんなことをやかましくいわないから安心安心。それよりとにかく念仏を唱えさせることだ。唱えれば唱えるほど、我ら僧侶が有難い存在に見えてきて、お布施もはずむようになる。ああ、ありがたや、（当時はお札はありませんが）なんまい（何枚）だナンマイダ。」


最後に動物の擬人化について触れてみましょう。この甲巻に登場する動物は、兎、猿、蛙、鹿、狐、猪、猫、鼠、雉、鼬《いたち》、梟《ふくろう》の十一種、このうち鹿、猪、梟は擬人化されていません。

擬人化はいわば比喩のようなものですから、直接対象物を描くより印象が強くなるという効果があるでしょう。また、ウサギとカエルが同じ大きさという動物学的に考えられないサイズの転換も、それぞれ人と見ているから違和感がない訳です。

この擬人化のあり方について、人間と動物とをどのように考えるのか、進化論的にいえば人間も霊長類のゴリラやオランウータンなどと共通の祖先を持つ動物と位置づけられるのでしょうが、人間自体の意識の中ではどうか、例えば仏教のような輪廻思想の下では「兎王本生譚」のように前世がウサギなどということになる訳ですから、その関係は連続しているといえます。一方、キリスト教のように、この世の中の生き物はすべて万物創造の神が作り、その中でも神は人間をその他の動物を支配するものとして作られたという考え方に立てば、その連続性は断ち切られます。

　そのような考え方の相違が、わが国には豊富な擬人化の作例を多く生み、ひいてはそのような伝統が、今日のアニメ、マンガの源流になっているというような考え方も見られますが、本当にそうなのかどうか、幅広い観点からの検証が必要と思われます。

第九章 凡俗 「達人」と「くらき人」『徒然草』

前章で『鳥獣戯画』は、様々な動物を擬人化してその可笑しさを表した単なる「戯画」ではなく、明恵上人の仏道への思いを、そして宗教界に大変動をもたらした法然上人を開祖とする浄土教への批判を含意した「宗教画」ではないかと述べましたが、法然上人も明恵上人も一代を画する名僧・傑僧であって、法然上人が『鳥獣戯画』のサル僧正のように布施を後で数えてニタニタする俗僧でないことはいうまでもありません。そのことは彼らの生きた時代からそう遠くない時代を生きた兼好法師の記録からもわかります。

まず法然上人については『徒然草』第三十九段に次のように記されています。

或人、法然上人に、「念仏の時、睡《ねぶり》にをかされて、行を怠り侍《はんべ》る事、いかゞして、この障《さわ》りを止め侍らん」と申しければ、「目の醒《さ》めたらんほど、念仏し給へ」と答へられたりける、いと尊かりけり。また、「往生は、一定と思へば一定、不定と思へば不定なり」と言はれけり。これも尊し。また、「疑ひながらも念仏すれば、往生す」とも言はれけり。これもまた尊し。

三つの教えが説かれています。第一は、睡魔におかされて念仏が出来ないことを否定せず、できる時に念仏すればいいこと、第二に、極楽往生は必ずできると思えばかならずし、それがわからないと思えばわからないこと、第三に、内心疑いがあっても念仏すれば往生できること。ここにあるのは念仏絶対主義とでもいうべき考え方でしょう。筆者は信仰というのは、そういう不条理に身を投じることと考えていますから、法然上人の答えは信仰者として当然のことを言っており、そのことを兼好法師が評価しているのもよくわかります。

また、明恵上人についても、第百四十四段で次のように記しています。

栂尾《とがのお》の上人、道を過ぎ給ひけるに、河にて馬洗ふ男《おのこ》、「あしくく」と言ひければ、上人立ち止りて、「あな尊《とうと》や。宿執開発《しゅくしゅうかいほつ》の人かな。阿字々々と唱《とな》ふるぞや。如何なる人の御馬ぞ、余りに尊く覚ゆるは」と尋ね給ひければ、「府生殿の御馬に候ふ」と答へけり。「こはめでたき事かな。阿字本不生にこそあんなれ。うれしき結縁《けちえん》をもしつるかな」とて、感涙を拭《のご》はれけるとぞ。

上人は、男が馬の足を後ろに引かせようとしていった「アシアシ」という言葉を、仏教でいう宇宙の根源を意味する「阿字」と唱えていると誤解し、誰の馬かと訊いたその答えが、「(皇居官衙の役人である)フショー殿の馬だ」というのを、（阿字が全ての根源であることを悟れば、一切の諸法ももともと不生不滅であることを意味する）「阿字本不生」のことを言ったのだと思い込んで、これこそ宿執開発の（前世の善い行いが現世で実を結んだ）人であると感涙にむせんだという話です。

常識的に考えれば、道端で馬を洗っている男が、仏教の深遠な哲理を説く訳はないのですが、明恵上人にとっては、自分の周りにあるすべてのモノや現象が仏教の世界とつながって見えたり、聞こえたりする訳です。このことは、明恵上人が広大な感情量を持った、本当の意味での宗教者であったことを示すものといってよいでしょう。

先の法然上人は、信者の質問に信仰を理詰めで考える愚を諭しているのですが、訊いている方は何かはぐらかされたような気がしたかもしれません。また明恵上人に至っては常人の思い付かない所にまで信仰の心が行き渡っている人であることが示されています。

よく本当の智者は愚者のように見えるというようなことがいわれますが、この宗教界の両巨人は世俗の常識を突き抜けた人だったのでしょう。

ここでこの時代を生きた名僧達の生没年をまとめておきましょう。

鳥羽僧正（一〇五三〜一一四〇）　天台宗
法然上人（一一三三〜一二一二）　浄土宗
栄西禅師（一一四一〜一二一五）　臨済宗
明恵上人（一一七三〜一二三二）　華厳宗
親鸞上人（一一七三〜一二六三）　浄土真宗

道元禅師（一二〇〇～一二五三）　曹洞宗
蘭渓道隆（一二一三～一二七八）　臨済宗
日蓮上人（一二二二～一二八二）　法華宗
兼好法師（一二八三？～一三五八？）　？
一休禅師（一三六四～一四八一）　臨済宗

こうしてみると、生年で見て、兼好法師は法然上人とは百五十年、明恵上人とは百十年の差があることがわかります。

この百年余の間に時代は大きく変わりました。いうまでもなく、武家政権の時代が始まったということです。

建久三年（一一九二）、鎌倉幕府が開府した年に、後白河法皇は崩御しています（三月十三日）。「日本第一の大天狗」がいなくなって、頼朝は征夷大将軍に任じられ、名実ともに最高権力者の地位につきました。

その鎌倉時代は、笑いの観点からいえば、いささかさびしい時代であったといえるでしょう。

そもそも鎌倉に拠った東国の武士団は、質朴、堅実、尚武の気風を持った人々でした。

頼朝が鎌倉に幕府を開いた理由の一つとされるのが、東国の精強な武士《もののふ》が、京《みやこ》の華美柔弱な文化に染まり、その戦闘力が弱体化することを懸念したということです。もともと笑いは歌舞音曲、物マネ、曲藝などと同じく、文化的な営みであり、従って都市の繁華や、富や贅沢、あるいはその集積の生む毒素と親和性の高いものです。

そのような精神の持ち主が支配する時代に笑いの大きな潮流が生じるとは考えられません。

また、平安末期から鎌倉前期は、いわば日本の宗教改革の時代です。南都六宗、天台・真言の密教が次第にその生命力を失い、そこから一つは浄土教が生まれ、一方中国への留学僧や中国からの渡来僧によって禅がもたらされます。そしてこの浄土教と禅は、当時の名もなき庶民やまた擡頭しつつあった武士層に広く浸透し、社会的に大きな力を持つとともに、後の日本のあらゆる面に大きな影響力を及ぼすことになるのです。

そのような背景の下、この鎌倉幕府から、室町、江戸と続く、およそ七百年にわたる武家政権の時代に生まれた、武士の美意識や価値観が、それまでの王朝的な美意識や価値観と交差し、融合して、独特の日本的美意識や価値観を生み出したということを見逃す訳にはいきません。端的に言えば、今日能や茶の湯に体現されているような日本を日本たらしめている美意識や価値観は、そこから生まれてきたものと考えています。この点は第十三章で詳しく見ていきましょう。

そのような笑い的にはさびしい時代ですが、本章では、吉田兼好の『徒然草』の笑いについて考えてみましょう。

実は『徒然草』について筆者は以前、「達人」の思想書という観点から取り上げたことがあります。(『藝術経営のすゝめ』中央公論新社、二〇一八)

有名な「高名の木登り」の話をはじめ、『徒然草』には多くの「達人」達が登場します。水車の達人(第五十一段)、弓の達人(第九十二段)、双六の達人(第百十段)、観相の達人(第百四十五段)、倹約の達人(第百八十四段)、馬の達人(第百八十五段)、金儲けの達人(第二百十七段)、細工の達人(第二百二十九段)などです。

このような達人の特徴として兼好が上げているのが、寡黙である(「よくわきまへたる道には、必ず口重く、問はぬ限りは言はぬこそ、いみじけれ」)、謙虚である(「志常に満たずして、終に、物に伐《ほこ》る事なし」)、人を見る眼を持つ（「達人の、人を見る眼《まなこ》は、少も誤る所あるべからず」）などの点です。

実はこの達人好みという兼好法師の考えは、中世以降今日に至るまで、日本人の通底に流れ、浸透している伝統思想といってもよいものです。

こういう価値観に立ちますと、その対照物、即ち、饒舌、尊大、無知、知ったかぶり、身の程知らず、夜郎自大、自己中心などがくっきりと浮かび上がってきて、それらが笑いの対象になってきます。いくつかその例を見てみましょう。いずれも法然・明恵といった名僧・傑僧ではなく、凡俗の僧侶です。

まず良覚《りょうがく》僧正という、「腹あしき」（怒りっぽい）人の例。


坊の傍らに、大きなる榎の木のありければ、人、「榎木《えのきの》僧正」とぞ言ひける。この名然《しか》るべからずとて、かの木を伐られにけり。その根のありければ、「きりくひ（切り株）の僧正」と言ひけり。いよいよ腹立ちて、きりくひを掘り捨てたりければ、その跡大きなる堀にてありければ、「堀池《ほりけの》僧正」とぞ言ひける。（第四十五段）

これもよく知られた段で、大意をつける必要はないでしょう。綽名で呼ばれるというのは、人間味があって、親しまれていたのかも知れません。

次も、よく知られた「仁和寺の法師」の例。

年寄るまで石清水八幡宮に参拝していなかったので、ある時思い立って、歩いて男山に詣で、極楽寺や高良神社を拝して（山頂にある石清水八幡宮までは行かずに）帰ってきた。仲間に向かって言うには、

「年比《としごろ》思ひつること、果し侍《はべ》りぬ。聞きしにも過ぎて尊くこそおはしけれ。そも、参りたる人ごとに山へ登りしは、何事かありけん、ゆかしかりしかど、神へ参るこそ本意なれと思ひて、山までは見ず」とぞ言ひける。少しのことにも、先達はあらまほしき事なり。（第五十二段）

（大意）「長年行きたいと思っていた石清水八幡に行ってきた。聞いていた以上に尊いお姿であった。ただ、お参りする人のほとんどが山へ登っていったが、何でだろう。知りたかったけれど、神社に参拝することが目的で、その目的を果たしたので、山までは行かなかった」と言ったのだ。何事においても先達があってよいのだ。

今日のように情報過剰な時代ではありませんから、こんなこともよくあったのでしょう。

仁和寺の法師については、この他足鼎《あしがなえ》を頭に被って抜けなくなった顛末（第五十三段）や、稚児を誘い出そうと、美味しい食べ物を入れた重箱を双ヶ岡に埋めて木の葉を覆せ、稚児にそれを発見させて遊ぼうと企んだ所、それを誰かに見られて重箱を盗まれてしまって、計画が水泡に帰してしまったといった例（第五十四段）が綴られています。

有名な「猫また」の話（第八十九段）も、また法師の話です。猫またとは、眼は猫の如く、体は犬の如き怪獣で、一晩に七、八人を喰らうという恐ろしい動物です。この法師は連歌の嗜みがあって、ある時連歌の会が夜遅くなり、暗い夜道を帰宅する途中、小川の端で足許に何やら動物らしいものが寄ってきて、飛びつくや否や首を齧《かじ》ろうとするので、これは猫またに襲われたと肝を潰して近くを流れる小川に飛び込んで「助けよや、猫またよや〳〵」と大声で叫んだ所、近所の家から松明《たいまつ》に火をつけて住人がやってきて、小川の中で気を失っている法師を助け起こし、あたりを見回してみると、先程猫まただと思っていたのは、飼犬が主人が帰ってきたと知って飛びついてきたのだったたというお話です。

次は高野山の証空上人の逸話。（第百六段）
或る時細道で馬に乗った女と行き合ったが、その口取り男が上人の乗った馬を堀に落としてしまったので、上人はカンカンに怒って、
「こは希有の狼藉《ろうぜき》かな。四部《しぶ》の弟子はよな、比丘よりは比丘尼は劣り、比丘尼よりは優婆塞《うばそく》は劣り、優婆塞より優婆夷《うばい》は劣れり。かくの如くの優婆夷などの身にて、比丘を堀へ蹴入れさする、未曾有《みぞう》の悪行なり」
と悪態をついた所、口曳きの男は何のことかさっぱりわからないと答えたものですから、上人はさらに声を荒げて、「何と言ふぞ、非修非学の男」と毒づいたということです。四部、即ち弟子の四つのランク、比丘（出家の男）、比丘尼（出家の女）、優婆塞（在俗信者の男）、優婆夷（在俗信者の女）の順、信者でない人には関係ない話ですし、口曳きの男にその言葉が通じたかどうかもわかりません。上人とは名ばかりの男であることを自ら暴露しています。人はこういった場合に、その地が出てしまうのです。
次は知ったかぶりの例。（第二百三十六段）
丹波の出雲という所に出雲大社の神霊を祀った社が出来たので、聖海上人が弟子や信者を伴って参拝したところ、本殿の前にある獅子と狛犬《こまいぬ》が後ろ向きに据えられていたので、上人は何か深い意味があるのだろうと思って、「あなめでたや。この獅子の立ち様《よう》、いとめづらし。深き故あらん」と涙ぐんで、皆さん、このすばらしい配置を不思議に思いませんか。これには深い意味があると思いますなどと言って、有難がっていましたが、都への土産咄としてその訳を知りたいと思って神官に訊いた所、神官は「その事でございますか、

です。

悪戯《いたずら》な子ども達がした事です、けしからん事でございます」と答えて、元の位置に直してしまったという話です。

大見得を切った聖海上人もさぞバツの悪い思いを禁じえなかったでしょう。

僧正であろうが上人であろうが、彼らがいかに達人と違っているか、ましてや法然や明恵とは月とスッポンです。

僧侶といえば当時の知識階級です。にもかかわらずどうしてこのような醜態を演じるのか。

賢げなる人も、人の上をのみはかりて、己をば知らざるなり。我を知らずして、外《ほか》を知るといふ理《ことわり》あるべからず。されば、己れを知るを、物知れる人といふべし。（第百三十四段）

と兼好法師はいっています。「人の上をのみはかりて」というのは、良覚僧正が良い例です。人の評判ばかり気にしているのです。自らを磨いて高徳の僧になれば、もっと違う綽名がつけられたことでしょう。ではこの達人でなく、凡俗の人々、それはわれわれの代表でもありますが、兼好法師は彼らを何といっているのでしょうか。

くらき人の、人をはかりて、その智を知れりと思はん、さらに当るべからず。（第百九十三段）

暗愚な人が、自分の物差しで他人を評価して、その智の程度はこれこれだなどと思うのは間違いだというのです。その例として、愚かな人間だけれども碁の上手で、賢者が碁が下手な所から判断して賢者を自分に及ばないとか、その道の技に優れた匠が、自分の技に及ばない人を見て、自分の方が優れた人間だなどと思うことは、大きな誤りだとしています。さらに「文字の法師」と「暗証の禅師」が槍玉に上がっています。「文字の法師」とは経典ばかり読み耽って修行をしない僧、「暗証の禅師」とは逆に座禅ばかりやって経典を学ばない僧のことです。

笑いの観点からいえば、彼ら「くらき人」は必須の存在です。「達人」ばかりでは面白くないからです。従ってこの「達人」と「くらき人」の対比が大きければ大きいほど笑いも大きくなります。

『徒然草』の魅力は、この両者の緩急自在の対比にあるといってよいでしょう。読者の多くは、どちらかといえば「くらき人」に近いことから、「達人」には一方で敬意を払いつつも、「くらき人」を笑い飛ばしつつ、いや待てよ、自分にも思い当たる節があるなと思い至って、親近感を抱きますから、彼らを軽侮したり、非難したりすることなく、温かく見守っていくことができるのです。それが、『徒然草』が以降も長く日本人に読み継がれてきた大きな理由ではないかと思います。

第十章　御伽噺　浦島説話の変遷『御伽草子』

第七章で『宇治拾遺物語』の説話の中に、瘤取爺さん、腰折雀、藁しべ長者などのお話が散見されると述べました。

いずれも「日本昔話」としてよく知られたお話です。現在のわれわれがそのお話の内容として記憶しているのは、子どもの頃絵本で読んだとか、テレビで見たとかいう形で入ってきたものでしょう。

それらのタネ本ともいうべきものが、巖谷小波編著の『日本昔噺』叢書です。明治二十七年〜二十九年（一八九四〜九六）にわたって全二十四冊が刊行され、ベストセラーになりました。

収録されたのは、桃太郎（第壱編、一とします、以下同じ）、猿蟹合戦（三）、花咲爺（五）、舌切雀（七）、かちかち山（九）、物臭太郎（十一）、文福茶釜（十二）、八頭の大蛇（十三）、羅生門（十五）、浦島太郎（十八)、一寸法師(十九)、金太郎(二十)、牛若丸(二十三)、鼠の嫁入り(二十四)など、われわれにお馴染みの昔噺ばかりです。

この中の一編浦島太郎について、小波がどう書いているか見てみましょう。

まずこう始まります。

むかし〳〵、丹後の国水《みず》の江《え》と云ふ処に、浦島太郎と云ふ、一人の漁夫《りょうし》が在りましたとさ。

或日の夕方。此の浦島太郎は、例《いつも》の通り漁に出た帰途《かえりみち》、浜辺から自家《うち》の方へ来やうと思ひますと。十一二を頭《かしら》に、十才《とう》八才《やっつ》位な子供が、大勢寄《よっ》てたかつて、一匹の亀児《かめのこ》を捕《つかま》へまして、彼方《あっち》へ引張つたり、此方《こっち》へ引張つたり、散々玩弄《おもちゃ》にした揚句、石をぶつけたり、棒で撲《なぐ》つたりして、酷《ひど》い目に遭はせて居ります。

お馴染みの出だしです。これを見て可愛そうに思った浦島太郎は、多少のお金を子ども達に渡して亀を買って助け、海へ放ってあげます。すると翌日浦島が漁に出ていると、昨日の亀の子がやってきて、昨日助けてもらった御礼に竜宮城へ連れていってあげると言うのです。そこで亀の背中に乗って竜宮城に行くと、乙姫様が大勢の腰元を連れて迎えに出ています。

(乙姫様)「これは浦島様。ようこそお入来《いで》下さいました。昨日は又亀児《かめ》の命をお助け下さいまして、誠に難有《ありがと》うございます。そのお礼と申しましては、甚だ失礼でございますが、今日《こんにち》は心ばかりの御馳走《ごちそう》を致し度《と》うございまして、それでお招き申しました。何は無くとも、何卒《どうぞ》御ゆるりとお遊び下さいまして！」と云ひますから、浦島も遠慮したつて無駄だと思ひまして、「イヤそれはどうも難有《ありがた》い事で。私も龍宮は初度《はじめて》でございますから、何を見ても珍しく、こんな面白い事はございません。」「それは何より結構でございます。」

などとやりとりがあって、それから御馳走が始まり、歌謡・舞踊があったり、竜宮見物をしたりと、浦島太郎は楽しく過ごして何日か経った所でふと、「オ、さうだ。私はこんな事をしては居られない。自家《うち》には阿父《おとつ》さんも阿母《おつか》さんも居るんだ。此間出たつきり帰らないから、さぞ心配して居るだらう。ドレ早く帰らなけりやア……」と、帰り支度を始めると、乙姫様は頻りに止めますが、浦島太郎の帰る気持ちが強いのを察して、玉手箱をお土産に下さいます。ただ乙姫様はそれを「どんな事があつても開けては成りませんよ。開けるとそれこそ大変ですよ。」と念を押します。

こうして浦島太郎は竜宮城に別れを告げ、再び亀児におぶさって故郷の浜に戻りますが、道を歩く人は見たことのない人ばかり、「阿父《おとつ》さん只今！」といって自分の家に入ろうとすると、中には見慣れない人が住んでいます。自分は浦島太郎といって三、四日前までこの家に住んでいた者だというと、中の住人は、「串戯《じょうだん》云つちやいけないよ」浦島太郎といゝ人は七百年前にこの土地に居た人と聞いたことがある。だからそんな人は今生きているはずはないんだといわれてしまいます。

そこで浦島太郎は、乙姫様からは決して開けてはならないといわれていた玉手箱だが、こんな時に開けてみたら何かの役に立つかもしれないと思って、その紐を解いて蓋を開けてみると、

あゝら不思議！中からは紫の雲が三筋斗《ばか》り立ち昇つて、自分の顔にかゝると思ふと、今まで廿四五で

あつた浦島が、俄《にわ》かに皺《しわ》だらけの老爺《おじい》さんに成て、腰も立たなく成てしまひましたとさ。めでたしく〳〵。

この話どこがめでたいのかと思わないでもありませんが、文末は決まり文句で昔噺はこれで終わることになっています。

以上の内容は、われわれが今日浦島説話として聞かされているものとほぼ一致しています。

しかし、浦島説話には様々なヴァリエーションがあります。

記録として残っている最も古いものは『日本書紀』です。その雄略天皇二十二年（四七八）の項に、次のようにあります。

秋七月に丹波（丹後）国余社《よさ》（与謝）郡管川《つつかわ》の人瑞江《みずのえの》浦嶋子、舟に乗りて釣す。遂に大亀《かめ》を得たり。便《たちまち》に女《おとめ》に化為《な》る。是に、浦嶋子、感《たけ》りて婦《め》にす。相遂《あいしたか》ひて海に入ぬ。蓬萊山《とこよのくに》に到りて、仙衆《ひじり》を歴《めぐ》り覩《み》る。

ここでは、子どもが亀をイジメたとか、玉手箱がどうだとかは記載がなく、行ったのも蓬萊山（とこよのくにとルビがふられています）となっています。これが「常世の国」が表れる最古の文献で、古代日本では海の彼方にある異世界をこう称したとされます（柳田國男『海上の道』筑摩書房、一九六三）。また「仙衆」は「ひじり」と読んでいますが、これを仙境と解する説と、仙侶（仙人の仲間）と解する説があるようですが、読み方から後者の意味でしょう。

なお、この引用文の直前に、「二十二年の春正月己《つちのととり》酉の朔《ついたち》に、白髪の皇子を以つて皇太子と為す」とあり、この「白髪皇子」は生まれながら白髪だったという清寧天皇のことだとされています。だとすると『日本書紀』の作者が天皇の即位を、白髪即ち長寿のメタファーとしてここに記したと考えられない訳ではありません。雄略天皇二十二年には以上の記載しかありませんが、この前後は朝鮮半島で百済が滅亡の危機に瀕していた時期で、何故このようなのんびりした記述が挿入されているのか不思議なことです。

また、『万葉集』巻第九雑歌には、「水江の浦の島子《しまこ》を詠みし一首」として長歌が残されています。長いものなので引用は略しますが、浦の島子が海上で逢ったのは亀ではなく、海神の娘であったこと、この娘と契りを結んで常世の国へ行ったこと、浦の島子が父母に次第を話すため家に帰ってまた戻ってくると約束したこと、また戻ってくるんだったら玉匣《たまくしげ》を持って行きなさい、ただ決して開けてはなりませんといわれたこと、にもかかわらず家に帰ってみると家も無く里も無くなっていたこと、玉匣を開けたら元通りになるかと思って開けたら、たちまち老人になってしまい、後には息絶えてしまったことなどが歌われています。匣というのは櫛笥とも書きますが櫛の箱のことです。そこに宝玉が散りばめられているのが玉匣、玉手箱のことです。かなり現在の姿に近づいてきました。

次に、『丹後国風土記』では、「五色の亀を得たり」となり、この亀と一緒に寝たら「忽ち婦人《おみな》と為りぬ」とされています。その後の流れは、『万葉集』長歌とほぼ同じです。

このように浦島説話はかなり昔から伝えられてきた訳ですが、それが人々の共通の認識となったのは、かなり時代も下って室町時代になってからだと思われます。

室町時代、応仁の乱とか下剋上という言葉から、戦乱の相次ぐ殺伐とした時代というイメージも一方にありますが、他方京都や有力大名のお膝元の地方都市（山口、駿府、一乗谷など）などでは豊かな文化が花開き、街道はそれらの担い手である連歌師、勧進聖、琵琶法師、瞽女《ごぜ》や遊女などが往来していました。彼らの中には求められるままに笑話や怪異譚、そしてこの浦島説話のような昔話を語って聞かせた人が多くいたことは間違いありません。そしてこのような形で広まっていった、あるいは彼らが旅の中で拾ってきた話が次第にテキスト化され、それがまた流通するような形になりました。

これらの昔話は「おとぎぞうし」「御伽草子」などと呼ばれ、三百を超す作品が確認されているそうです。そして浦島説話に限らず、多くの昔噺に多数のバリエーションがあるのは、伝言ゲームのように伝えられるいわば口承文藝であったことによる訳です。

この「おとぎぞうし」をテキストとしてまとめたものの中に、少し時代は下りますが、「渋川版御伽草子」というものがあります。大坂の書肆渋川清右衛門によって寛文元年（一六六一）頃に上梓された叢書で二十三の昔話がまとめられています。

そこではこの浦島話はどう描かれているでしょうか。

昔丹後国に、浦島といふもの侍《はべ》りしに、その子に浦島太郎と申して、年の齢《よわい》二十四五の男《おのこ》有りけり。明け暮れ海のうろくづ（鱗＝魚）をとりて、父母を養ひけるが、ある日のつれ〴〵に、釣をせんとて出でにけり。

と始まり、その時亀を釣り上げたが、亀は「鶴は千年、亀は万年」と命久しきものなりと思ってその亀を海に返してあげたこと、その翌日、漁に出ると同じ海上に小舟に乗った美しい女房がやってきて、嵐で難破してかろうじて生きのびたのです、これも御縁なので故郷まで送ってほしいと頼まれたこと、言われるままに十日ほど船路を送って女の故郷へ着くと、そこは銀《しろがね》の築地《ついじ》をつき金《こがね》の甍《いらか》をならべた竜宮城であったこと、女にこれもひとえに他生の縁なので夫婦の契りをなしてともに暮らしましょうと言われて一緒になったこと、その後竜宮城の四季の美しさが語られますが、このようにしてまたたくうちに三年を経、浦島太郎が、父母のことも心配なので三十日の暇《いとま》を下さいと女に言うと、女は初めて「自らは、この竜宮城の亀にて候が、ゑしまが磯にて、御身に命を助けられ参らせて候、その御恩報じ申さんとて、かく夫婦とはなり参らして候」と自らの正体を明かし、自分の形見として美しい箱を取り出し、「あひかまへてこの箱をあけさせ給ふな」と言って手渡したこと、その折の歌の応酬は略しますが、浦島が故郷に帰って見ると、「人跡絶えはてて、虎ふす野辺となりにけり」という有様、近くの柴の庵の八十ばかりの翁に、浦島（自分）のことを知らないかと問うと、浦島の話は七百年ほど前の話で、そこにある古い石塔がその人の廟所と伝えられていると教えられたこと、そこで浦島は次のような歌を作っています。

かりそめに出でにし跡を来て見れば虎ふす野辺となるぞ悲しき

そこで形見の箱を「今は何かせん、あけて見ばや」と開いたところ、中より紫の雲が三筋立ち上り、二十四、五歳の男も忽ち老人に変わってしまったこと、その後浦島は鶴になって天上に上っていったことなどが記されています。そして最後に、

其後浦島太郎は、丹後国に浦島の明神と顕《あらわ》れ、衆生済度し給へり。亀も同じ所に神とあらはれ、夫婦の明神となり給ふ。めでたかりけるためしなり。

と結ばれています。ここまでくると鶴亀となって確かにめでたしめでたしです。

この「浦島の明神」を祀るのが、京都府、丹後半島の突端に近い所（京都府与謝郡伊根町本庄浜）に鎮座する浦嶋神社です（島が嶋になっています）。

祭神は浦嶋子《うらしまのこ》、天長二年（八二五）創建と伝えられています。神社縁起によれば、雄略天皇二十二年七月七日に美婦に誘われ常世の国へ行き、その後三百有余年を経て、天長二年に帰ってきたそうです。当時の淳和天皇がこの話を聞いて浦嶋子を筒川大明神と名付け、小野篁《たかむら》に命じて社殿を造営したと伝えられます。

筆者がお参りしたのは、桜の花の満開の頃でしたが、現地に行って拍子抜けしたのは、神社の位置が伊根の舟屋という独特の作りでよく知られた海辺の集落からは遠い山中にあったことでした。説話が漁から始まって竜宮城に至るまで海の出来事ですから、てっきり海辺に鎮座していると思い込んでいたのです。

しかし、考えてみるとこの思い込みというのはこのようなお伽話を読むのには邪魔になります。

浦島が亀を助けた浜、亀に乗って訪れた竜宮、何百年という時間差、お伽話はいわば時空を超えた物語です。それらを作った名も無き作者達の想像力を追体験するところに、お伽話の魅力があるのです。

お伽話自体は笑話ではありません。しかしその周囲にはこれに基づいて笑話を作り上げる無数の作者がいます。例えば浦島説話についても、実際は浦島が竜宮城で不倫を働いたので乙姫様に追い出されたのだとか、果ては遊郭浦島屋で遊女乙姫を身請けするとか、桃太郎説話では、川から流れてきた桃を割ったら桃太郎が出てきたというのでなく、桃を食べたらお爺さんとお婆さんが若返り回春してしまって生まれた子どもを桃太郎と名付けたのだとか、鬼ヶ島から連れ帰った鬼が下女お福と恋仲となって大騒動になるとか様々なバリエーションがあり、笑話と紙一重の所まで行っています。

第十一章 禅画

瓢箪ナマズの禅問答『瓢鮎図』

室町幕府の将軍といえば、初代尊氏は別として、三代義満、金閣寺、北山文化、八代義政、銀閣寺、東山文化というわかり易い図式がわれわれに刷り込まれていますから、中々他の将軍のイメージが沸いてきません。

その中で四代将軍義持（一三八六〜一四二八）は、（父）義満や（甥）義政にも劣らない文化人将軍であったようです。特に禅に親しむ所深く、自身、寒山や布袋《ほてい》などの禅画で親しまれる人物を描いた絵が残されています。

本章で取り扱う妙心寺退蔵院蔵の「瓢鮎図《ひょうねんず》」（国宝）は、その義持が如拙《じょせつ》に描かせ、当時の禅僧に賛を書かせた禅画としてよく知られています。

『瓢鮎図』（部分）妙心寺退蔵院蔵

まず「瓢鮎図」の「瓢」は瓢箪です。また「鮎《ねん》」は「鯰《ねん》」でナマズのことです。アユという読み方は日本でしか用いられないそうです。如拙というのは水墨画を得意とした画僧でその流れに周文、雪舟が出ました。

以上及び以下において筆者はさもワケ知りのような文章を綴っていますが、これらはそのほとんどを禅学・禅宗史の大家芳澤勝弘氏の『「瓢鮎図」の謎』（ウェッジ、二〇一二）に負っています。

まず初めに絵を見てみましょう。中央に瓢箪を持った男が描かれています。ヨレヨレの上衣にシワシワのズボン、どう見ても貴顕縉紳ではなく普通の庶民の姿です。男の前に川を悠々と泳ぐナマズが描かれています。男の足くらいの長さのある大きなナマズです。男の存在など全く気にしていないかのように堂々としています。よく見ると男は瓢箪を手で把んでいるのではなく、押しているように見えます。接着剤がなければ重力の法則に従って瓢箪は落下してしまうでしょう。筆者はこの絵を見ていて、二宮尊徳の「湯舟の譬え」を思い出しました。
尊徳は「仁」、思いやりを説明するのに次のように説いています。（福住正兄『二宮翁夜話』）

近く譬《たとう》れば、此湯船の湯の如し、是を手にて己《おのれ》が方に掻《か》けば、湯我《わ》が方に来るが如くなれども、皆向《むこ》ふの方へ流れ帰る也、是を向ふの方へ押す時は、湯向ふの方へ行《ゆ》くが如くなれども、又我方へ流れ帰る、少《すこし》く押せば少く帰り、強く押せば強く帰る、是天理なり、

最近のバスタブでは中々実感できないかもしれませんが、筆者は子どもの頃、いわゆる五右衛門風呂に入っていましたからこれはよくわかります。「己」の前に「向ふ」、相手が先なのです。「仁」も「禅」も似たような所があります。まずは他者のことを考えるということです。

絵に戻ると、遠景は峨々たる山が雲の向こうに見えます。近景は竹が描かれていますが、強い風が吹いているのでしょうか。かなり撓《しな》っています。

画面の上部は漢字で埋め尽くされています。これが画讃です。三十一人の禅僧が一人ずつ賛を書いています。芳澤前掲書はそのすべてについて解読し、解説し、現代語訳（引用に当たり一部省略しています）を付しています。

本書では笑いの観点から見ていきたいと思います。
まず笑、咲などの語が使われている例を拾ってみました。七つの例がありました。

詩五　愚隠昌智（これは禅僧の名前、以下同じ）

瓢《ひょう》は転がり鮎《なまず》は旋《めぐ》り、
両箇とも踍跳《ぼっちょう》す。
大地山河、
同時に失笑す。

瓢簞はコロコロ転がり、ナマズは泳ぎまわり、
このふたつは跳ねまわる。
草木国土、山河大地も、
思わず笑い出す。

勿論原漢文で、上段は芳澤先生の読み下しで、下段は先生の現代語訳です（以下同じ）。

ここで「失笑」とは、大地山河が男の愚行をあざ笑っているのではなく、すべてを包含した存在としての大地山河が笑っているという禅的世界観を表現したものとのことです。

詩九　西胤俊承

鮎を按《おさ》うるに、何の所図《つもり》ぞ、
箇《こ》の大葫蘆《だいころ》を用う。
捺《おさ》え住《とど》むるも捺え住めざるも、
唯だ一笑《いっしょう》の娯《たのしみ》を供《きょう》するのみ。

ナマズを抑えるのに、何のつもりで
瓢簞を使うのか。
抑えられるか、抑えられぬか。
いずれにしてもお笑い種《ぐさ》。

ここで「按」＝「捺」＝抑えるという言葉を使っています。鮎を釣ったり、漁《すなど》りしたりする訳ではないことを前提としているから、このような言葉が使われる訳です。

詩十四　廷用宗器

瓢《ひさご》は団圝《だんらん》、鮎は撥剌、
捺著《なつじゃく》するも、何時《いつ》か休歇《きゅうけつ》せん。
它《た》が這《こ》の去就《きょしゅう》を作《な》すを咲《わら》う、
大人《たいにん》の前、軽忽《きょうこつ》する莫《な》かれ。

瓢簞は丸くて（コロコロ）、ナマズはピチピチ。
抑えようとしてもケリのつくことはない。
男のこのしぐさのおかしいこと。
将軍さまの御前で粗相はすまいぞ。

ここでも「捺」が使われています。

詩十八　明叔玄晴
壮夫《そうふ》、手に瓢子《ひょうす》を提《ひっさ》げ、
歯を切《くいしば》って鰋魚《えんぎょ》を捺《おさ》えんと欲す。二物《にもつ》滑《なめら》かにして
把定《はじょう》し難し、
観る者咲《わら》って軒渠《けんきょ》たり。

男は瓢簞を手にして、
歯ぎしりしてナマズを抑えようとする。
瓢簞もナマズもすべりやすく、
抑えつけられぬ。（傍で）これを見る者は大笑い。

ここでも「捺」です。「鰋魚」はナマズ、「軒渠」は笑うさまをいうようです。

詩二十　大幢周千
鮎魚《ねんぎょ》を按《おさ》えずんば竹竿《ちくかん》に上《のぼ》らん、
胡盧《ころ》、水に和《わ》して転《てん》じて団々《だんだん》。
何ぞ容《ゆる》さん、尾を擺《ふ》って飛騰《ひとう》し去ることを、

抑えられなければ、ナマズは竹に登ってしまう。
（残された）瓢簞は水の上でコロコロ。
しかし、ナマズが（滝を登る鯉のように）尻尾を振って登

長《とこしな》えに王公《おうこう》が笑いを帯びて看《み》たまわんことを要《ほっ》す。

るのは許すまい。
将軍様にいつまでも楽しんでご覧いただきたいものです。

ここでは「按」を使っています。ナマズが竹に上るというのは、宋代の大慧禅師という人が「本来心とは何か」と問われて、「鮎魚、竹竿に上る」と答えたという禅問答を踏まえているようです。それで川岸に竹が描かれている理由がわかりました。

詩二十五　子瑜元瑾

直《じき》に葫蘆《ころ》を把《と》って鮎《なまず》を捺《おさ》えんと欲す、
太麁生《たいそせい》の処、廉纎《れんせん》に渉《わた》る。
等閑《なおざり》に灑《したた》り尽くす、涎三斗《えんさんと》、
笑う可し、身を終うるまで得ずして黏《ねん》たることを。

瓢箪でいきなりナマズを抑えようとは、はなはだ荒っぽい手口だが、きめ細やかな気配りもそこにはある。
だが（ナマズは）不意にネバネバを流す。
結局、とらえられず、（ナマズが）いつまでもネバネバとはお笑いだ。

ここで「涎三斗」とは、ヨダレのことではなく、ナマズの表面のネバネバのことをいうようです。

詩二十九　叔英宗播

手に鯷鮎《ていねん》を捉《とら》えて力余り有るも、

この男に、大ナマズを抑えつけてまだ余力があるとしても、元より細網《さいもう》の能《よ》く漁《りょう》する可きに非ず。
出身《しゅっしん》の路《みち》は一瓢《いっぴょう》の下に在り、
応《まさ》に龍門点額《りゅうもんてんがく》の魚を笑うべし。

このナマズは通常の網で捕ることはできぬシロモノだ。抑えつけた瓢箪の下から、ナマズはスルリと抜け出して、龍門の滝を登り損ね、落ちて傷を負った落第の魚どもを笑うであろう。

これは孔子の弟子の子路が九尺余りの大ナマズ（鯷鮎）と戦って斃《たお》したという故事（『捜神記』）を踏まえた詩とのことです。

次の例は「笑・咲」などは使われていませんが、笑い声が聞こえる例です。

詩十七　純中周暇
鮎頭《ねんとう》を捺《おさ》え鮎尾《ねんび》を捺《おさ》え、
左へ葫蘆《ころ》、右へ葫蘆《ころ》。
蹉《つまず》き倒れて通身泥水《つうしんでいすい》、
傍観《ぼうかん》、盧胡《ろこ》々々。

ナマズの頭を抑え尻尾を抑え、（瓢箪は）左へコロコロ、右にコロコロ。男は倒れて、全身泥まみれ。傍で見る者、クスクス笑い。

「盧胡盧胡」は「葫蘆葫蘆」に同じで笑う声をいうそうです。

以上いずれもやたらと難しい漢字が使われていますが、芳澤氏の現代語訳の方は、コロコロ、ピチピチ、ネバネバ、クスクスと擬音語がふんだんに使われており、写している筆者も何だかウキウキするような気持ちになってきました。

三十一分の八、賛を書いた禅僧の四分の一強が何がしかの笑いを思い起こしていることがわかります。それはこの何ともユーモラスな男とナマズの絵が醸したものなのか、禅にもともと内在したものなのか。

禅はそもそもの発端に笑いがありました。それは「拈華微笑《ねんげみしょう》」の故事です。ある時、お釈迦様が今日はこれまでにないとっておきの法を説くと言われました。そこで誰もがかたずを飲んでどんな話かその様子を伺っていると、お釈迦様は信者の献じた蓮の花一枝を取って、その場の者に示されました。誰もが何のことかわからずに黙っていましたが、この時高弟の迦葉《かしょう》尊者がそれを見て、ニッコリと微笑《ほほえ》んだのです。この時釈迦の教えが、文字によらず（不立文字）、教えの外に別に伝える（教外別伝）という仕方で継承された訳です。そこから数えて二十八代目が禅の開祖菩提達磨になるとされています。

そして今ひとつ、彼らがいろいろ難しい漢字を使って、表現ぶりは様々ですが、瓢箪でナマズを按《おさ》（捺）えることができるかという公案については、的確に義持の問いを受け止めており、中には将軍に胡麻をするような答えをしている者がいることがわかります。俗物根性丸出しです。

一方、禅においては、想定問答のような禅問答は禅問答ではありません。そのような観点に立つと、詩二十九の叔英宗播の詩はかえって興味深い回答です。まず、「捉」えるという言葉を使い、網で「漁」することはできないとしていますから、男の持つ瓢箪をどのように使おうとしていたのかを考えさせます。

そして彼がここで「龍門点額の魚」といっているのは、義持の問いに対して優等生的な答えをしている他の禅僧のことを指しているのではないか。とすると、義持はこの宗播の詩を読んで、我が意を得たりと思ったのではないかとも考えられます。

三番目に彼ら五山の仏僧達は、当時の最高の知識階級であった訳ですが、仏教の教典に限らず儒教・道教の書物や『捜神記』のような小説に至るまで、漢籍を縦横に咀嚼して詩を書いていることに気づかされます。

禅はこのようにインドから中国に伝わり、そして中国から日本に伝わりますが、わが国では鎌倉時代から本格的な宗教活動としての展開が始まるといってよいでしょう。当時蘭渓道隆をはじめとする多くの渡来僧が禅を伝え、また栄西、道元など多くの入宋者が禅を伝えます。それは折しも武家政権が成立した時期に当たっていました。禅は武士の生死の境に生きる生き方、即ち瞬間に生きる、死に直面する所から生まれる無ないし無常感、簡素を尊ぶというような生き方と親和性があったのでしょうか、以後武家社会を中心に多くの帰依者を獲得していくことになります。

特に室町時代に入ると、夢窓疎石、春屋妙葩《みょうは》、義堂周信、絶海中津などの名僧・傑僧が出て、幕府の政治顧問や将軍の護持僧としても禅僧が登用されるようになります。特に義持は、禅宗のことを「我が宗」と称し、「諸宗、禅に如《し》く者なし」といっていたとされており、また出家後は当時五山の僧侶が着ていた黄衣《こうえ》を好んで常用していたとされます。

そういう義持の周囲には五山を中心に多くの禅僧が集まってきました。そのような環境の下で、この画讃のプロジェクトが推進された訳です。

筆者は、このような禅を中心とした文化空間が数多くの文化藝術のインキュベーターとなり、能・狂言などの能楽、連歌、絵画、茶の湯、生花など、今日最も日本的なものと考えられている様々な文化藝術を生み、後の日本人の美意識に大きな影響を与えたと考えています。

そして禅の影響はこの「瓢鮎図」のような文化藝術ばかりではありません。むしろより深く、禅は日本人の心の奥底まで住み着き、日本人の人間観、世界観、労働観、仕事観などに至るまで、大きな影響を与え、今も与えつつあるといえるのではないでしょうか。

禅では先ほどの「不立文字」「教外別伝」に加え、「直指人心」「見性成仏」の四句を「四聖句」といってその根本思想としています。修行を通して自らの心に向き合い、本来自分に備わった仏心を見極めることが即悟りであるというような考えと筆者は理解しています。

単なる教養として、あるいは美術鑑賞の対象として、禅や禅寺を考えていた筆者が、禅が自分の心に残っている、自分が考えたり感じたりすることが説かれていると思ったのは、江戸初期の禅僧鈴木正三（一五七九～一六五五）のことを知り、その著作を読み、その由縁の寺々、三河の恩真寺や天草の明徳寺などを尋ね歩いていた頃のことです。

そこにあるのは、一言でいえば本心思想です。それぞれの人間は等しく満月のように円満な本心というものを持っている。これを生かし伸ばしていくのが人の道である。しかしながら、人間には貪欲、瞋恚《しんい》（「怒り」のこと）、愚痴という三毒があり、円満な本心を発現させるといってもそう簡単なものではない。それを克服するには修行をすることが大切だ。その修行は、自らの生業《なりわい》を天が人に与えた天命だと観じ、それに一所懸命、一心不乱になって打ち込めば、三毒も自ら消え、円満な本心に立ち戻ることができるという有難い教えです。

山本七平『日本資本主義の精神――なぜ一生懸命働くのか』（光文社、一九七九）で、このような日本人を動かす原理について的確な整理をしているのを読み、原典に当たってみようということで、正三の『四民日用』『盲安杖《もうあんじょう》』『驢鞍橋《ろあんきょう》』などを読むうちに何だか本当の自分に会ったような気がしたものです。

このように禅が日本人の心にしっかりと根を下ろしているとするならば、日本人の笑いについてもそれが大きな影響を与えているに相違ありません。

まず第一に、禅が前提にしている人間観、誰にも仏性があり、三毒がその仏性の発現を妨げているというような考え方からは、根っからの悪党、絶対悪のようなものは生まれず、絶対悪と対抗、あるいはそれを嘲笑するような笑いも生まれないということです。それは例えば狂言に登場する「悪人」がいかに微笑ましい存在かということ（第十四章参照）にも表れているように思います。

第二に、禅問答といえば、訳のわからない話、噛み合わない会話の代名詞ですが、禅の公案を創作したり、回答を考えたりすることは、いかに既成概念から離れるか、いかに常識や固定観念を拭い去るかの訓練をしているようなものです。それは頭が一瞬空っぽになるような体験です。脳裏にこびり付いた垢が消え、新しい発想が生まれてきます。実は笑いも、同じようなメカニズムで生まれるものです。

第三に、笑いは自己や他者のリアリティを把握することから生まれます。詩十七の純中周嘏に、「傍観、盧胡々々」というのがありました。傍で見る事、自己も傍で見て客観視する事は、禅がわれわれに求めている事です。そして、そこに何らかのリアリティが捉えられれば、同時に笑いも生まれるのです。

第十二章

同朋衆

笑いを生む社交の場
『君台観左右帳記』

「一国一城の主」という言葉があります。一国にしても一城にしても、国家元首、戦国武将、会社のCEOなどにしても、トップの権力者は孤独です。権力者は時に組織の死命を決する決断に迫られます。賽を投げてもそれがどう転ぶか誰にもわかりません。しかしその決定の全責任は自分が負わなくてはなりません。一方部下は生殺与奪の権を握られていますから、悪い情報を上げようとはしません。また組織によってはトップの寝首を掻こうと、そのチャンスを虎視眈々と狙っている油断のならない者もいます。誰が信頼できるのか、疑心暗鬼が募り、孤独にならざるをえません。そこでその孤独感を癒すための工夫が様々になされてきました。その一つは笑いであり、もう一つは占いです。これを司る専門家を周囲に侍《はべ》らす訳です。

例えば司馬遷の『史記』でみますと、笑いの例は滑稽列伝にまとめられています。ここでは笑いを武器にむしろ王侯を翻弄したともいえる淳于髡《じゅんうこん》、優孟《ゆうもう》、優旃《ゆうせん》といった道化者が紹介されています。また占いの方は日者列伝と亀策列伝に記されています。前者は日食や月食など天文の変事が何の予兆か占う者であり、後者は亀卜《きぼく》や筮法《ぜいほう》によってある行為の是非についてその日時や方角などを占う者です。

わが国でもこのような人々を側に置いて活用した権力者は数多く存在しますが、その代表例は何といっても豊臣秀吉でしょう。秀吉の場合、すべてが笑いや占いではありませんが、雑談のお相手を勤め、軽妙で頓才のある側近を八百人抱えていたといわれます。

彼らは当時お伽衆と呼ばれていましたが、その中でも最もよく知られた人物は、曾呂利新左衛門でしょう。生没年不明ですが、もともと堺の鞘師で、彼の鞘は刀がソロリと入ると有名になったことから曾呂利という綽名がついたとされます。その頓智話は一休さん同様、どこまでが実際にあった話なのか不明です。

よく知られているのは、ご褒美に紙袋一杯の米を賜るというお墨付を得て、米蔵全体をすっぽり覆う紙袋を作ったとか、この話別バージョンでは、一粒の米を下さい、ただ二日目は二粒三日目は四粒と倍々にという条件で許しを得たところ、日ならずして米蔵に入り切れない量になったという説もあります。例えば三十日でどうなるか、今だったら誰でも簡単に計算できますが、江戸の算学書『塵劫記』(吉田光由)では、「ひにひに一ばいの事」として、三十日目には、「五億三千六百八十七万九百十二粒に成」(原文のママ)と記されています。また、太閤の耳の臭いを嗅がせてほしいといって、諸大名から高価な礼物をせしめたというのも面白い話です。曾呂利が太閤の耳許まで鼻を近づけて少し口を動かす、すると諸大名は曾呂利が太閤と密談しているに違いないと思って、猟官運動をどうかよしなにとか、告げ口をされないように何々はよろしくといった陳情を述べるため、曾呂利に様々な礼物を持っておしかけてくるようになったのです。これは太閤ともしめし合わせて演技(秀吉はこういう悪戯は大好きだったでしょう)しているので、曾呂利はその結果を逐一報告し、秀吉はこれを聞いて政宗は流石剛毅な奴だとか、家康は抜け目ない律儀者よとか言っていたそうです。

ここでお伽衆の資格としては、まずは聞上手話上手であることでしょう。主君の雑談の相手となって、その足らざるを補い蒙を啓く、情報通であって頓智頓才がある、時に空気を変える笑話の作り手である、そんな人物だったら絶えず手許におきたくなるでしょう。

このような人物は、場合によっては主君を通じて時代を変えることも出来ます。少し時代は遡りますが、そのような存在として、室町時代の同朋衆《どうぼう》を考えることができるでしょう。

同朋衆とは、将軍に近侍して、殿中の雑事、即ち清掃とか配膳、来客の取次、諸方への使い、書画骨董の目利（鑑定）・収集・管理・修繕、社交の場（例えば連歌の会）のアレンジや場合によっては自身も参加するなどの雑事に携わる人々をいいます。剃髪・法体で阿弥号を名乗っていました。

このような同朋衆の中でも、よく知られているのが、三阿弥と称された能阿弥、藝阿弥、相阿弥といった人々です。彼らは、足利将軍義持（四代）、義教（六代）、義政（八代）、義稙（十代）と仕え、特に「唐物奉行」と称されたように、中国から招来された唐絵唐物を使って新しい美意識を作り上げたのです。

彼らによって書き残された記録に『君台観左右帳記《くんだいかんそうちょうき》』というものがあります。書名は将軍の楼台の飾り方に関する近侍のメモという意味だそうですが、大変興味深い文書です。

内容は前半が絵画のランク付けで、後半は座敷の飾り方と器物の解説が記されています。

まず絵画の方は、上中下と三段階に分かれ、さらに上中に分かれ、上の部のみ上々々があります。全部で百八十人近い名が上げられています。ほとんど知らない人ですが、わずかに筆者が知っている名前を上げれば、顧愷之《こがいし》（上）、王維（上々）、徽宗《きそう》（上々々）、牧谿《もっけい》（上々）、馬遠《ばえん》（上）、梁楷《りょうかい》（上々々）、蘇軾《そしょく》（中）、米芾《べいふつ》

（中）、陳清波（下、本人は知りません、筆者の知っているのは同名の台湾のプロゴルファー）などです。校訂者の付した注記（岩波日本思想体系本掲載史料による）でも、かなりの数に「未詳」が付されています。

なお、各人名の下には簡単なコメントが付され、例えば顧愷之には、「字《あざな》は長康、晋陵無錫人、丹青筆法、造其妙」と記されています。「丹青」とは赤と青で、絵具さらには絵画一般を指します。ここでは絵の具の使い方が妙を尽しているという意味でしょう。徽宗は「山水、人形、花鳥、魚虫、宣和殿と申」とあります。得意とした絵のジャンルを記している訳です。

後半のまず座敷の飾り方については、「餝《かざり》次第」として、例えば次のように記されます。

> 小ゑ・横ゑのたぐひは、座敷のやうにより、可《しかる》レ然在所《べくあるところ》に、ちがいだなをゝ《（お）》きて、その上にかゝるべく候。小かべの上、てんじやうのきわには二ぢうなげし・折かぎをうちてかゝるべく候。たゞの所にかくる事は、本ならず候。

小さな絵や横に長い絵は、座敷の形によってしかるべき所、例えば違い棚を作ってその上に懸けたり、鴨居から天井までの間の小壁の上や、天井の際に二重になった長押をしつらえ、先の曲がった鉤を打って懸けるのがよい。普通の所に懸けるのは基本でないということでしょう。

ここで座敷に注目したいと思います。座敷が今日見られるように畳を敷きつめられた居住空間となるのが、この室町時代中期です。それまでは畳はあっても板敷の上に置く座ブトンのように使われていました。そしてこの座敷はまず客間として、床の間が併設される形で作られ、次第に居間も座敷になっていきました。客間としての座敷では、様々な社交イベントが開かれました。茶会、歌会、連歌の会、物合せ（各人が書画骨菫などの名物を持ち寄ってその優劣を競う）の会などです。そしてこの社交空間から、新しい美意識や流行が作られていきました。そしてそのうちのいくつかは、今日に至るまで続き、日本人の美意識の根底に深い影響を与えることとなりました。

利休の高弟で後に秀吉の勘気を受けて処刑された山上宗二が書き残した『山上宗二記』には、茶の湯の起こりが記されています。

それによると、義政将軍が東山に隠棲して以降、四季それぞれに昼夜遊興に耽られ、歌、連歌、月見、花見、鞠、小弓、扇合わせ、絵合わせ、草尽し、虫尽しなどに遊び飽き、また鷹狩なども年をとったので退屈である、「何か珍しき御遊びあるべきか」との下問があった時に、能阿弥が答えるに、

> されば楽道の上は御茶湯《ちゃのゆ》と申す事御座候。南都皇明寺に珠光《じゅこう》と申す者、この御茶湯に三十ヶ年、身《しん》上《しょう》を抛《なげう》ち、一道に志し深き者にて候。

と村田珠光の名を上げ、雪の内には炉中楽しみあり。「御釜のにえ音は松風をそねむに、春夏秋共に面白き御遊興これなり」とよく知られた茶の湯の楽しみを縷々述べて勧めると、義政は、「公方様御感《ぎょかん》ありて、即ち珠光を召し上げられ、師匠と定めおかれ、御一世の御楽しみはこの一興なり」となり、以降「天下に御茶湯 仕《つかまつ》らざる者は人非仁《にんぴにん》に等し。諸大名は申すに及ばず、下々洛中洛外、南都、堺、悉く町人以下まで、御茶湯を望む」と流行していったと記されています。

今日、多くの日本人が日本の伝統文化と聞いてまず茶の湯を想起するのではないでしょうか。その濫觴がここにあった訳です。

『君台観左右帳記』に戻ります。後半の最後の部分が器物の説明です。彫物《ほりもの》（漆工芸品）、胡銅《こどう》之物（銅製品）、茶垸《ちゃわん》物（焼物）、土之物（焼物）、葉茶壺、抹茶壺、硯、文台、碁盤、将棋盤など様々な器物について説かれています。ここで土之物とされるのが天目茶碗のことで、次のように記されています。

曜変《ようへん》、建盞《けんさん》の内の無上也。世上になき物也。地いかにもくろく、こきるり、うすきるりのほし、ひたとあり。又、き色・白色・ごくうすきるりなどの色々まじりて、にしきのやうなるくすりもあり。万疋の物也。

曜変は曜変天目のことで、ここにあるように漆黒の地に濃紺・薄紺の瑠璃色の星のような斑紋が散った茶碗です。建盞とは、建窯（福建省）で焼かれた小ぶりの碗のことです。この曜変天目は、大徳寺龍光院、静嘉堂文庫及び藤田美術館に各一点所蔵されており、いずれも国宝の指定を受けています。「てのひらの宇宙」と表現されることが多いのですが、見ているとまさしく天空に吸い込まれていくような感じがします。

まさに美中の美ですが、不思議なことに中国には天目茶碗は残っていないのです。

この点について日中文化比較をライフワークとされている彭丹氏は、中国では窯変は天から与えられた警告であり、陰陽不調、五行紊乱の徴である。特に黒は陰であり死につながる色であるので、窯から出るなり砕かれる運命にあったのではないかと説いておられます。傾聴すべき意見です。（彭丹『中国と茶碗と日本と』小学館、二〇一二）

しかし、なぜ建窯にだけ、それも宋代にだけ作ることができたのか。これまで多くの人がその復元を試みたようですが、未だ誰も成功していません。こんな所が、ますますその神秘性を高め、魅力を増している所につながっているのでしょう。

これまで同朋衆、茶の湯の濫觴、『君台観左右帳記』について述べてきましたが、何故それが笑いと関係があるのでしょうか。

第一に、笑いは多く社交の場で生まれるという点です。この時代、まずは社交を目的として座敷が生まれ、それに伴って独自の美意識が培われました。社交は、国会や学会のように議論したり、あるいは企業や軍隊のように指揮命令したりする場ではありません。さきほどの『山上宗二記』にあるような様々なイベントに伴った社交です。その際多くとりとめもない雑談が交され、談笑が生まれます。その場は楽しい刺激的な空間でもありますが、他方でその人の発言や振舞いを通じてその人の人となりが鑑定される恐ろしい空間でもあります。

そして社会の中で指導的な立場にある人々の社交の場からは、多く新しい流行や美意識が生まれてきます。何故ならそのような場で当代の知性が集まり、いわば「知の触発」といったものが発生するからです。

人と人とが出会い、接触して、火花を散らす時に、全く新しい価値観や美意識などが生まれることを、化学反応に譬え、ケミストリーといったりします。

化学反応に時として用いられるのが触媒です。反応を促進する役割があります。人と人との「知の触発」に必要な触媒の一つが笑いではないかと考えています。前章で説いたように笑いはまず頭の中にこびりついている堅い殻を拭い去ってくれます。堅い殻とは、世の中の常識や固定観念などです。笑いは、知らず知らずそういうものの虜になっている人間の頭をリセットしてくれるのです。

共に笑い合うことができれば、一つの文化的共鳴盤が出来たようなものですし、自分はおかしいのに人は笑わない、人は笑っているのに自分はおかしくないという場面は、多様性の認識につながります。いずれも、あらためて自己を見直す契機となります。そこに新しいものが生まれてくるのです。それが「知の触発」です。

この時期、禅が「知の触発」に果たした役割は大きなものがあったと考えています。

当時禅は伝統思想ではなく舶来の新しい思想でした。それが伝統思想との間でスパークしたのではないかと考えています。特に禅の場合はその性格が「知の触発」に極めて親和的であったといえるでしょう。

バブル経済崩壊以降の日本経済の低迷を、よく「失われた〇〇年」といいます。もうそれが三十年を超すようになっています。にもかかわらず何が失われたからそうなったのかについて、様々な意見があってコンセンサスがある訳ではありません。そんな状況に手を拱《こまね》いていれば、〇〇年が更に長くなってしまうでしょう。

ひとつの理由は、この「触発力」が失われたからではないかと考えています。

当時、バブル経済に浮かれた人々によって、粉飾決算やら過剰接待やら様々な不祥事が噴出しました。これらの再発を防止するためと称して様々な法律や規則が生まれることになります。その結果社会は委縮し、人と人との交わりは火の消えたようになります。ここでいう社交の場です。それがなくなれば、社会全体の笑いの総量が乏しくなり、お互いが触発される機会も少なくなりますから、新しいものが生まれることもなくなってきます。これでは経済は成長するはずがないのです。

第十三章 頓智

風狂と栄衒の大喧嘩

『一休和尚年譜』

『論語』（陽貨篇）に次のような章句があります。

子曰わく、紫の朱を奪うを悪《にく》む。鄭声《ていせい》の雅楽を乱すを悪む。利口の邦家を覆《くつがえ》す者を悪む。

荻生徂徠の『論語徴』によると、最初の一句は譬喩《たとえ》だとしています。そして、鄭声と利口は、顔回が国の治めの要諦を尋ねた時の孔子の答えに「鄭声を放ちて佞人《ねいじん》を遠ざけよ」（衛霊公篇）とあるように「鄭声は淫《いん》に、佞人は殆《あや》うし」だからだとしています。「鄭声」とは鄭の国の音楽、「利口」は口先上手なものをいいます。

ここで注意すべきは、全く反対の存在ではなく、いわゆる「似非《えせ》」、即ち似て非なるものに対する強い拒絶反応です。朱に比較されるのは黒ではなく紫です。紫の「似非」、まがいもの、インチキで、それらが紛《まぎ》らわしい所に「悪《にく》」まれる所があります。

「朱」たるべき一休宗純（一三九四〜一四八一）が、「紫」である兄弟子養叟宗頤《ようそうそうい》を悪んだのは、養叟が「似非」であると看破したからです。その「悪」みぶりは、執拗かつ呵責なきもので、時にわれわれを辟易させます。

本章では、朱が紫をいかに悪んだかを中心に一休の笑いを辿ってみることにしましょう。参考文献は、一休作とされる『狂雲集』『自戒集』及び弟子によって編集された『一休和尚年譜』（以下、『年譜』と略します）です。いずれも原漢文の上に、難解な漢字の羅列で、筆者の国語力では先賢（柳田聖山、今泉淑夫など）による読み下し文と丁寧な注記によってかろうじて文意がわかる体のものです。さらに内容的には禅の話なので、益々苦しい、二重苦、三重苦のような苦闘の結果がこんなものかとお笑い下さい。

二人の出会いは一休が近江堅田の祥瑞寺に華叟宗曇《かそうそうどん》の門をたたいた時から始まります。応永二十二年（一四一五）、一休二十二歳の時です。

一休は後小松天皇（在位一三八二〜一四一二、なお、後小松天皇はちょうど第百代の天皇に当たります）の御落胤とされていますが、母が南朝方の藤原氏の出であったことから、宮中を出された後に一休を生んだとされます。六歳の時、安国寺の像外集鑑《ぞうがいしゅうかん》について出家、後謙翁宗為《けんおうそうい》に師事するも応永二十一年謙翁が亡くなった後、一休がこの人こそ自らの師と教えを乞うたのが華叟だったのです。

ところが中々入門を許されず、「水洒杖逐」水をかけて杖で追えなどともいわれましたが、その志の高さに華叟も入門を許しました。この時華叟の門にいたのが兄弟子の養叟で、一休とは十九歳の年の差がありました。『年譜』には、華叟門でも一休に対し弟子からのイジメがあったようなことが記されていますが、それが養叟その人であったかまではわかりません。

また『年譜』には、四年後次のような事件があったことが記されています。養叟が華叟の頂相《ちんぞう》（肖像画）を描かせて賛を求めた所、その賛に自分の号の「頤」の字が使われていたので、養叟はこれを印可（師が弟子の悟りを証明する）の語と勘違いして、人に話したりしたのです。華叟がそのことを聞いて激怒しこれを火中に投じようとした時一休は、養叟兄は長く和尚の下で修業を積んだ人です。これが燃やされては彼の立場がありません、もし和尚が亡くなった後に養叟兄がこれを印可の語だというようなことがあれば、私が必ず体を張って紙を破り捨てます。ご心配ありませんといったので、師の怒りもおさまったというエピソードです。

一休は後世頓智話の一休さんとして親しまれていますが、この『年譜』にあるエピソードは、一休の卓越した「頓智」（機に応じてすぐ働く頭）能力を示すものといってよいでしょう。

そしてこの翌年（応永二十七年）、一休は大悟します。

夏の夜、鴉《からす》の鳴くのを聞いて悟る所があり、すぐに自らの所見を師に呈した所、師はこれを聞いて、おまえはまだ羅漢《らかん》のレベルだ作家《さっけ》のレベルには達していないと斥けようとすると、一休が自分は羅漢こそが自分の望みで作家を望むわけではないと答えたので、華叟はそれでこそ作家であるとして、悟りの偈《げ》を作るように求めたのです。ここで羅漢と作家とはどう違うのでしょうか。例えば前者は小乗の悟境を究めた極上の位であり、後者は禅の正統を護って宗門を扶起する大乗の根器をいう（中川徳之助『髑髏の世界』水声社、二〇一三）などと説かれていますが、筆者にその是非を論《あげつら》う能力は全くありません。ただこの師弟のやり取りがいかにも禅問答風の、一見嚙み合っていない会話になっている所に、両者の間にあった強い信頼関係を想像せざるを得ません。なお、この時の偈は次のようなものです。

十年以前識情《しきじょう》の心、瞋恚豪機《しんしごうき》即今に在り、鴉は咲う出塵の羅漢果《らかんか》、昭陽の日影玉顔の吟、

「識情」というのは慢心の心と解されています。「瞋恚」怒りとか、「豪機」荒々しさ、そんなものも今なお持っている。そんな自分が俗塵を断ち切った羅漢とはね、鴉だって笑っているよ。第四句の「玉顔」は王昌齢の詩を踏まえており失寵の美女を指すそうです。朝日を受けて美しく輝く美女の歌でもあるまいに。一休の偈などの漢詩は難解で、様々な解釈が施されています。そのような先人の智恵は智恵として筆者は自由に筆の趣くままに解してみました。ご専門の方からすれば、鴉にも劣るレベルで笑止千万でしょうが、本書は一休伝でも仏教書でもないので、御容赦下さい。

次はそれから二年後のエピソードです。

この年、大徳寺に如意庵を創立した言外宗忠《ごんがいそうちゅう》の三十三回忌が開かれました。宗忠は開山宗峰妙超《しゅうほうみょうちょう》―徹翁義亨《てっとうぎこう》―言外宗忠―華叟宗曇―一休宗純と続く大徳寺の法系の中心人物です。この時、華叟に同行した一休は一人みすぼらしい恰好をしていたので、華叟が何でそんな恰好をするんだと訊くと、一休は私がこんな格好をしているから他の人が立派に見えるんですと答えたのです。そのココロは、立派な着物を着ているニセ坊主を貶めるためのパフォーマンスだったのです。立派な着物を着ていたであろう同席していた養叟は腸《はらわた》の煮えくりかえる思いを抱いたでしょう。一休はまた、パフォーマンス力にも秀でていました。

師の華叟はこの六年後に亡くなり、門人達も様々に散っていきました。そして華叟の門人は養叟派と一休派というように二つに分かれていきました。

次のエピソードは一休がこの言外和尚の塔所如意庵に入ることとなった時の話です。永享十二年（一四四〇）一休四十七歳。一休は僅か十日で退院《ついえん》してしまいます。養叟が大徳寺に大用庵を建立し、門弟や堺のパトロンなどを集めて威勢を誇っているので、顔も見たくないということなのでしょうか。退院に当たって一休は「養叟和尚に寄す」と題して次のような偈を残しています。（『狂雲集』）

住庵十日、意忙《いぼう》々、脚下の紅糸線《こうしせん》、甚だ長し。

他日《たじつ》、君来《きた》って、如《も》し我を問はば、魚行《ぎょこう》、酒肆《しゅし》、又た婬坊《いんぼう》。


如意庵を十日もいれば居心地が悪くなってきた。足の下の方がムズムズする。いずれ私をお尋ねならば、魚屋か呑み屋か、はたまた女郎屋を探して下さいというような意味でしょう。

こういうのを破天荒というのでしょうか。禅僧でこのような偈を書き残した人を知りません。後にこの偈を知って養叟は、苦虫を噛みつぶしたような顔をしたに違いありません。

次は宝徳三年（一四五一）にあった出来事です。一休は五十八歳になっています。

春作禅興が宗峰妙超の『行状』を作った時のことです。一休がそこに妙超がいかに高貴の人々に迎えられたかは詳らかに記されているが、一方妙超が五条大橋の辺で「風飡水宿《ふうさんすいしゅく》」（乞食の生活をして長養する）など艱難辛苦の修行を実践してきたことを削っているのはおかしいではないかと批判したのです。これに対して養叟は「嫚《あなど》り咲《わら》って」そんなことを書く必要はないといったと『年譜』には記されています。さらに、この養叟の対応に長年門下にいた二人の弟子が「匿笑を忍びず」一休門に転じました。

このような養叟・一休の確執が決定的となったのは、享徳三年（一四五四）のことで、一休六十一歳、養叟は八十歳になっていました。

ある日、一休は養叟の許へ無沙汰の挨拶をしようとしましたが弟子達が止めるので、徹翁和尚の像の前でくじを引いてみると、行くべしと出たので養叟の大用庵に行ったのです。行ってみると果たして養叟の弟子達が出てきて一休を「嫚罵」します。養叟は弟子達を叱って、一休と対面しますが、はじめは一休への訓戒から始まります。『年譜』はこの両者のやりとりを詳しく記していますが、ここではそのエッセンスを細部は省略して再現してみましょう。

叟「一度注意しておこうと思っていたのだ。おまえは先師（華叟）の頭に糞水をかけているのだ。このことは弟子にもいっていないがな」

休「どうしていわないんですか。「糞水」という訳を詳しくお聞かせ願いたい」

叟「おまえは百丈餓死の話と、徹翁和尚の「栄衒《えいげん》」の徒に示す法語を弟子達に教えているそうではないか。（華叟）師の在世中にこれらの話を聞いたことがない」

休「何いってるんですか。百丈和尚が「一日《いちじつ》作《な》さざれば一日食《くら》わず」（一日不作一日不食）を強調していたこと、そして徹翁和尚の法語は、（華叟）師が毎日口をすっぱくして説かれていたではありませんか。忘れてしまったのですか。では私の方からお伺いしたい。あなたは「非の参禅」ということを説いていると聞きましたが、この言葉は先師在世中に聞いたことがありませんね。先師がいったのでもないことをあちこちで触れ回っている。あなたこそ自分の頭に「糞水」を浴びせているのではありませんか」

養叟は顔色を変えて「わしには印可状がある。おまえにとやかくいわれるようなことではない」

休「私にも印可状はあります。あなたのそれとは比較にならないくらいの」

叟「おまえが印可状を持っていないことを守ってやるつもりはない」

ここで一休は「大咲《おおわらい》して出で去る」とあります。ここで絶交に至る訳です。『年譜』は一休善玉、養叟悪玉で一貫していますから、多少割引いて考えなければなりませんが、とても八十歳と六十歳の高僧の口喧嘩とは思われません。どこにもウイットもなく、知性も感じられません。特に最後に印可状を持ち出してきて、得々とオレの方が権威があるんだという顔をしている養叟は最低です。一休の「大咲」は、その馬鹿さ加減を暴露して、してやったりという笑いなのでしょうか。もっとも筆者を含め、『年譜』を読む人は、いつの間にか一休贔屓になっていきます。それをも予め想定して弟子に『年譜』を作らせたとしたら、一休も相当の「ワル」ではあります。

一休は「大咲」して溜飲が下がったかもしれませんが、その喧嘩を野次馬として見ているわれわれは決して笑ってばかりおれません。このような対立の図式は、今日の社会にもあちこちに見られるからです。

キーワードは、百丈和尚の「一日不作一日不食」と徹翁和尚の「栄衒の徒」です。「一日不作一日不食」は、働かざる者食うべからずではありません。人間にとって労働することが最も基本のあり方であって、その基本を守ってこそ食べて生きていく意味があるということです。これを僧侶にあてはめると、「ありがたい」説教をして信者を増やし、その信者の寄進によって壮大な堂宇を建立し、その功によって僧としての立身出世を図るというような生き方は、「不作」そのものではないかと考えられる訳です。実際養叟は多くの信者に仮名《かな》を使って耳に入りやすく教えを説き、座禅もそこそこに得法を（仏法の真理を会得したと）認め、多額の謝礼を受け取っていたとされます。それに対する一休の弾劾は熾烈を極めます。信者達は、

五日十日之内ニヤガテ得法ヅラ（面）ヲ仕候。面皮厚《あつく》シテ牛ノ皮七八枚ハリツケタルガ如シ。紫野

（大徳寺）ノ仏法ハジマッテヨリコノカタ、養叟ホドノ異高ノヌスビト（盗人）ハイマダキカズ。（『自戒集』）

一休が全身全霊をあげて打ち込んでいる禅道を、僅か五日とか十日修行しただけで、悟りを得たなどと言われては、たまったものではありません。一休にとって養叟は禅道を金儲けの手段のようにしているように見えたのでしょう。

第二に「栄衒の徒」とは、世間の名聞利欲に眼を奪われ自己を自己あるがまま以上に見せようとする僧のことです。一休のいう徹翁和尚は、純粋でまじり気のない求道心を持って研鑽に努め、名利を離れて山林樹下に道を求める者を日用清浄人、これに対するに名利を求め、ステレオタイプの禅問答で世間の男女を煙に巻き、自己の修養は後回しにして世間に阿諛迎合する者を日用不浄人と定義し、禅僧はいうまでもなく前者を目指さなければならないと説いています。一休は養叟に対し、あなたは胸を張って日用清浄人といえますかと肉迫している訳です。

第八章の明恵上人の所でも記しましたが、本物の宗教者は澄み切った「日用清浄人」でなくてはなりません。

一休の諱《いみな》の宗純は謙翁宗為が名付けたとされています。まさに一休をよく見てその特質を一言で表したものといえるでしょう。宗純をひっくり返すと純宗です。純宗とは心が純粋であること、私心のないこと、名利に離れることが、世を救い人を救う僧には一番大切であるという教えであるともいえるでしょう。

これまで一休の「鴉」の笑いや「大咲《おおわらい》」、又養叟の「嫚笑《あなどりわらい》」などを見てきましたが、「笑いの日本史」の観点に立つと、これらの逸話から窺われる一休の思想、頭に付着した権威や名利、常識や日常といった固定概念を拭い去る所に禅の本旨があるという点が重要です。それがあるからこそ一休の許には多くの人々が集まり、その中から新しい美意識や藝術が生み出されることとなったからです。

一休に参禅したとされる人物の中から、金春禅竹（能）、柴屋軒宗長（連歌）、山崎宗鑑（俳諧連歌）、曾我蛇足（絵画）、村田珠光（茶の湯）などが輩出しています。一休の中に、彼らの藝術心を触発するものがあったに違いありません。

それをより広く見ると、禅にはいわば「触発力」というものが備わっているのではないか、その根源の教えは「見性成仏」にあるのではないかと筆者には思われます。特にその「見性」とは、自らが本来持っている本性を見極めることとです。徹底的にそれを追求していけば、自他の差が明らかになり、明らかになれば自分のなすべきことも定まるのです。それは藝術に限らずすべての事柄についての新奇さ、イノベーションを生む母体となっていくように思います。

たしかにこのような禅の本旨は「五日十日」で「得法」できるものではありません。一休にあっても一生涯をかけて求め続けたものであったはずです。だからこそそんなことが可能だと説く紛いもの、「紫」に対して「悪」み続けた訳です。

この一休大悟の地近江堅田の祥瑞寺は、琵琶湖の湖畔近くにあります。「一休和尚修養地」と刻まれた石碑を横に境内に入ると、禅寺特有の清々しさ、そして一種の寂しさを感じます。訪れる人も少ないのか、受付も社務所もありません。隣接して建つ本願寺旧趾の本福寺が子どもやその母親達で賑わっているのと大きな差です。禅と浄土教の差が現われているのでしょう。

芭蕉の句碑を見つけました。元禄三年（一六九〇）に芭蕉が祥瑞寺を訪れた時のものです。

朝茶飲む僧静かなり菊の花　　芭蕉

朝の勤行を終えて一服しているのでしょうか。秋の爽やかな空気が伝わってきます。やはり禅寺はこうあってほしいと思います。そこは観光地ではなく修行の場なのですから。

第十四章 狂言

救済劇として観る『柿山伏』

今日われわれが能楽堂などで鑑賞する能・狂言は、その長い歴史を経る中で、それぞれに完成された姿となってきました。

即ち、その源流を辿っていくと、その歴史の中で数多くの藝能を継承し、吸収し、一方で数多くの藝能を捨象し、変化させてきたものと考えることができます。

ここで藝能という言葉を使いましたが、その初めは第一章で見たアメノウズメノミコトの踊りに行きつくでしょう。そのことは藝能を愛好し、創造し、継承してきた人々にも等しく認識されてきました。一例を上げれば、狂言では大蔵流第十三世大蔵虎明《おおくらとらあきら》（一五九七～一六六二）が著した『わらんべ草』に「古に稽《かん》ふれば、狂言の源は、天の鈿女の命より起りて」（「奥書」）とされています。

そしてこのような藝能は、神へ奉納するものから、人々の前で人々を楽しませるものとして演じられるようになっていきます。その中央に都《みやこ》があることは当時も現在も変わりありません。

平安時代の中頃には、既に都に次のような藝能が演じられていたとされます。以下は、藤原明衡《ふじわらのあきひら》（九八九〜一〇六六）という中級貴族の書き止めた『新猿楽記』という書物に触れられた、様々な藝能の羅列です。

呪師《のろんじ》、侏儒舞《ひきひとまい》、田楽《でんがく》、傀儡子《くぐつまわし》、唐術《とうじゅつ》、品玉《しなだま》、輪鼓《わつつみ》、八玉《やつだま》、独相撲《ひとりすまい》、独双六《ひとりすごろく》、骨無骨有《ほねなしほねあり》、延動大領《えんどうたいりょう》の腰《こし》支《はせ》、蝦漉舎人《えびすきとねり》の足仕《あしつかい》、氷上《ひかみ》の専当《せんどう》の取袴《とりばかま》、山背大御《やましろおおご》の指扇《さしおうぎ》、琵琶法師《びわほうし》の物語、千秋万歳《せんずまんざい》の酒禱《さかほぎ》、飽腹《あきはら》鼓《つづみ》の胸骨《むなぼね》、蟷螂舞《いぼじりまい》の頸筋《くびすじ》、福広聖《ふくこうひじり》の袈裟求《けさもと》め、妙高尼《あま》の襁褓乞《むつきこ》ひ、形勾当《けいこうとう》の面現《ひたおもて》、早職事《そうしきじ》の皮笛《かわぶえ》、目《さくわん》舞《まい》の翁躰《おきなすがた》、巫遊《かんなぎあそび》の気装貌《けしょうがお》、京童《きょうわらわべ》の虚左礼《そらざれ》、東人《あずまうど》の初《うい》京上《のぼ》り、況や拍子《ひょうし》男《おのこ》共の気色事敢《きしょくことがら》、大徳《だいとこ》の形勢《けはい》、都《すべ》て猿楽の態《わざ》、嗚呼《おこ》の詞、腸《はらわた》を断ち、頤《おとがい》を解かずといふこと莫《な》きなり。

明衡はここに羅列したすべてが「猿楽の態《わざ》」だとしています。これらを一言でいえば滑稽味のある雑藝といえるでしょう。

その一つひとつを解説する紙数はありませんが、大雑把にいって前半呪師から骨無骨有までが曲藝・軽業・手品・雑技の類で、舞や笛・太鼓、人形劇や、玉や鼓を扱った藝、独り相撲、軟体動物のような骨無し藝など、中には今日でも見ることができる雑藝です。また、後半は延動大領の腰支（上にはヘラヘラ下には威張りくさった郡長様の腰使い）、『万葉集』にも出てきたエビ揃《すく》い漁師の安来節どじょう揃いのような足使い、また千秋万歳は今日も残る三河万歳のように二人で演じるモノマネ藝、本来いるはずのない赤ん坊のおむつを探し回る尼さんの姿など数々の物マネ藝がまとめられているといえるでしょう。なおこの後半部分、原漢文では対句的表現となっている点に留意したいと思います。

これらが次第に洗練され、今日われわれが見る能・狂言となっていたのは、室町時代世阿弥の父観阿弥あたりからではないかと考えられています。そして、様々な藝能、舞や歌、物真似などを総合し、止揚して、一つの統一的な世界、人間の苦悩や悲しみ、人の出会いや別れ、楽しさや喜びなど、観客が感情移入できるテーマやストーリーを持ったものとして再構成していった訳です。観阿弥が作ったとされる「自然居士《じねんこじ》」、「卒都婆小町」、「松風」などは、既にその構成・彫琢の跡が明らかです。その際、人生の真実を考えさせる能と、人生の真実を笑わせる狂言とを分け、公演などでもこれを交互に上演することによって両者をともども引き立たせるという手法が編み出され、それが基本的には今日まで続いているのです。即ち、能・狂言は分化したのではなく、お互いに補い合って全体として一つの藝能を形成していったと捉えた方がよいのでしょう。

以上、大雑把なものですが能・狂言成立史のような記述をした理由は、「狂言の笑い」というものを考える場合に、このような歴史と公演形態がそこに大きな影響を与えてきたと考えられるからです。

現在、この能・狂言の公演形態について、最も長時間のもので、能三番狂言二番、一般には能二番狂言一番のケースが多いようです。

能の場合、世阿弥の得意とした複式夢幻能などは、実質二場構成といってよいでしょう。公演時間については能は七〇~八〇分、狂言は三〇分程度のものがほとんどだと思います。狂言の場合このような短い時間では、登場人物も限られ、訴えるテーマも絞られてきます。自然、狂言はストーリー性を持った喜劇というよりは、ある局面を切り取ったコントのようなものにならざるをえません。それは狂言の面白さであるとともに限界でもあります。筆者としては「複式夢幻能」のような構成の狂言も作れたのではないかとちょっと残念な気がします。

さらに付け加えるならば、このようなスタイルが確立した世阿弥の頃の主たる観客は、公家武家などの上流人士でしたから、彼らの受け入れられやすい言葉や立居振舞などを心懸け、「卑しい言葉・風体、ゆめゆめあるべからず」(『習道書』)と世阿弥が説いていますが、このような考え方は、逆に狂言の多彩な発展を妨げ、ある規範に押し込めてしまったと考えられないではありません。

ここで話は飛びますが、十七世紀ルイ十四世の時代にその喜劇で時代の寵児となったモリエールの戯曲と比べてみます。その代表作、「タルチュフ」、「守銭奴」、「人間嫌い」、「ドン・ジュアン」など、いずれも五幕構成です。そして日本の能・狂言と異なり、独立して演じられました。時間についても演出にもよりますが、およそ二〜三時間であったようです。

これだけ時間をかければ、主人公の造形や彼を取り巻く人間関係などについても、丁寧に多彩に作り込むことができるでしょう。実際モリエール劇の面白さの一端は、それぞれの主人公の個性を、様々な場面を通じて会話や扮装や演技でリアルに表現するという点にあります。その成功により、それぞれの主人公は、彼らが体現する人間類型の代名詞となりました。即ち、タルチュフ＝偽善者、アルパゴン＝守銭奴、アルセスト＝人間嫌い、ドン・ジュアン＝女蕩《たら》しです。

残念ながら狂言には、このような強い個性を持った人間は登場しません。むしろ登場するのは、固有名詞を持たない類型的な人物です。例えば「罷出《まかりいで》たる者は此当《このあた》りに住居《すまい》致す者でござる」(棒縛《ぼうしばり》)、「此寺の出家じゃ」(骨皮《ほねかわ》)、「此当《このあた》りの大名でござる」(附子《ぶす》)など、主人公が名を名乗ることはありません。

そして例えば、大名と太郎冠者といえば主従関係にあり、すっぱ(騙り・詐欺師)と田舎人といえば欺し欺されるといった類型関係にあり、それが時として逆転する所に面白味もあるのです。

観客はこのような無名で類型的人間関係には安心してつき合うことができます。何故なら彼らは自分の肖像画でもあるからです。

だとすると、そこに日本人の人間観が色濃く投影されることになります。例えば、人間の性は善であるという人間観。時に悪さもすることがあるが、それは、「出来心」であったり、「気の迷い」であったり、悪ではなく人間の弱さから来るものと考えられています。また「鬼狂言」というジャンルでは、鬼や閻魔様が出てきますが、彼らも超能力を持っている訳でなく、人間同様に悩んだり喜んだりする存在です。

狂言の「悪人」をいくつか例示してみましょう。

まず山賊物、「文山立《ふみやまだち》」では追剝ぎに失敗した二人の山賊が口論の末、決着をつけようとしますが、その前に妻子に書き置きをしておこうということになって、書いているうちに二人とも妻子を思いやる所で感極まって泣いてしまい、仲直りするという話です。

盗人物も、瓜盗人《ぬすびと》、牛盗人、連歌盗人、花盗人などがありますが、いずれもたいしたものを盗んでいる訳でなく、凶悪犯とは程遠い、間抜けな盗人達です。例えば連歌盗人などは、連歌好きの二人の盗人が金持の家に盗みに入った所、床の間に一句が掲げられていたので、ついついその脇句などをつけて楽しんでいた所に家の主が帰宅して、自分の第三句に見事な第四句を付けたら許すとして、仕舞には三人で酒盛りとなってしまうという話です。

あるいは山伏物で、「柿山伏」という演目があります。ある山伏が大峰山の修行を終え本山に帰る途中の話です。のどが渇いたので、柿の畑で見事に実った柿を食べてしまいます。それを見ていた柿主が、山伏をからかってやろうと思って、ハテ柿を取ったのは猿か、「猿なら鳴かふぞうゑ」というと、山伏は猿の鳴き真似をする。次は「犬なら鳴かうぞよ」といって、犬の鳴き真似をさせる。さらには「鳶《とび》なら飛ぼぞよ」というと、山伏は柿の木から飛び降りて、腰を抜かしてしまいます。

そんな他愛もない柿泥棒の話なのですが、大蔵流狂言方四世山本東次郎氏は、この「柿山伏」について次のようにいっておられます。（小学校教科書『国語六』光村図書出版、二〇二〇）

この山伏のこっけいな姿から、自分がやった悪いことを認めたり反省したりせずに、あくまでも知らないと言い張ってごまかそうとする人たちを思いうかべる人もいるでしょう。しかし、狂言は、そのおろかさを責めたり、追いつめたりするようなことはしません。人間はかしこさもおろかさも、みな同じようにもっているのです。それを理解していれば、だれもみな、ゆったりと広い心をもって、いたわり合いながら、仲よく楽しく生きていけると、狂言はいっているのです。


このくだりを読んで、狂言を観て笑った後に感じる何ともおおらかな幸福感、その根本はここにあるなと思いました。また少し小難しくいえば狂言は救済劇だなとも思いました。人は誰しも聖人ではありません。心に疚しいこと、何らかの罪悪感を持たない人はいません。また、些細なことで言い争ったり、目先の利益に眼がくらんでとんだ失敗を重ねたり、人間は愚かしいものでもあります。そういった人間の罪や愚かさを、笑いとともに温かい眼差しで許すというのも狂言の良さではないでしょうか。

以上を要約しますと、能・狂言はわが国の伝統藝能の中でも、最も古く太い柱として、日本人が発展させてきたものです。その発展過程の中で、能・狂言を一体として同時に鑑賞するスタイルが固まり、その時間配分も例えば能が二狂言が一という風に固まります。そのことから、狂言のいわばコント化、登場人物の類型化、少数化を余儀なくされます。一方において能との対比において狂言は、日本人の笑いの多様性に着眼し、数多くの笑いの種を生み続けてきました。

冒頭引用した『わらんべ草』には、次のような一文があります。


わらひに、おかしき事を見、きゝてのわらひ、あいさつにわらひ、何事もなき、むさと（理由もなく）してのわらひ、こそぐられてのわらひ、人のわらふを見て、とふらひ（到来、伝染する）わらひ、人のかたこと（たどたどしい言葉）なと云を、きゝてのわらひ、けんくわ（喧嘩）などして、相手のざうごん（雑言）云をきゝてのわらひ、うれしき時のわらひ、人のうハさ（噂）をいひてのわらひ、そら（空）わらひ、けが（怪我）などして、少打たる時のわらひ、人のむさき（卑しい）ことなどしたるを、見てのわらひ、人のたちゐふるまひ（立居振舞）を見てのわらひ、其外あまたあるべし。


誠に、笑いには諸相無限にあります。その中から、狂言はいくつもの笑いを劇にして、人の愚かさを、しかしその愚かさを含んだ人間存在を愛すべきものとして演じているのだと思います。

最後に数多い演目の中で、好きなものを一つだけ挙げよといわれれば、筆者は躊躇なく「宗論」を挙げてみたいと思います。

狂言の「宗論」は法花（華）宗（日蓮宗）と浄土宗との間で闘わされます。

まず京本国寺の僧が「妙法蓮華経」を唱えながら登場します。身分を名乗り甲斐の（日蓮宗総本山）身延山（久遠寺）参詣の帰りだと観客に説明します。

そこに現れたのが東山黒谷（浄土宗金戒光明寺）の僧で、「南無阿弥陀仏」を唱えて、同様にこちらも信濃善光寺参りの帰途だと観客に説明します。

法華僧が良い旅の道連れが現われたと思って浄土僧に話しかけ、両人ともに都まで戻るとわかって、同道しましょうとなります。ところが、

浄土僧「してこなたは、都はどこもとに御ござるぞ」
法花僧「いや、本国寺の愚僧でござる」
浄土僧（独白）「いや、きやつはか例の情ごわでおぢゃる、道すがらあらそひませうず」
法花僧「のふのふ、御坊、してそなたは、又どこもとでおじゃるぞ」
浄土僧「いや、も、どこと申たらば、京辺土の者でおじゃる」
法花僧「いや、さうおしやれば心憎《にく》うおじゃる程に名のらっしゃれい」
浄土僧「其儀ならば名のりませう、黒谷の坊主でおじゃる」
法花僧（独白）「はれさて、おとましい物と連れ立った事じゃ」

と、こうして犬猿の仲にある両宗の僧は、宿についても聞き齧った「宗論」を交わし、互いに相手を詰《なじ》るのですが、「非学者論義に敗けじ」（無学な者はかえって論破されない）を地でいくような展開となり、中々終わりません。翌朝お勤めの読経が始まると、双方、（浄土僧）「なもうだ（南無阿弥陀仏）」、（法花僧）「（妙法）蓮華経」とやり合って次第に声も大きくなりますが、気がつくと、相手の宗旨の念仏を唱えています。両人は釈迦の教えに隔てはない、ともに名も妙阿弥陀仏と付けようと和解するという話です。

世界にはいまだに「宗論」で人を殺し合っている人々もいます。こういう笑話を持つわれわれ日本人は本当に幸せだなと思います。

だいぶ時代は下りますが、次のような「宗論」話（『当世はなしの話』貞享年間刊行）があります。これも法花寺と浄土寺の話です。

法花寺が飼犬に法然という名を付け呼び捨てていたので、隣の浄土寺の僧たちは「大事な祖師を犬にすること遺恨なり」として、新たに犬を飼って日蓮と名付け、十分に物も食わせず痩せさせていました。そして子ども達に「隣の法然とうちの日蓮を噛み合わせて喧嘩させてくれ」と頼んだところ、子ども達も面白がって大勢集まり、両犬を喧嘩させて「日蓮頑張れ、法然頑張れ」などと声援を送って戦わせました。結果は痩せ犬の日蓮が法然に噛み伏せられてしまいます。子ども達が一斉に「法然の勝ち、日蓮の敗け」と囃し立てたものですから、法花寺の僧は法然を寺から追い出してしまったというお話です。

俗に「夫婦喧嘩は犬も食わない」といいますが、多くの当時の俗人は「宗論」の馬鹿馬鹿しさに閉口していたのでしょう。それにしても浄土寺には智恵者がいたものです。鮮やかな遺恨の晴らし方です。後日談は記されていませんが、見事役目を果たした日蓮は御褒美の餌を沢山与えられ、名も改めて可愛がられて余生を送ったのではないでしょうか。

第十五章 俳諧 連歌から生まれる笑いの文藝『犬筑波集』

本章ではまず次の三つの歌を考えてみましょう。

見わたせば山もとかすむ水無瀬川
　夕べは秋となにおもひけむ　　後鳥羽上皇

雪ながら山もとかすむ夕《ゆうべ》かな　　宗祇
行く水とほく梅にほふ里　　肖柏

霞の衣すそはぬれけり
佐保姫の春立ちながら尿《しと》をして　　宗鑑

まず第一首、『新古今和歌集』に太上天皇として載っています。後鳥羽院（在位一一八三〜一一九八）は承久の変に敗れ隠岐に流された天皇です。歌の道に造詣深く、『新古今和歌集』自体、院の院宣によって始められ、自らも一部判者を勤めたように院の督励・指揮の下に元久二年（一二〇五）に完成しています。

春の夕べの景色です。水無瀬川とは、水の無い枯れた川という意味ではなく、桂川、宇治川、木津川の合流地点に注ぐ細流です。ここに院は離宮を設け、足繁く通っていました。定家の『明月記』によれば、その御幸は記されているだけでも三十回近くあり、滞在は短い時は二、三日、長い時には二十日に及ぶこともあったようです。

この歌の眼目は後半七七にあります。

院が「夕べは秋」と詠んだ時、当時の人々が直ちに思い浮かべたのが、「三夕《さんせき》の歌」だったでしょう。

さびしさはその色としもなかりけりまき立つ山の秋の夕暮　　寂蓮法師
心なき身にもあはれは知られけりしぎたつ澤の秋の夕ぐれ　　西行法師
見わたせば花も紅葉もなかりけり浦のとまやの秋の夕ぐれ　　藤原定家

この三首は同じく『新古今和歌集』巻第四秋歌上に並んで掲載されています。いずれも新古今を代表する歌として名高いものです。後鳥羽上皇はそれに対して夕べは秋だけが趣の深いものではないぞと真っ向から反論しているのです。そこに一種の反骨精神、祖父の後白河法皇譲りのエネルギッシュで強い個性を感じることもできるでしょう。

余談ですが『新古今和歌集』は、和歌即ち日本のやまとうたがそこで絢爛優美の頂点に達したとされるほどの水準の高い歌集ですが、後世正岡子規などによってその価値が徹底的に貶《へん》せられてしまいます。明治人の愚策の一つです。

二番目は、連歌史上で名高い『水無瀬三吟』の冒頭部分です。『水無瀬三吟』は、長享二年（一四八八）正月二十二日、宗祇、肖柏、宗長という三人の連歌師によって巻かれ、後鳥羽院の水無瀬廟に奉納されています。

宗祇（一四二一〜一五〇二）は芭蕉も敬慕した連歌の第一人者で、肖柏、宗長はその弟子達です。初めの句（発句といいます）は、

雪ながら山もとかすむ夕かな　宗祇

これは嘱目《しょくもく》の景色（残雪と春霞）を捉えて後鳥羽院の名歌を踏まえ、今回の興行が院へのオマージュであることを宣言した句です。

次いで二句目（脇句といいます）は肖柏が付けています。

行く水遠く梅にほふ里　肖柏

発句脇句一体としてみると、景色が遠望から近景に移っていることがわかります。あの雪の残る遠い山から水が、今を盛りと梅が咲き匂っているこの里まで流れ来ているというのです。

連歌はこのように上の句下の句、下の句上の句と順々に景色が変わり、季節が変わり、場所が変わり、話題が変わるといった変化を楽しむ文藝です。その変化がどうなっているかという例として、今少し続きを辿ってみましょう。

第三句は、

川かぜに一むら柳春みえて　　宗長

川風に芽吹いた柳の枝がゆらゆらとなびいて、一段と春らしさを感じさせると付けて里の風景です。

四句目、

舟さすおとはしるき明がた　　宗祇

前の句が柳の緑を思わせる所に、川舟の棹《さお》さす音がはっきり聞こえてくる明け方であると視覚から聴覚に転じます。

次は、

月は猶《なお》霧わたる夜にのこるらん　　肖柏

霧がたちこめていて見えませんが、月はまだ残っているだろうと想像しています。目に見えないから尚更棹さす水の音がはっきり聞こえます。

さらに、

霜おく野はら秋はくれけり　宗長

霧と霜が対になっています。水辺から白々とした野原に景色が変わりました。

さらに、

なく虫の心ともなく草かれて　宗祇

霜の降りた野の草も枯れている。秋の深まる様子です。季節の移り変わりは鳴く虫の心などかまわないのだというのです。これで七句目です。

次の第八句は、

垣ねをとへばあらはなる道　肖柏

垣根沿いに歩いていくと、草も枯れて地肌が剥き出しになっているというのです。誰を尋ねて行くのか、思わせぶりの句となっています。

ここまでを表《おもて》八句といいます。

このように次から次へと、場面や内容が変わっていきます。このような変化が『水無瀬三吟』の場合は「百韻」ですから、延々と百句まで続きます。

このように連歌は尻取り連想ゲームのようなもので、その思わぬ変化に醍醐味があります。しかし、ゲームであるが故にルール（式目といいます）も数多くあって、そのルールに沿って興行するところに難しさとまた面白味もあるのです。

その式目について簡単に触れておきましょう。

この百韻八句に、注釈書では次のようなリマークが付いています。

発句（春季、降物《ふりもの》、山類）、脇句（春季、水辺、居所）、第三句（春季、水辺、木）、第四句（雑《ぞう》、夜分、水辺）、第五句（秋季、光物《ひかりもの》、夜分、聳物《そびき》）、第六句（秋季、降物）、第七句（秋季、草、虫）、第八句（雑、居所）。

連歌のルールでまず重視されるのが、句数と去嫌《さりぎらい》です。句数というのは、例えば春の句を出した場合必ず三句続けること、五句までは続けてよいというルールです。四季の句の他、神祇・釈教・恋・無常などすべての句にこのような句数の決まりがあります。

去嫌とは、同季、同字、類似した言葉や関連するものなどが近づくことを避けるため、その句と句の間は何句隔たっていなければならないかを定める決まりです。例えば第六句に降物とあります。降物とは雨、雪、露、霜の類をいい、聳物とは雲、霞、霧、靄《もや》の類をいいます。降物は三句隔つべき物とされます。発句に降物の雪がありますが、四句隔てているのでOKなのです。同様に山類・水辺は三句隔つべきとか木とか草は二句隔つべきとか極端にいえばあらゆる言葉に去嫌が決まっているといえます。

式目にはこの他、句留めの字につき、体言止めと体言止めは打越し（その句より一句隔てた前の句と比して）を嫌うとか、一巻に詠まれる同字、同事、同物の頻度の制限とか、本歌取についての制約とかルールが数多くあります。

いうまでもなく、句数・去嫌のようなルールは、一巻の変化を第一とし、場面状況が渋滞したり同想に陥ったりしないように設けられていますが、ここまで煩瑣なものになりますと、とても旦那藝で片手間に楽しむという訳にはいきません。そこで宗匠という指導者が必要になり、職業的指導者である連歌師が誕生する訳です。

また、連歌の興行は何人でどのような順番で句を出していくのかという点についてもルールがありました。まず一座の連衆が一巡した後は各人がそれぞれ想を練り、その良きものを宗匠が捌いて決定し、次の句も同様に進むという方法があり、これを出勝《でがち》といいます。もう一つのやり方はある順序に基づいて付け順を決めるもので、両吟、三吟、四吟などに応じてその順序に一定のルールがありました。これを膝送りといいます。

こんな煩瑣な式目で制約されているものですが、逆にいえば制約があるからこそそれを乗り越えて思わぬ展開が生じることもあります。そして複数の人間が競い合いますから、そこに人間本来の競争心も刺激されます。

特に南北朝時代から安土桃山時代くらいまで、連歌は長きにわたって人々の心を捉え、人々に愛好された文藝となりました。

よく知られた『二条河原落書』は次のような言葉で始まっています。

此頃《このごろ》都ニハヤル物　夜討強盗謀綸旨《にせりんじ》　召人早馬虚騒動《からさわぎ》　生頸《なまくび》還俗自由出家

「夜討強盗」とか「生頸」とか、何とも不穏な世相を表しています。なお「召人」とは囚人を護送すること、「早馬」は地方の変事を告げるものです。

時は建武元年（一三三四）八月、後醍醐天皇の拠った二条富小路に近い二条河原に掲げられたといいます。まさに「建武の中興」の混乱の只中、新しい秩序が未だ見えてこない夜明け前のような時代でした。この『落書』は全部で八十余句という長文のものですが途中に、

京鎌倉ヲコキマセテ　一座ソロハヌエセ連歌　在々所々ノ歌連歌　点者ニナラヌ人ソナキ

というくだりがあります。

京都も鎌倉も連歌ブームになっていて、一座が揃わなくても、あちこちで連歌の会に熱中し、誰もが点者（判者ともいいます）になりたがっているというのです。

連歌はそれまでの和歌と同じく基本的には雅びの世界で言語遊戯を楽しむものです。そこに笑いはあっても、いわば微苦笑の笑いでした。しかしそれから脱し、俗を基本として思いっきり笑う、大笑いする行き方も生まれてきました。それが「俳諧の連歌」です。本章冒頭に三番目に掲げた歌は、山崎宗鑑（一四六五〜一五五三？・四）が撰したとされる『新撰犬筑波集』（『俳諧連歌抄』）に載っています。

まず前句《まえ》があります。

霞の衣すそはぬれけり

これ自体特に可笑味のある前句ではありません。宗長はこれに、

　苗代をおひたてられてかへるかり

と付けています。苗代時はまた帰雁の時でもあるのです。ただ「おひたてられて」という所に俳味があります。それが俗語だからです。しかし宗鑑はこの前句に対して、

　佐保姫の春立ちながら尿をして

と付けました。誰も予想していない思い切った卑俗さに転じています。佐保姫とは、大和国の歌枕佐保山から転じて春の女神とされています。この句が生まれた時、周りに誰がいたかわかりませんが、一同絶句しそして大笑したでしょう。

この『新撰犬筑波集』に撰せられた付け合いをいくつか見てみましょう。

　　碁盤の上に春は来にけり
　うぐひすの巣籠りといふ作り物

今日碁でいう「鶴の巣籠り」は当時「鴬の巣籠り」ともいったようです。

蚊なりとは孔子の詞夕《ことばゆうべ》かな
回《かい》が瓢簞《ひょうたん》なりつるる宿

前句は『論語』（里仁篇）の「朝《あした》に道を聞かば夕べに死すとも可也」を踏まえています。回は高弟顔回で「一簞の食、一瓢の飲」で「陋巷《ろうこう》」に住んでいました。瓢簞のいくつもぶらさがっているみすぼらしい宿屋、蚊に悩まされてもこれで納得したというのです。

最後に、

ふぐりのあたりよくぞ洗はん
昔より玉磨かざれば光なし

ここまでくると、雅味はゼロとなり、行き着く所まで行ったとの感を深めます。

以上、和歌、連歌、俳諧の連歌とみてきましたが、第一にこれらに流れる言語遊戯の重畳性を指摘したいと思います。水無瀬の歌は特別ですが、全体として見ても文藝が前代を全否定するのではなく、積み重なっていくという構造が見てとれます。第二は、文藝を生むのは個人でなく場（座とか連とか衆とか呼ばれます）であり、濃密な共同体がそのベースに存在するということです。これらは文藝ですから高度に知的なものです。従って共通の知的素養がなければ互いに理解し、笑い合うことができません。逆に『犬筑波集』の引用の最後の例などは、従来の共同体の美意識を逸脱してしまったかもしれず、眉を顰めて自らの美意識を守ろうとした人々も多く存在したものと思われます。

この三十一文字の世界に限らず、日本人の笑いの質や限界を考える場合にも、この一連の水無瀬の歌は、大いに参考になるものと考えています。

第十六章

寓話

動物に仮託した人間の性《さが》

『伊曾保物語』

「三国一の花嫁」という言葉があります。「三国」とは、唐土（中国）・天竺（インド）・本朝（日本）で、長い間日本人にとって世界とはこの「三国」のことでした。

この「三国」外にも世界があることを日本人が体感したのが、大航海時代となってポルトガルやスペインの宣教師が渡来した、十六世紀中葉のことでしょう。フランシスコ・ザビエルが薩摩の坊津に到着したのは天文十八年（一五四九）のこととされています。

宣教師達は文字通りキリスト教の布教を目的としていましたから、キリスト教の教典や解説書などの書物を数多く出版し、キリスト教を日本人に浸透させようとしましたが、その後キリスト教布教が禁止され、海外との往来が原則禁止されたことから、それらは禁書として焼却されたり、隠匿されたりして、消えていきました。

そのような中で、例外的に残った書物が、「イソップ寓話集」の翻訳本です。

この最初のものは『イソポのハブラス』で、文禄二年（一五九三）ローマ字で出版されました。修道士ハビアンと日本人信者の高井コスメによる翻訳とされています。ハビアンは『妙貞問答』というキリシタンの教理書を書き、また、林羅山と宗論を戦わせた人物として知られており、その後棄教してキリスト教反駁書『破提宇子《はだいうす》』を著しています。

一方、漢字仮名交じり文の『伊曾保物語』が慶長・元和年間に何版か出されています。さらに振り仮名や絵画も組み入れることができる整版印刷を活用して、万治二年（一六五九）には「万治絵入本」と称される『伊曾保物語』が出版されるに至っています。

そもそもイソップ（アイソポス）は、ヘロドトスの『歴史』の中で、エジプト王の寵愛を受けた遊女ロドビスと同郷で奴隷の身分であるということが記載され、このことから、紀元前六一〇年頃から五六四年頃まで実在した人物と考えられています。このイソップによって語られた動物寓話は、同じく紀元前三〇〇年頃にデメトリウスという人によって『アイソポス寓話集成』という書物にまとめられ、以降数々のイソップ風寓話が集積されて今日の姿になったと考えられています。本書でいえば「一休ばなし」が一休の名の下に集積されまとめられていくのと同様です。

何分二千六百年の昔の人で、「寓話集」の編纂も昔から様々な人によって行われてきましたから、その伝承や変容自体が学問の対象となるくらいの歴史を持っており、これらについては小堀桂一郎氏の『イソップ寓話』（講談社学術文庫、二〇〇一）が丁寧にその跡を追っておられます。

そこで本章では同じ「イソップ寓話集」といっても数多くの異本が存在する中で、ベン・エドウィン・ペリーという人のまとめた『アエソピカ』という書物から、ギリシア語の四百七十一話を全訳したものとされる『イソップ寓話集』（中務哲郎訳、岩波文庫、一九九九）を「原典」とし、一方で先ほど触れた『万治絵入本伊曾保物語』（武藤禎夫校注、岩波文庫、二〇〇〇）を「邦訳本」として、以下、その笑いの受容のあり方について考えてみることとしましょう。

その取捨選択のあり方を見ていきますと、日本人が何を理解し何に共感したのか、あるいは何を無視し、拒絶したのかの一端が見えてくるように思います。

受け売り講釈はこのくらいにして、両者を比較してみましょう。

まず話の数が全然違います。「原典」は全十一部四百七十一話、「邦訳本」は全三巻九十四話。

第二に、「邦訳本」では、イソップの伝記及び逸話が数多く採用されており、およそ三分の一がそれに充てられています。

第三に、「原典」には、ギリシアの神々、ゼウス、ヘルメス、アポロン、ヘラクレス、アプロディテといった神々を主にした「寓話」が沢山ありますが、「邦訳本」には一切採られていません。当時の日本人にとって「ゼウス」といわれても、何のことかわからなかったでしょうから、これは正しい選択です。

第四に、これらは「寓話」で何らかの教訓を暗喩する譬え話ですから、各文末にそのことを解説する文章が、司馬遷『史記』の太史公「賛」のように付け加えられていますが、その説き方が両者によってかなり違うことです。

この点は、いくつかの実例に即して見ていきましょう。

第一に、「肉を運ぶ犬」の話、肉を銜《くわ》えて川を渡っていた犬が、水に写る自分の影を見て、てっきり別の犬がもっと大きな肉を銜えているのだろうと思ってそれを取ってやろうとして口を開いたら、銜えていた肉を落としてしまったという話。

「原典」では、「欲どうしい人に、この話はぴったりだ」となっていますが、「邦訳本」では「重欲心の輩《ともがら》は、他の宝を羨み、事にふれて貪るほどに、忽ち天罰を蒙る。我が持つ所の宝をも、失ふ事あり」とあります。文語体になっているせいもありますが、何かお寺で法話を聞いているような気分になります。

第二は、王様を欲しがる蛙の話です。自分たちに支配者がいないことを苦にした蛙たちがゼウスに王様を授けて下さいと頼むと、ゼウスは木切れを放り込んでこれを王とせよとしますが、蛙たちはこれを馬鹿にして王を替えて欲しいと再度頼むと、今度は蛇を遣わしたので蛙たちは食べられてしまったという話。

「原典」では、「支配者にするには、事を好むならず者より、愚図でも悪事を働かぬ者がまだましだ」と総括しています。「邦訳本」の方は、ゼウスの代りに天または天道が出てきます。また、木切れの代りに柱を、蛇の代りに鳶を与えています。総括の言葉は、「人はたゞ、我が身にあたはぬ事を願ふ事なかれ」となっています。

なお、これに想を得たのか、仮名草子『浮世物語』に「蝦《かえる》の願立《がんだて》の事」というのがあって、蛙たちが自分らは人間のように立って歩けるならどんなにいいことかと観音様に願かけした所、願いが聞き届けられ、立つことができたのは良いが、目が後ろになってしまい一歩も歩くことができない。あらためて元のように這わせて下さいと祈って直してもらったという笑話が載っています。

次は、蟻と蟬（キリギリス）の話。冬のある日、蟻が夏の間に溜め込んだ穀物を穴倉から出して転がしていた所へ、腹をすかせた蟬がやってきて、自分にも食料を少し恵んで下さいと頼むと、蟻は「夏の間あなたは何をしていたのか」と尋ねる、蟬は「忙しく歌っておりました」と答える。蟻は笑って小麦をしまい込みながら「夏に笛を吹いていたのなら、冬には踊るがいい」と答えたという話です。

これに「原典」はコメントをしていません。一方「邦訳本」の方は、生きている間、自分の力でできることはしっかりと仕事をすべきだとして、「豊かなる時、つゞまやかにせざる人は、貧しうして後に悔《く》ゆるなり。盛んなる時、学《がく》せざれば、老ひて後、悔ゆるものなり。酔のうち乱れぬれば、醒めて後、悔ゆるものなり」と道学者のような口ぶりで諭しています。

なお蟬は地中海沿岸の温暖な地で生息するもので、北の寒冷な土地にはいないので、「イソップ寓話」が北方へ広がっていく中で、これをキリギリスに代えて伝えられるようになったとのことです。

次は蛙と牛の話。牛が水を飲んでいて蟾蜍《ひきがえる》の赤ん坊を踏みつぶしてしまった。母親が帰ってきて赤ん坊はどこかと子どもたちに訊くと、ついさっき四つ足の馬鹿でかい奴がやってきて、そいつの蹄で踏み潰されてしまったんだと答えると母親は自分の体を膨らませて、こんな大きさかと尋ねると、子どもたちは、止めなよそれ以上膨らませると途中で破裂するよといった話です。

「原典」はこれにもコメントはありません。

一方「邦訳本」はストーリーは多少違います。ある川の辺で牛が餌物を求めて行き来している姿を蛙が見て、自分の身を膨らませればあのような姿になると思って思い切り皮を膨らませ、子どもにどうなったかと訊くと、子どもがこれではカブのようなものだ。まだ縮んでいる所があるからもう少し膨らませてみたらというので、「エイヤッ」といって力の及ぶ限り膨らませたら、皮が破れ、腸《はらわた》が出て死んでしまいましたという話になっています。「賛」は、「及ばざる才智位を望む人は、望む事を得ず、終に己れが思ひ故に、我が身をほろぼす事あるなり」としています。的確な要約です。

以上、動物が主人公の寓話を四例見てきました。次は動物と人間の、金の卵を生む鵞鳥の話です。ヘルメスを崇拝することひとかたならぬ男に、神は褒美として金の卵を生む鵞鳥を授けた。ところが男は、ご利益が少しずつ現れるのが待ち切れず、このお腹の中は丸ごと金が詰まっているのだろうと思って殺してしまいましたが、中身は肉ばかりだったという話です。「原典」には、「強突張《ごうつくばり》はしばしば今以上のものを欲しがって、今あるものを失ってしまうのだ」とあります。

「邦訳本」は鵞鳥が鶏になっており、ヘルメスも出てきませんが、愚かな男のストーリーは同じです。「賛」には、「人の欲心にふける事は、かの（飼い）主が鳥の腹を割けるに、異ならず。日々に少しの儲けあれば、その一命を過ぐる（生きていける）ものなれども、積み重ねたく思ふによつて、終に飽き足る事なふて、あまつさへ、宝を落して、その身をほろぼす者なり」とあります。現在でもこの警句に背いて元も子もなくしてしまう例は数多く見られます。

最後の例は動物は出てきません。ロマンス・グレーと二人の愛人の話。ロマンス・グレーの男が二人の愛人を持っていた。年長けた女は自分より若い男と会うのがきまり悪くて男が通ってくる度に髪の毛の黒いのを抜き続け、若い方は年寄りを愛人にするのに気が引けて白い方を抜いた。こうして両方から代わる代わる髪を抜かれた男は遂に禿《はげ》になってしまったという話です。「原典」には、何につけ不釣合いは怪我のもととコメントされています。「邦訳本」の方は、愛人ではなく二人の妻となっていますが、二人とも不釣合いなのを人に嘲り笑われるのが恥ずかしいというのが毛を抜く動機となっています。その「賛」には「君子たらん者、故なき淫乱に汚れなば、忽ち、かゝる恥を請くべし。しかのみならず、二人の機嫌を計《はから》ふは、苦しみ常に深きものなり。かるがゆへに、諺に云く、「二人の君に仕へがたし」とや」と、とってつけたようなコメントが付されています。

筆者はこの話を読んだ時、イソップ自身はハゲでロマンス・グレーに反感を持っていたのではないかと直観しました。専門家の注によると、室町時代の説話集に同様の話があり、また、元々仏典に「二婦の為に両目を喪う話」とその原話のような話があって、相似た話がそれぞれ単独に思いつかれたのか、あるいは何らかの伝播の結果なのか、議論がされているようです。

以上、「原典」が簡潔に訴えたい内容を記しているのに対し、「邦訳本」の方は、詳しく場合によっては翻訳者の意見を混えていることがわかります。あるいは「邦訳本」が参考にしたと思われる『イソポのハブラス』を訳したハビアンなどの整理の仕方に引きづられているのかもしれません。

東洋思想でこの「寓話」に近いものとしては『荘子』が挙げられるでしょう。荘子は紀元前四世紀後半から三世紀前半にかけて実在した人物ですから、イソップよりは二百五十年くらい後の人です。

「朝三暮四」「蟷螂の斧」「窮鼠猫を噛む」「沈魚落雁」「蝸牛角上の争い」「井の中の蛙」など、人口に膾炙した言葉は枚挙に遑《いとま》がありません。いずれも笑いの中に教訓的な内容を持った譬え話、即ち「寓話」といってよいと思います。そしてこれらの言葉は、日本語の中に埋め込まれていますから、それに馴染んでいる日本人は、イソップの動物寓話を自然と受け入れる素地があるのです。

それではわれわれは何故、動物の譬え話を好むのでしょうか。

動物には人間よりも遥かに優れた能力を持つものが沢山あります。犬の嗅覚、馬の走力、兎の跳躍力、牛の牽引力などです。人間はこれらに対して、自分は智力において遥かに勝る存在だと考えています。

譬え話の中では、犬の嗅覚や馬の走力を人間と比較して描かれることはありません。あくまで擬人的に、動物が描かれていても、描かれているのは人間の姿なのです。「肉を運ぶ犬」が表しているのは、「欲どうしい人」であり、「他の宝を羨み、事にふれて貪る」人なのです。そういう人は周りにいくらもいます。あるいは自分も周りからそう見られているかもしれない。そのことを気づかせるのに、「あなたは欲どうしい人ですね」などといわれれば、人間は反撥して、何をいっているんだとなり、自らを反省しようとはしません。

動物に託してそれらを説いているから抵抗がなく、自然と納得する訳です。そして「寓話」が笑いを伴っていれば、尚更心に染み込んでいきます。

第十七章　笑話

笑いで教化する『醒睡笑』

京都の台所錦《にしき》市場から程遠からぬところに誓願寺というお寺があります。もともと飛鳥時代に創建され、鎌倉時代に京都に移され（上京区元誓願寺通小川西入ル）、さらに秀吉の寺町整備に伴って現在の地（中京区三条寺町）に移されたとされます。法然上人が興福寺から当寺を譲られて以降、浄土宗西山深草派の総本山となっています。

このように古い由緒のある大寺院で、例えば、安永九年（一七八〇）版の『都名所図絵』では、本堂、開山堂、三重塔などの立ち並ぶその宏壮な姿が描かれています。ところが幕末の戦乱と明治になってからの東京遷都によって京都はすっかり寂れてしまいました。そこで誓願寺境内を南北に貫く大きな道を通し、往年の賑わいを取り戻そうという復興事業が進められました。それが現在の新京極通りです。江戸時代から誓願寺境内には多くの芝居小屋などが軒を連ねていたので、その賑わいをもう一度という考えだったのでしょう。その結果誓願寺の境内は大幅に削られ、今ではビルの谷間に本堂がひっそりと佇んでいるだけです。しかし境内は削られても墓地までは動かせなかったためなのかどうか、この京都のど真ん中にかなり広い墓地が残りました。その一角に、第五十五世法主の安楽庵策伝上人の墓碑が建っています。周囲に各代の名僧知識の墓もあるようですが、策伝上人のそれは格段に大きいもので、上部が卵のように丸くなった石塔が建てられ、周りを擬宝珠《ぎぼし》のようなもので囲まれています。お墓参りの際、わが国で初めて腑分け（人体解剖）を施した山脇東洋（一七〇六〜六二）の墓を見つけました。縁者でもないのにするお墓参りを苔掃《たいそう》趣味といいますが、京都のお寺ではしばしばこういう発見があります。

この安楽庵策伝和尚（一五五四〜一六四二）は、『醒睡笑《せいすいしょう》』という笑話集を編んだことで知られ、「落語の祖」ともいわれている人です。天文年間から寛永年間まで、戦国末期から江戸初期に至るまで、激動の時代を長生きしました。英雄豪傑が活躍した時代、それはまた一将功成って万骨枯るで、戦乱の中で生命を失い、田畑を失い、多くの細民が死後の往生を願って生きていた時代でもあります。

その出自経歴については様々な議論があるようですが、ここでは関山和夫『安楽庵策伝和尚の生涯』（法藏館、一九九〇）に沿って簡単に記します。

策伝は飛騨高山の城主を長く勤め、茶人としても知られた金森長近（法印）の弟として生まれ、美濃浄音寺において得度し、以後諸寺を建立するなどの活躍を重ねた後、慶長十八年（一六一三）、誓願寺法主となり、元和五年（一六一九）には紫衣勅許を賜るなど僧侶としての最高位を極め、元和九年に隠居、安楽庵にて数奇三昧の生活に入り、寛永十九年（一六四二）、八十九歳で入寂したとされます。

交友関係は広く当時の武将から公家、学者、連歌師など多岐にわたっています。

笑話集『醒睡笑』をまとめたのは、元和元年から九年にかけてのことです。
まずこの『醒睡笑』作成の経緯と書名の由来は策伝の自序に明らかです。

ころはいつ、元和九年癸亥《みずのとい》の稔《とし》、天下泰平人民豊楽の折から、策伝某《それがし》小僧の時より、耳にふれておもしろくをかしかりつる事を、反故《ほうご》の端にとめ置きたり。是《こ》の年七十にて、誓願寺乾《いぬい》（西北）のすみに隠居し、安楽庵といふ。柴の扉《とぼそ》の明暮《あけくれ》、心をやすむるひまひま、来《こ》しかたしるせし筆の跡を見れば、おのづから睡《ねむり》をさましてわらふ。さるままにや、これを醒睡笑と名付け、かたはらいたき草紙を、八巻となして残すのみ。

まず策伝は小僧の頃からメモ魔で面白おかしいことをノートしていたこと、七十になって隠居して時間ができたので、これらを読み返してみると眠気も醒めて笑みがこぼれる。そこでこれを本の題名として、『醒睡笑』全八巻をとりまとめたというのです。

この八巻というのは、八分冊したということで勅撰和歌集のように、春夏秋冬、離別、羇旅、恋というように分類されている訳ではありません。ただ各巻は平均五、六章に分かれてまとめられています。例えば巻の一は、謂へば謂はるる物の由来、落書《らくしょ》、ふはとのる、鈍副子《どんふす》、無智の僧、祝ひ過ぎるも異なもの、という六章より成ります。

「物の由来」とはコジツケで何とでもいえることを多く例示しています。例えば、今でもよくいわれている子どもは風の子の由来は、

「わらんべは風の子」と、知る知らず世にいふは何事ぞ。ふうふの間のなればなり。

夫婦は風風なのです。

「落書」は、有名人を諷する狂歌を集めています。例えば、天正九年（一五八一）に挙行された信長の絢爛たる馬揃えについて、

金銀をつかひ捨てたる馬ぞろへ将棊《しょうぎ》に似たる王の見物

あるいは関ヶ原で敗れた（治部少輔）三成が首を刎ねられる前に柿は痰の毒に悪いといった故事、

大垣の陣の張りやうへたげにてはやまくれたるぢぶのせふかな

垣＝柿、へた＝下手＝蔕、治部＝渋など掛詞となっています。

「ふはとのる」はおだてるとすぐのる調子のいい人の話、「鈍副子」は血の巡りの悪いお寺の会計係、「無智の僧」は文字通り、「祝ひ過ぎるも異なもの」は縁起をかつぎ過ぎてかえって不吉を招くといった話です。ただすべてが整然と分類配列されている訳ではありません。笑話は規則性のようなものの外にありますから、そもそも法律のように体系的に書けるものではないのです。

この序には書かれていませんが、策伝が笑話を集めてメモしておいたのは、当初は説教のタネとして活用するという目的からでしょう。今日でもそのような傾向がありますが、高僧が必ずしも説法が上手な訳では

ありません。しかし説法が上手な僧は大勢の人を引きつけ、動かす力があります。信者を増やし、檀家を増やし、寄進者を増やすことができるのです。

策伝もそのような説法上手な僧であったに違いありません。そうでなければ数多くのお寺を創建したり、中興の祖となったりすることはできないでしょう。また数多くの貴顕縉紳と交際することもできなかったでしょう。

そして説法の際に笑話を一つか二つか披露する。笑いは人の頭にこびり付いた垢や汚れ、即ち固定観念、常識などを取り除いてくれます。そうして頭がスッキリとすれば、説法も自然と染み込むように頭に入っていくのです。策伝はそのような場を数多く経験する中で、自分の笑話付き説法というスタイルを確立していったのではないでしょうか。

ただ耳で聴くのと、眼で見るのとは違います。『醒睡笑』も、文章として読んでいると、何処が面白いのかわからない項目も沢山あります。時代が変わり、風俗や言葉も変わって当時の人の感じられた笑いがわからなくなっているという以上に、これらはいわば素材であって、実際に話す時は、あちこちに尾鰭をつけたり、脚色したり、登場人物の声色を真似たり、様々な工夫をして聴衆を飽きさせないようにしていたのではないかと思われます。

前置きが長くなってしまいましたが、どんな話が載せられているのか、実例をいくつか見てみましょう。

小僧あり。小夜《さよ》ふけて長棹をもち、庭をあなたこなたと振りまはる。坊主これを見付け、「それは何事をするぞ」と問ふ。「空のほし（星）がほしさに、うち落さんとすれども落ちぬ」と。「さてさて鈍なるやつや。それほど作（策）がなうてなる物か。そこからは棹がとどくまい。やね（屋根）へあがれ」と

いはれた。（巻之一　鈍副子《どんふす》）

長い竹棹を振り回して星を取ろうとする小僧と、何とも策のない鈍な奴だ、そこでは届かないから屋根へ上れという和尚さんのよく知られた逸話です。

元三を祝ひ、膳部《ぜんぶ》とりあつめ、「めでたいな」と、いろいろしたためてすわりぬ。盃あなたこなたとめぐるなかば、十ばかりなる惣領、ふと座を立ち、親の汁に残れる鯛の頭《かしら》をとりて、手飼《がい》の犬をよび、「これは、ととのかしらぞ、くらへ」といふに、また七つ八つなるむすめの走り行き、母のくひ残せる魚の骨をもち出で、「これは、かかの骨ぞ、くらへ」といひし。無興さ。（巻之一　祝ひ過ぎるも異なもの）

元日の祝い膳、宴たけなわ盃を回している最中に、惣領息子が父親の吸い物に残る鯛のかしらを取って飼犬に「これは、ととのかしらぞ」といって与えると、その真似をした七、八つばかりの妹が、母の膳から魚の骨を取って「これは、かかの骨ぞ」といって犬に食わせた逸話です。妹は「とと」を魚ではなく父親の意味に取ったので「かか」といったのです。一同大笑いしたでしょう。

ふるまひの菜に、茗荷のさしみありしを、人ありて小児《こちご》にむかひ、「これをば、古へより今に到り、物読みおぼえむ事をたしなむほどの人は、みな鈍根草となづけ、物忘れするとてくはぬ」よし申したれば、児聞いて、「あこは、それなら喰はう。くうて、ひだるさを忘れう」と。（巻之六　児《ちご》の噂《うわさ》）

茗荷を食うと物忘れするとは昔から伝えられていたようです。狂言に『鈍根草』という演目があって、ただでさえ鈍な奴が茗荷を食ってますます鈍になるというお話がありますが、あるいはそれから作られたお話かもしれません。「ひだるい」とはお腹がすいているという意味です。育ち盛りのお寺の稚児達がいつもかかえていたつらさです。

夜半のころ、隣にいさかふ声しける。何事にやと、夫婦《めおと》ながら起きて聞き居たれば、男のいたづらなるによりおこりたる悋気いさかひ（諍い）の、修羅をたつるなり。聞き居たる女房、何の理も非もなく、夫のあたまを続け張りにはりけり。夫、「これはなんといふ狂乱ぞ」といへば、「この後も、あの隣のいたづら男のやうに、身を持つなといふ事よ」と。迷惑の。（巻之六　悋気）

真夜中に隣の夫婦が大声で喧嘩している。何事だろうと夫婦二人で聞き耳を立てていると、どうも男の浮気が原因で修羅場となっているらしい。すると女房、何の理由もなく亭主の頭を続け様になぐった。どうしたんだ気でも違ったかというと、女房は「これから先も、隣の浮気男の様なことはするなという事よ」といったというのです。こんなことでなぐられてはたまったものではありませんが、女房の言うことにも一理あるような気がします。

古道三《こどうさん》、信長《のぶなが》公へ始めて御礼に出でらるる。進上《しんじょう》に扇子二本もたせられし。御前に候ふ人みな、「あら、些少のいたりや」といふ気色なりき。時の奏者《そうじゃ》に、「言上《ごんじょう》あれ。これは目出たう日本を、御手の内に握らせ給ふやうに」と。（巻之八　祝ひすました）

古道三とは、天下の名医を謳われた初代曲直瀬道三《まなせどうさん》のことです。その道三が初めて信長公に御挨拶に行った時のこと、献上物が扇子二本だったので周りの者が道三ともあろう者がたった扇子二本とは訝《いぶか》しく思っているので、道三は取次の者に、これは信長公が目出度く二本＝日本を手の内のものにしていただきたいということとお伝えくださいといったのです。

道三はゴマスリ人間という訳ではなく、気くばりの人だったように思います。例えば、『昨日は今日の物語』という笑話集には、信長は団子《だんご》を好んだので「上様団子」という言葉が生まれた。それを小姓が面白可笑しく世間話にしたことを信長が立腹し、すんでの所でお咎めを受ける羽目に陥るところ、偶々登城していた道三がそれを聞いて、その名称は名誉なことです。昔天子様が粽《ちまき》をお好みになり、それから「内裏《だいり》粽《ちまき》」という名がついたのと同じ事でございますと取りなすと、信長も機嫌が直って小姓も許されたという話が載っています。名医であるということは、医の技術・能力もさることながら、このように人を助ける思いを何時も持っているということでしょう。

この『昨日は今日の物語』は、『醒睡笑』『戯言養気《ぎげんようき》集』と並んで最も早い時期の近世笑話集とされています。

いずれも元和から寛永初年にかけて編まれています。元和偃武《げんなえんぶ》で平和な時代となり、これまで同朋衆やお伽衆、あるいは談義僧などによって伝えられた笑話群、そこまで専門性を持っていなくても、「昔噺」と同様に人々が昔から口伝えに伝えてきた笑話群、そしてこれまで本書でも引用してきた『宇治拾遺物語』や『古今著聞集』などの笑話群、これらを集大成したものが、この三つの「笑話集」であるとされています。

誓願寺で墓地見学の許可証をいただくために待っていた時のことです。奥からお坊様の読経の声が聞こえてきました。毎日時間を定めて供養しているのでしょう。何経かは全く不案内なのでわかりませんが、やはりお寺はこれがあってこそお寺です。京都には観光化されたお寺の多い中で、かえって新鮮に響きました。

策伝和尚の頃のお坊様は、最高の知識階級であると同時に、世を救い、人を救う、人々に極楽浄土への道を説く宗教者であった訳です。策伝もそれを目指して長い生涯を歩んできたものと思います。従って笑話はあくまで教化の手段であって、笑話そのものを楽しむために説いていた訳ではありません。

その意味から、誓願で思い起こされるのは「四弘誓願《しぐぜいがん》」です。

衆生無辺誓願度　　すべての人に悟りを
煩悩無尽誓願断　　すべての迷いを断ち
法門無量誓願学　　すべての教えを学び
仏道無上誓願成　　この上ない悟りに至る

仏門に帰依した僧侶のあるべき姿でしょう。策伝和尚の期する所もここにあったはずです。

第十八章 浮世 虚の笑いと実の笑い『新可笑記』

前章の主人公安楽庵策伝が亡くなった寛永十九年（一六四二）、その生まれ変わりであるかのように井原西鶴（一六四二〜九三）が生まれています。従って両者に接点は全くないのですが、墓所を誓願寺とするところは同じです。ただ西鶴の誓願寺は大阪市天王寺区上本町の、宗派は同じく浄土宗、誓願寺です。その誓願寺に建つ西鶴の墓には法名の「仙皓西鶴」と刻まれています。下山鶴平、北条団水《だんすい》建と左側にあります。団水は西鶴の高弟です。なおここで思ってもみなかった発見がありました。西鶴からかなり時代は下りますが、大坂の知の府懐徳堂を作った中井家、甃庵《しゅうあん》、竹山、履軒などの墓地でもあるということです。履軒の名を積徳といいますが、合わせてお参りして徳を積んだような気分になりました。

この誓願寺からほど遠からぬ所に、西鶴が延宝八年（一六八〇）に四千句の矢数俳諧を詠んだ生玉《いくたま》神社

（正式には生國魂《いくくにたま》神社）があります。

天下矢数二度の大願四千句也

で始まる矢数俳諧の記録は翌年『西鶴大矢数』として刊行されます。そして四年後の貞享元年（一六八四）、今度は住吉大社で一昼夜二万三千五百句の矢数俳諧を成功させたといいます。一昼夜（六〇秒×六〇分×二四時間＝八万六四〇〇秒）を二万三千五百で割ると、一句当たり三・七秒という信じられないスピードとなります。一応記録はしたのでしょうが、

神力誠を以て息の根留る大矢数

という最初の一句が残るのみです。こんなのはやっている方は真剣だったでしょうが、名句が生まれる訳もなく、その句数だけが残って矢数俳諧競争は息の根を止められました。

このように西鶴は俳諧師からスタートしたのですが、ちょうどこの二つの矢数俳諧の間に『好色一代男』を刊行し（天和二年〔一六八二〕）、一躍流行作家に躍り出ることとなりました。

それから亡くなるまでおよそ十年、浮世草子と総称される数多くの著作を刊行しています。

そのジャンルは大きく三つに分けられます。

「好色物」　好色一代男、諸艶《しょえん》大鑑（好色二代男）、椀久《わんきゅう》一世の物語、好色五人女、好色一代女、男色

大鑑など、

「武家物」　武道伝来記、武家義理物語、新可笑記《しんかしょうき》など、

「町人物」　日本永代蔵《えいたいぐら》、世間胸算用、西鶴置土産など

これらの厖大な著作の中で西鶴は、遊客、遊里の実像を、武家の敵討や男色を、そして町人の栄枯盛衰を、それこそ浮世の諸相を事細かく書き記しています。これらはもとより小説ですから、濃淡こそあれ笑いの要素は様々に指摘することもできます。例えばその要素の濃いと思われる『世間胸算用』などは、大晦日の日の掛取りとそれを躱《かわ》したい債務者の間で繰り広げられるドタバタ喜劇と評することもできるでしょう。

本章では笑いという観点に立って題名に「笑うべし」とある『新可笑記』（元禄元年〔一六八八〕刊）について考えてみたいと思います。全五巻二十六章からなる短編小説集です。例えば第一章の副題に、武士は人をたすくる一言の事、武士は義理死《ぎりじに》世に惜《おし》む事、武士は不断《ふだん》覚悟の事、武士は主命に替る事、武士は内證《ないしょう》を見せざる事、とあるように、ジャンルとしては武家物に分類されています。

冒頭、西鶴の自序があります。

笑ふにふたつ有。人は虚実の入物《いれもの》。明《あけ》くれ世間の慰《なぐさ》み草を集めて詠めし中に、むかし淀の川水を硯に移して、人の見るために道理を書《かき》つゞけ、是を可笑記として残されし。誰かわらふべき物にはあらず。此題号をかりて、新たに笑わるゝ合点、我から腹をかゝへて、智恵袋のちいさき事、うまれつきて是非なし。

ここに「難波俳林　西鵬」とあります。この年（貞享五年。九月に元禄に改元）二月、綱吉の娘鶴姫（この年十二歳、既に紀伊徳川綱教《つなのり》に嫁していた）の鶴の字や鶴紋の使用を禁じる法度が出たため、西鶴は西鵬と改号を余儀なくされた訳です。

自序には、笑いには二つの種類がある。虚《うそ》の笑いと実《まこと》の笑いである。人が虚と実の容れものなのと同じだ。明け暮れ世間の慰みのために書かれた草紙類を集めて読んでいる中に、物の道理を書き続けて『可笑記』と題した本があった。これは実は笑えるような本ではない。今自分はこの題を借りて、『新可笑記』と名付け、新たに人に笑われるつもりだ。自らは腹をかかえて笑うが、実は智恵袋の小さいことは生まれつきなので仕方がない（だから読者の皆さん、どうか勘弁して下さい）、というような趣旨でしょう。

『可笑記』というのは、寛永十九年（一六四二）に刊行された仮名草子で、筆者は如儡子《にょらいし》となっています。経歴はよくわかりませんが、最上家の浪人で、早くに父を亡くし、母とともに江戸に出てきたものの生涯仕官するということはなく、二、三の著作を残して不遇の内に世を去った人物とされています。

ここで西鶴が「笑ふにふたつ有」としている笑いを、一応「虚《うそ》の笑いと実《まこと》の笑い」と解釈しました。この点については様々な読み方がされ、「そらぞらしい笑いと心底からの笑い」などと解釈もされていますが、筆者は「人は虚実の入物」という捉え方に注目して「虚の笑いと実の笑い」の方が適切ではないかと考えています。一つは拵《こしら》え事、フィクションの笑いとノン・フィクションの笑いと考えることができます。あるいはウソ笑い、本当は泣きたいくらいにつらいのだけれども、体面とか体裁とか見栄とかから笑うものと、そのようなもののないストレートな笑いと考えることができます。

その例をいくつか見ていきましょう。

まず筆者が読んでいてびっくりしたのは、中国古典を完全に翻案している話です。

巻二第二話、「炭焼も火宅の合点」がそれです。

摂津の国有馬にあり余るほどの金銀を持ちその上男の子二人と末に女の子を持つ金持がいた。ところが下の男の子が喧嘩をして人を殺めてしまった。その罪を問われることになったのだが何とか命だけは助けたいと思って、二千両を二箱に入れて末娘にこれで息子の生命を貰い受けてこいと言い含めると、それを聞いた惣領息子がそのようなことなら惣領息子である自分が行かねば立場がないというので、それでは一緒に行ってこいと命じる。二人は飾磨《しかま》の奉行所に着いて奉行に、今さら命乞いをすることもできませんので、このお金は香華料として斬られた人の遺族にお渡し下さい、また自分が身代りになってもよいと娘が切々と懇願するので、奉行も心を動かされ、それではこのうち千両で斬られた人の跡を弔わせ、また残る千両は娘に返し命も助けてやろうと思って、「其もの、命の事我にまかせよ。此事かならず外へもらすな」と約束して、高砂の明神から人を助けよというお告げがあったので罪人を赦免することにするとお触れを出した。

ところが弟の助命の知らせを聞いて惣領息子はにわかに二千両は多すぎた、千両で十分だからそれを返してもらおうと再び奉行にかけあった。奉行は自分を疑うとは心外であると立腹して二千両をつき返し、赦免は人命を取った者には及ばないとして、弟の首を刎ねて兄妹に下げ渡された。妹は嘆き兄は後悔して有馬に戻り、父に事の次第を話すと、父ははじめからこういう結果になるだろうと思っていた。だから妹に行ってこいといったのだという。周りがどうしてそれがわかるんだと尋ねると、「兄は我貧賤なる時生じて、一銭も世になき物と惜《おしみ》ぬ。妹は長者になつての子なれば、万両も瓦石と思ひ、欲をはなるゝより命をたすくる所あり」といったという話です。

これは司馬遷の『史記』（越王勾践世家）にある范蠡《はんれい》のエピソードの翻案です。范蠡は越王勾践の謀臣となって呉王夫差に絶世の美女西施を献じ（美人計）、勾践が呉王を滅した後は勾践とは袂を分かって越を離れ、西施を連れて一商人となって大成功し、人々から陶朱公の名を贈られた人です。この范蠡の息子が人を殺めた時その助命工作に末子を行かせようとしたが長兄が自分が行くといいはるので向かわせた所、赦免の段階でお金が惜しくなって取り返しに行って、元も子もなくしてしまう話が元の話となっています（詳しくは拙著『中国経済の故郷を歩く』〔日経BP社、二〇一四〕第五章市場を見る千里眼を御参照下さい）。

これは「虚の笑い」のフィクションの笑いでしょう。当時の人々、読み書きのできる人々の多くにとって『史記』のエピソード、特に西施や范蠡がどういう人生を歩んだかというのは常識だったでしょう。そういうベースのある読者に対し西鶴は、この翻案出来ぶりはどうですかと投げかけているのです。かなりの人は苦笑しつつも肯いたでしょう。

第二にやんわりと御政道批判をしている例をみてみましょう。

巻三第五話「取やりなしに天下徳政」

当時「徳政令」あるいは「相対済まし令」といって貸借関係をチャラにする法令が何度も発出されています（直近の徳政令は本書の出された三年前、貞享二年に発出）。そんな法令が出れば「律義《りちぎ》に請《うけ》はらひするも有、大（福）帳を焼《やく》も有、手形取みだして男な（泣）きのやど（宿）もあり、かたじけなき世とていはひ酒飲人もあり」となって、世の中は悲喜交々《こもごも》、大混乱になる訳です。

ここに京三条の蒔絵細工師某《なにがし》、夫婦仲が悪く暇状《いとま》を添えて妻を実家に帰します。間もなく妻は男の子を産みましたが、妻は仲人に対して「この子は母親の腹を貸したもので、徳政のとおり、自分の方が損をして、父の物にしたい」と訴える。男の方は「父親の種こそ貸し物である。こちらの損にして、女の物にしたい」と訴え、お互いに押しつけあいます。仲人がいろいろ取りなしますが双方譲らず奉行所へ訴訟となります。奉行所では、このたび徳政の世となり、貸したものが取れないで嘆くのが一般であるのに、「汝らは我物を人の物にして、損をかへり見ぬ所おとなしき仕業なり」として双方優劣つけ難しとしてその子が十五歳になるまでは仲人に預け、それまでは養育費を双方が支払うように、そしてその子に分別がついたらその子の言葉でどちらを取るか決めるようにという裁定が下ります。ところが子がいなくなってしまうと女は次第に悲しくなり、男は商いの支障《さわり》となって、いつともなく仲直りして、その子も成長し、世渡りも上手にお金を儲けて二親《ふたおや》に孝を尽していました。

ところがある時祇園祭りの山車《だし》の中に二十四孝の郭巨《かくきょ》が親孝行のために我が子を穴に埋める姿を描いた飾り物がありました。人々が「いかに親孝行とはいいえ、我が子を埋めるような事があってよいものか、ここにいる者も天下徳政の時両親が不仲で互いに相手に子を押し付けようとして、命もあやうかったんだ」と当時の経緯をこの息子に話して聞かせたところ、この子は、これより父母に恨みをおこし、貯えた金銀を取ってどこかへ身を隠してしまったという話です。

『二十四孝』というのは、中国の孝子逸話集です。郭巨は貧しい中、母親が孫に食べ物を食べさせようと自分の食事を分かち与えるのを見て、口減らしのため自分の子どもを穴に埋めてしまおうと鍬をふるったところ、地中より黄金一釜が現われたという逸話です。この孝子伝は当時の人にとっては常識でした。しかし、郭巨もそうですが、貧しくて蚊帳がないので、夏の夜は自分が裸になって蚊を寄せつけ親を守った（呉猛）とか、冬の寒さ厳しき折、母の好む生魚を得るため裸になって氷の上に伏せたところ氷のとけた所から魚が飛び出てきた（王祥）とか、お話だとしても何かわざとらしい嫌味な感じを受ける逸話集です。

この話では表面には出てきていませんが、徳政令とか孝子表彰とか、当時の御政道（歴代の将軍の中でもとりわけ綱吉は儒教的「仁政」に熱心でした）に対する諷刺あるいは批判があるのは明らかです。登場人物はフィクションかもしれませんが、諷刺の笑いは「実の笑い」ともいえます。

なお、第一の話には、武士は道理に命を取る事、第二の話には、武士は善悪の二道を知る事という副題がついています。いずれも奉行が出てきていますが、見事な采配ぶりです。

最後にもう一話、暗君の話を紹介しておきましょう。

巻三第三話、掘《ほれ》どもつきぬ仏石

越後の大名で「智をもとゝして国を治め」られた大守がいましたが、「世の費《ついえ》」を知らなかった。ある時お咄衆の中に、柏崎の町中に自然石の地蔵六体が立っているが、この石は金輪際という大地の最下底から生えているものといわれていますという者があったので、この殿は「しからば掘《ほら》せて見るべし」と命じ、村人を徴発して掘らせたけれども、その根底はわからない。掘り返した土は町を埋め山となって人の往来も絶える有様、仕舞には数万の人足を使って七丈《じょう》（一丈は三メートル）あまり掘り起こし、岩はますます大きくなった。この時奉行の一人が、この石は神代の昔からの霊仏でこれを汚れた手でこれ以上掘れば、大雨が降って海中に泥波が立ち、一国の人種を滅してしまうだろうと予言したところ、誰もが「政道・掟もかまはず、一命にはかへがたしと、刹那のうちに逃去」ってしまいました。そのことを殿に報告し、地鎮祭を行って元通りに埋め戻したということです。「国守にありたきは、永々筋目たゞしきよき家老なり」である。人々の難儀や世の費えを考え、奉行に言い含めてそのように事を納めたというお話です（この後オス猫に三毛はいないことを国中挙げて検証させた事件が続きますが省略します）。

これはいかにもありそうな事件で、バカ殿の一言に振り回される下々の姿を描いています。似たような事件にヒントを得てまとめたのかもしれません。あえていえばノン・フィクションの笑いでしょうか。

この副題は、「武士は愚か成沙汰いふまじき事」です。幸いにして「筋目たゞしきよき家老」がいて、愚挙を止めることができました。

以上三つの話をご紹介しましたが、これらを笑話というのは少し無理があります。しかし、この三話に共通しているのは、生まれた時から乳母日傘で育って何の苦労もしていない人の話だということです。有馬の長者の娘は、それで今一歩で兄の命を救うところまでいきました。一方、徳政を発するのは徳ある治者の役目だと、下々の迷惑を顧みず自分の自己満足のために政治を行う治者、「世の費」を知らず思い付きで家来、領民を酷使する治者、いずれもその世間知らずぶりが密かに諷刺、批判されていることは間違いありません。

わが国には政治批判の諷刺文学の少ないことから、西鶴のこのような眼は貴重なものと考えています。『新可笑記』が「可笑《わらうべし》」としているのは、そのような体制そのものであったでしょう。それを露骨に表すことは憚れますから、「智恵袋がちいさ」いなどと韜晦しているのです。

第十九章 軽口

落語家の三人の祖『露休置土産』

西鶴が矢数俳諧を興行した生國魂神社に、上方落語発祥の地として米澤彦八の碑が建っています。平成二年九月五日、桂小文枝、桂春団治、桂米朝の連名で建碑の代表者が刻まれ、脇に建碑の由来が記されています。

遠く寛永・正保の砌《みぎり》、生國魂神社には太平記読み、芝能、万歳、人形操《あやつ》りなど諸々の藝能者が蝟集し、就中米澤彦八の芝居物真似、軽口咄はよく人の頤《おとがい》を解かしめ、世に彦八咄の称《しょう》を弘むるに至ったと云ふ。享保年中初代彦八没して後も、幸にしてその滑稽諧謔の精神は絶ゆることなく多くの名人上手輩出してよくその衣鉢を伝へ、遂に今日の上方落語の隆盛を将来した云々。

と名文が綴られています。三田純市記とありますが、この人は道頓という俳号を持つ落語の作家、研究者として著名な方だったようです（一九九四年没）。

ここでいう「軽口咄」の「軽口」は今でも軽妙なことをいう時に「軽口を叩く」などと使われますが、当時は口から出まかせのおかしみを表す言葉であり、即妙な洒落や冗談なども広く含む言葉として使われていました。笑話集の題でも、『軽口御前男』『軽口大矢数』『軽口福おかし』などのように笑話の代名詞のような使われ方をしています。

この米澤彦八が活躍した元禄前後の時期は、政治は安定し、経済は成長し、社会は、特に都市は人口が増加し、繁華になるという時代でした。都市でいえば「三都」と称される江戸、大坂、京が、それぞれ政治、経済、文化の中心地として栄えました。そしてこの都市を中心に軽口話で身を立てていく人物が輩出するのです。その代表が、江戸の鹿野武左衛門、大坂の米澤彦八、そして京の露の五郎兵衛です。本章では彼らの軽口話を読みながら、江戸前期の舌耕文藝について考えてみたいと思います。

なお舌耕とは、舌先三寸、弁舌で身を立てるという意味です。同じ不特定多数を前にしていても談義僧と違って対価を得て生計を立てるところに差があります。

なお本章、主として宮尾與男『元禄舌耕文芸の研究』（笠間書院、一九九三）に拠りました。後半に当時の笑話を集めた大変貴重な文献です。

では軽口話とはどんな話なのでしょうか。

初めに生年順で露の五郎兵衛から入りましょう。露の五郎兵衛（一六四三〜一七〇三）は、もともと日蓮宗の談義僧であったようです。お寺での法話が面白いので人気が出て、あちこちへ、京の盛り場である祇園や四条河原など、あるいは出開帳などで人の集まる北野天満宮などの寺社の境内で、不特定多数を相手に笑話（辻咄）をするようになりました。

その口調を写したものとされる記録の一部を以下引用してみましょう。

まづせかい（世界）と申ハ、物あつて一物うご（動）きだうしてより陽を生し、やうしづまりて陰を生ず、此ゐんやう（陰陽）和合いたし、たがいにつ（連）れたちあふ（立会）ときハ、天地万物人ともに、よく生します、あるひハやうがか（勝）ち、いんがたかふ（昂）り、たか（互）いにもみあ（揉み合）ひ、すれあ（擦れ合）ひまするときハ、かならすかやうに、らい（雷）、しんたう（震盪）いたすことそうな、かんなりふしん（雷不審）乃事（『軽口あたことたんき（徒事談義）』）

これは眼で追っていくと疲れます。しかし音読してみて下さい。耳で聴けば現代のわれわれでもある程度は理解できるのではないでしょうか。

これから笑話をご紹介するに当たって最初にこの文章を読んでいただいたのは、笑話は話されるもの聞くものという大前提について心を留めていただきたいと思ったからです。

五郎兵衛は自らあちこちで辻咄を披露する一方、笑話集も刊行しています。『軽口露がはなし』『軽口あたことたんき』『軽口あられ酒』などです。本章では没後にまとめられた『露休置土産』から作品を拾ってみました。なお露休というのは法体となって名乗った号です。

『露休置土産』は、没後四年目の宝永四年（一七〇七）に出版されたもので、虚言《うそ》と軽口とを一荷《いっか》にして、四条河原の夕涼み、又は万日の回向《えこう》、ここかしこの開帳所に場どりし、数万の聴衆に腹筋《はらすじ》をよらす都の名物入道露休、

の残されたメモを見て、まだ世の中に知られていない話を取り集めたものと序にあります。第一の話は、今日でもよく見かける知ったかぶりを笑いのめしているものです。

物を誉めてほめぞこなひ

ある人、わが子に教へけるは、「余所《よそ》へ行ては、何を振舞はふ（御馳走になろう）と、随分ほめて食へ。うかくと食ふな」。息子聞き、「いかにも心得ました」といふ。ある時、振廻《ふるまい》に行ける時、膳を出しければ、「はてさて、これは結構な膳でござります。定めて根来《ねごろ》（紀州根来産の漆器）でござらふ。まづ食《めし》は肥後米か讃岐米か。味噌は四条烏丸（ここに法輪味噌《ほろみそ》屋源左衛門という名店があった）か」と、それぐに名物を言ひたて、ほめければ、亭主おかしく思ひ、「こなた様は、こまかにお気を付けられまする」といへば、かの者、自慢らしき顔をして、食《めし》の湯を一口呑みて、「はあ、これはこのあたりの湯ではござるまい。さだめて有馬の湯と覚えまする」。

有名であればいいという訳ではありません。

第二の話は、イソップの「すっぱいぶどう」を思い起こさせます。

猪《い》のししの蘇生《よみがえり》

ある狩人、猪のししを見付け、打取らんと思ひ、あわてて玉を忘れ、空鉄砲をはなしける。うろたへたる猪《しし》にて、おどろきて死しけり（死んだようになった）。かかる所へ、猪買《ししかい》来りければ、さいわいと思ひ、売りけるが、買手、「何と、この猪には鉄砲のあともなし。いつ死んだも知れぬ。古うはないか」といへば、狩人、「たつた今、打ちました」「いや、古そうな」とて、引かへし見れば、かの猪、むく〳〵と起きあがり、山をさして逃げける。狩人、指ざしして、「あのあたらしきを御覧ぜ」。

こういった他愛もない罪のない話が多く掲載されています。

ここで今回の紹介に当たって留意した点をいくつか記しておきます。

まず紙数の関係もあり、短い話を優先します。また、往時と今とでは社会、風俗、人々の意識も随分変わっていますから、現代の読者にわかり難いもの、強い反撥を引き起こすようなものは避けます。そして三番目に度を越して下品なものも採用しないこととしました。もとよりこれらは筆者の物差しですから、その物差しが合わず不快を感じるような場合は御容赦下さい。

次に鹿野武左衛門（一六四八〜九九）です。大名や富商の邸宅などで開かれた座敷咄を得意とした舌耕者です。武左衛門は大坂難波の生まれでもともと塗師《ぬし》の商いをしていたとされます。藝風は「仕方咄」の元祖といわれるように、大袈裟な身ぶり・手ぶりを交え、扇子などの小道具も使って笑いを取っていたようです。

武左衛門について必ず引用されるのが、元禄七年（一六九四）に起こった筆禍事件です。事件の発端は前年四月、『病除の方書』という小冊子が出され、そこにある馬が口をきいて「今流行しているソロリコロリ（コレラ）から逃れるためには南天の実と梅干を煎じて飲むといい」と託宣があったと記されていたため、南天と梅干の値段が二十倍に高騰したのです。今回のコロナ禍でも眉唾物の「民間療法」があちこちで説かれているようですから、三百年前の日本人を笑うことはできません。そこで町奉行所は、馬がものいうなどと触れまわるのは「不届」至極であるとしてその首謀者を探索し、浪人筑紫園右衛門と八百屋総右衛門が検挙され、園右衛門は死罪、総右衛門は流刑となる事件がありました。

その取調べに当たって二人は、その着想を武左衛門が八年前（貞享三年）に出した『鹿の巻筆』にある「堺町馬のかほみせ（顔見世）」から得たと供述したところから、武左衛門も同罪とされ、伊豆大島に流罪、書物は発禁・絶版となりました。「堺町馬のかほみせ」の筋は役者になりたての男がやっともらった役が馬の後足の役、それでもその馬が舞台に出てくると仲間から「馬様馬様」という褒め言葉が鳴り止まず、調子に乗って後足の男が脚本にもないのに「いいんいいん」と叫んで舞台中を跳ね回ったというものです。武左衛門にとってはとんだとばっちりというか、奉行所も酷いことをするものです。

こんなことで奉行所が血眼になって犯人探しをするのは、当時の五代将軍綱吉が犬に劣らず馬に対しても特別の思い入れをもって、「生類憐みの令」を数々発出していたからです。何時の時代でも官僚機構の中には、上御一人の思いを忖度して過剰反応する人間が出てくるのです。

次の話は、そんな奉行ばかりではないという例です。

馬場の見立て

湯島広小路の馬乗り馬場の土手、四通りできける。奉行衆検見に御出なされ、「この馬場の名をば、いかが付け申すべし」と御相談なされ候所に、町人ども出て申すやうは、「大方、このあたりの町人ども、付け置き候」といふ。「それは一段。何と付け候や」「まづ初手の土手に桜を植え候ゆへ、桜の馬場と付け候」といふ。「さて、その次は、お松を植えましたゆへ、お松が馬場と付け申し候。その次は柳を植えましたにより、柳の馬場と付け候」といふ。「さて、その次は」とあれば、「いまだに木も何も植えませぬゆへ、名も付け候はぬ」といふ。（中略）年頃の者罷《まか》り出、「これも大方、思案いたしました」といふ。「まづこの馬場、以前は町屋敷なりしを、お取上げなされましたゆへ、取上げばばと付け候」といふ。「これはきつくおもしろし。しからば、此所には、こ梅を植えよ」と仰せられし。

「取上げ（収用）馬場」と「取揚げ婆」の洒落、対するに「こ梅」と「子産め」の洒落、中々粋な奉行もいたものです。

次は、

やつこ（奴）は思はぬしやしん（捨身）

本所回向院三十三年忌のとぶらひ回向あり。老若男女袖をつらね参詣する中に、いづくよりか参りけん、やつこ一人、鍾馗《しょうき》（魔除けの神様）・樊噲《はんかい》（漢の高祖の功臣）もそこのけといふほどの男、物干竿ほどの脇差をさし、老若と打ちまじり、念仏申しいたり。このやつこ、何とかしたりけん、下帯のさがり解けけるが、それをも知らで、ただ一向に念仏申しける。人々押合ひける中に、六十ばかりの婆、かの下帯のさがりを見付けて、「さて〳〵貴や。こなたに善の綱が解けてある」とて取付きければ、二三十人も取付き、念仏拍子にて引きけるにより、やつこ、物も得いわず、目を白くして、念仏も打忘れ、「ああいたな〳〵」といひけり。

「下帯のさがり」とは褌の前に垂らす布です。これを後ろから大勢で引っ張られては、いかに大男とて前のめりになって本堂の框におでこをしたたかに打ったかもしれません。想像するだに滑稽な姿です。

この作品はそれこそ「仕方咄」で武左衛門は大袈裟に身体を動かして演じたと思われます。

以上は武左衛門を中心とする「仕方咄」同好会がまとめたとされる『か(鹿)の子(門人)ばなし』から採用しました。

最後に米澤彦八(?〜一七一四)です。

彦八は、生年不明ですが没年月日ははっきりしています。それは「元禄御畳奉行」として知られる朝日重章の『鸚鵡籠中記』の正徳四年六月三日の条に「去此《こし》より大坂より米澤彦八来て、当流のおとし咄し、今日俄に死す」とあるからです。

彦八の得意とした芝居物真似について、当時の小屋がけ興行の様子が『御入部伽羅女』という書物に挿絵として残されています。これを見ると、彦八は編笠を手にし、後に烏帽子、大黒頭巾、湯呑み茶碗などが描かれています。侍、大名、商人など、登場人物によってこれらを使い分けていたのでしょう。こういった物真似藝と軽口話を織り交ぜて人気を博し、彦八は大道藝人の演じる軽口話の異称ともなるほどであったそうです。

以下は彦八が自ら編したとされる『軽口御前男』の笑話です。

久米の仙

色めきたる女、賀茂河へ行きて、洗濯しける折ふし、風はげしく、裾ひるがへり、脛《はぎ》の白きを我れと見て、かの女房、心に思ふやう、「昔、久米の仙人、このやうな脛を見て、通(神通力)を失ひ、下界へくだり給ふと聞く。今の世にも仙人ありて、落ち給ふまいものでない」と思ふ一念、天に通じけん、雲間に仙人、まみへ給ふが、間近くさがると思へば、「脛にたをされた。べかかう」といひて上りける。

仙人は女なら誰でも脛を見て神通力を失うというものではないようです。最後は「脛にだまされた。あかんべい」の意。近くまで寄って確認するというところが彦八の独創でしょうか。

次も同じく賀茂川が出てきます。

川越の頓作

ある比丘尼、賀茂川に行きかかり、水たかければ、川越《かわごし》（人足）をやとひ、鳥目五銭の約束にて越しけるが、まんなかの深みにて、「さらば、降りたまへ」といふ。比丘尼、「なぜに」といへば、「まずここまでが五文、向ひまでは拾文、あとへ戻りますれば二拾文」といふ。比丘尼聞て、「悉皆《しっかい》それは、川中で尼剝ぐやうな事じや」といはれた。

とんだ雲助です。「川中で尼剝ぐ」というのは、抵抗力のない者に酷い事をする時の譬えとして使われていた言葉だそうです。彦八はその言葉から想を得て、このような話を考えたのでしょう。

三人から二つずつ笑話を紹介しましたが、いかがだったでしょうか。江戸時代全体で千を超えるという厖大な笑話集の一端の一端のようなものです。ご興味を持たれた読者は、岩波文庫の近世笑話集三部作、『元禄期軽口本集』『安永期小咄本集』『化政期落語本集』（武藤禎夫校注、一九八七）が出ていますので、繙いてみられるとよいと思います。

最後に、この露休、武左衛門、彦八が活躍した時代は元禄から正徳にかけてで、次第に江戸が経済、文化でも大きな中心となりつつある時代でした。芭蕉が伊賀から江戸へ、三井高利が伊勢松坂から江戸へと向かったように、武左衛門も大坂難波から江戸へ向かったのです。そして、この三都構造はそれぞれの重みは次第に変わっていきますが、幕末まで続きました。加えて今日でも、上方落語はそれとして一つの世界を維持できているのは、関西弁という言葉を大切にしていることが大きいと思います。関西弁は標準語に比べて、発音それ自体が母音と長音が多くて、のんびりとした味わいに富む上に、言葉の多義的な用法、曖昧を曖昧として生かす用法などが発達していて、人を笑わせるのにうってつけの言葉なのです。方言は江戸時代のこのような分権社会の遺産でもあります。方言が限りなく廃れてきた今、この江戸以来の遺産を大切にしてもらいたいと考えています。

第二十章 気質

「気質《かたぎ》」と「気質《きしつ》」
『世間子息気質』

「かたぎ」という言葉があります。一つは「気質」と書いてそう読ませる例で、職人気質などある特定の職業や身分に生まれる特有の気風を意味します。もう一つは「堅気」と書いて、ヤクザや博奕打ちなどに対して堅い職業に就いていることを意味します。

江戸中期、ポスト西鶴の浮世草子界第一の流行作家であった江島其磧（一六六六〜一七三五）が『世間子息気質《むすこかたぎ》』（正徳五年、一七一五）、『世間娘容気《むすめかたぎ》』（享保二年、一七一七）を刊行し、江湖の好評を得て以降、長い期間にわたって気質物と称される追随作が数多く生まれました。

其磧は京都誓願寺通柳馬場角の大仏餅屋の御曹子ですが、商売そっちのけで浮世草子の執筆にのめり込み、諸国遊郭を探訪するなど取材にもお金を惜しまず、多彩な作家活動を展開しますが、仕舞には家業も人手に渡すことになるなど経営者としては失敗者でした。その作品は七十余に上り、分野も遊里物、時代物、町人物、気質物と多岐にわたります。このうち遊里物については拙著『藝術経営のすゝめ』（中央公論新社、二〇一八）で御紹介しました。

今回は「気質」について考えてみましょう。其碩の「気質物」、どんな話なのか『子息』と『娘』から適宜要約して一つずつ紹介してみます。

『子息』の方は巻之一の第三話。「取付世帯は表向を張てゐる太鼓形気《たいこかたぎ》」。

主人公は両替屋の総領息子の万助。万事贅沢《ぜいたく》に育ち、家業を学ぼうともせず、日夜遊興に明け暮れています。今日は祇園の色茶屋へ太鼓持を引き連れての遊興、そこへ呼びもしないのに旧知の伝七という太鼓持がやってきて、このほど西川端に店を持ったので帰りに寄って下さいというので、万助は鷹揚に太鼓、女達を引き連れて伝七の茶屋に行ってみると、座敷に入るなり椀や折敷《おしき》などが見苦しい、代金は払うので全部取り換えてくれと亭主（伝七）に命じます。これから始まって、赤絵の皿十枚、燗鍋や箱枕、まな板、杉箸、煙草盆、女達の櫛箱やお歯黒道具など一切合切、手当り次第に川に投げ込み、亭主は後で請求するため逐一、数倍の値段をつけて記録します。最後に取巻きの太鼓が亭主の巾着まで流せと要求すると、亭主は中には質札が入っている、「なんじらが世話やかいでさへ、流れそうで気味がわるい」と答えて一同大笑いになると、ここまでが前段です。「川流れ」と「質流れ」が洒落になっていて、落語でいえばオチの部分です。

なおこの川流しの遊びが始まると、亭主は川下に下男をゆかせ、流れてくるものは箸一本残らず回収しろと命じたので、万助から頂戴した道具代は濡れ手に粟の丸儲けになりました。

後段は万助が一芝居うって吝い親父から千両をせしめるという話です。まず腰元を買収して死装束を用意させ、自身は出される食事に一切手をつけず（実は二階に握り飯を用意させてこっそりと食べる）、何か思案顔にして、時々生アクビをするなどの演技をします。心配した母親が腰元に息子の好きな物を作って食べさせなさいなどと命じても、万助は食事も喉を通らない有様、母親が更に腰元を問い詰めると、万助の部屋の挟《はさみ》箱《ばこ》の中から死装束一式の入った箱が見つかったものですから、母親はこれは心中の用意だとびっくりして親父にその事を告げる。親父は「せがれが好いた女房なら、いやしいもののむすめであろうが命にはかへられぬ」として、今すぐ迎えて嫁をとらせるようにいいます。そこで万助は花崎大夫を身請けして添いたいと願いを申し上げ、身請けの金千両をまんまと親父からせしめたというお話です。

『娘』の方は二之巻第三話を取り上げてみましょう。「哀なる浄瑠璃に節《ふし》のなひ材木屋の娘」。

主人公は大坂長堀の材木商の娘です。美人の上に上品な着こなしが評判で、誰もが一目見れば魂を奪われるような女です。ところがこの娘、小さい時から「哀れなる事」が好きで、浄瑠璃の愁嘆場などを一人で語っては涙をこぼす。涙をふくちり紙も一日に二百枚ほど必要で、母親から目が腫《は》れてよくないと注意されるほど。でも半日でも涙をこぼさないと食欲もわかず、目眩《めまい》もおきて気分もすぐれません。そのうち浄瑠璃のようなものは所詮拵え事だ、悲しみの極は人間の死にありと観じて、門前を葬礼が通る度に駕籠舁《か》きを呼び、それに打ち乗って行列の跡をついていくとか、飛田や千日の火葬場に行って遺族の悲しみを見ては自分も涙で袖を濡らすとか、さらには大坂中の忌中の家を探させ、葬礼の日時を聞き出してはその檀那寺に先回りして葬礼の来るのを待っているとか、そのことが「心のたのしみ、月花芝居にはかへぬ程の悦び」となっていきます。

娘の様子に両親も心配し、結婚させて男を持たせたならば、こんな性癖も治るかもしれないと、高麗橋の紙屋へ嫁がせることとなります。さて嫁入りして紙屋の奥座敷に、御祝儀の尉《じょう》と姥《うば》の人形（老夫婦が熊手と箒を手にしている、『謡曲』高砂に登場する）の載った島台を見て、娘は「此の年まで手助《てだすけ》の子がないかして、自身木の葉かきかたげて、松の木下《このもと》を掃除せらるゝ年寄夫婦の心入がさぞあぢきなからふと、思ひやられてかなしふござる」とさめざめと泣き出すのでした。

異見をしてもこの癖は直らないので、聟は一計を案じ、とにかく人の心を楽しくするのは酒にしかじと、周りの者に言い含め、嫁にはおもしろおかしく酒を勧め、泣きそうになったら、周りで大笑いして、悲しい事をおかしい事に変える治療を続けたところ、嫁は次第に酒量が上がり、それとともに生来の泣き上戸が笑い上戸になっていきました。

これには聟も聟の両親も、里の両親も大喜び、嫁の愛嬌こぼれんばかりの笑顔は「御家繁盛の瑞相」と、出入の者まで等しく悦びあったのです。

ところがある時、里の手代が急ぎ走って来て、母親が急に具合が悪くなり、今にも死にそうな様子なのですぐ帰ってきてほしいと告げたところ、娘が今母様《かかさま》が亡くなられれば父様《ととさま》はさぞ悲しまれるであろう、そう思うとおかしくてたまらないなどといってゲラゲラ笑い出します。手代はあまりのことに取り乱されているようだ、どうか心をお静め下さいと笑いを止めさせようとしますが、ここで聟が顔を出し、「妻は気が狂っているのではない。うれいの持病の療治がきいて、あのわらいは養生のしすぎだ。早く連れ帰って母親に暇乞いをさせてやれ。しかし、こちらの母者人の死に際には、あっぱれ見事に泣かせて見せよう」と変なことを自慢するのでしたというお話です。

このようなドタバタ劇が、『子息』の場合は全五巻十五話、『娘』の場合は全六巻十六話にわたって繰り広げられています。引用した二例はいわば「ハッピーエンド」に終わっていますが、中には遊興に身を持ち崩して本物の悪党になってしまった息子、芝居見物に入りびたり贔屓の役者に入れ上げた挙句、親からも見離されて私娼にまで落ちても、酒宴でその役者と同席することを喜ぶ娘なども描かれています。

はじめに「気質」とは、ある特定の職業や身分に生まれる特有の気風であると定義しましたが、其磧の「息子」も「娘」も、職人気質のように共通した気風を醸し出している訳ではありません。逆に其磧に取上げられる人々は、ある嗜好や性癖に特定の偏りがあり、それが極端となって常識外れの行動を生み、周囲に摩擦を生じさせる点において共通性があるといえるでしょう。現代流にいえば、彼らは強い個性を持った人間で、その個性を思う存分発揮した人々であるともいえます。

ここで思い起こされるのが、其磧の同時代人、まさに同い年、荻生徂徠（一六六六～一七二八）の「気質不変化説」です。ここで「気質」は「かたぎ」ではなく「きしつ」と読みます。この説は徂徠の政治哲学の根底にあるもので、後世にも大きな影響を及ぼしました。その骨子をわかり易く説いている『徂徠先生答問書』に即して見ていくことにしましょう。『答問書』は出羽庄内藩の重臣、水野元朗及び匹田進修に宛てた手紙という形式で、自らの政治哲学とそれを踏まえた制度構想を、為政者にわかり易く説いたものとして、評価の高いものです。「気質」については、米と豆の譬えで有名なくだりがあります。まず、

気質は天より稟得《うけえ》。父母よりうみ付候事に候。気質を変化すると申候事は。宋儒の妄説にてならぬ事を人に責《せめ》候無理之至に候。気質は何としても変化はならぬ物にて候。

人の気質というものは、天から与えられ、父母より産みつけてもらったもので、その気質は個人の修養によって変化させるなどということは宋儒（宋代の儒学者）の妄説であり、出来もしないことを人に押しつける無理の至りであるといっています。

徂徠のいうように、この世の人々はそれぞれ姿かたちが異なり、才能や適性なども様々です。それを朱熹

などのいわゆる朱子学者は修身斉家治国平天下の基礎は身を修めることにあり、そのために儒教でいう様々な倫理道徳を拳拳服膺して身を律し、理想の君子にならなくてはならないとするが、それは出来もしないことを強制することだから、出来るはずもなくかえって有害であるとするのです。

この次が有名な米と豆の譬えです。

> 米はいつ迄も米。豆はいつまでも豆にて候。只気質を養ひ候て。其生れ得たる通りを成就いたし候が学問にて候。たとへば米にても豆にても。その天性のまゝに実いりよく候様にこやしを致したて候ごとくに候。

人は、それぞれが生まれ持った気質を養い育てていくことが大切で、そのようにもっていくのが学問というものだ。それぞれの気質のままによく実が稔るように肥料を施すようにしなくてはならないというのです。これもよくわかります。わかるだけでなく人は自ずと自らと照らし合わせて、その通りだなと納得するのです。

しかし実はここには徂徠の巧妙な視点ずらしのレトリックがあります。宋儒が説いているのは為政者としてのあり方であって、一般庶民が四書五経なんかを読んで、修身に努めよなどと説いている訳ではありません。それを徂徠はここで文脈的には人一般と読みかえているのです。

徂徠が読みかえたわけは、宋儒そのものというよりは、そのエピゴーネンであり、原理主義者である山崎闇斎門（崎門と称されます）で説かれる厳格主義《リゴリズム》に対する反撥の方が強かったためと思われます。彼らは宋儒の考えを周く一般に適用しようという考え方だったのです。徂徠の学派を古文辞学といいますが、徂徠の学問の出発点は、この崎門の学、そして彼らが説く宋儒の説をいかに克服するかにありました。

宋儒の、特に朱子の完璧な体系を解体させる糸口は実は思いも寄らぬところにありました。それは宋儒が、ある言葉を孔孟の時代に持っていた意味ではなく現代（宋代）の言葉の意味によって解釈し、それに基づいて理論を構成しているのではないかという指摘です。言葉は時代によって変わっていくのです。「今言は古言に非ず。今文は古文に非ず」（『弁名』）、「世は言を載せて遷《うつ》り、言は道を載せて以て遷る」（『学則』）などの至言が残っています。

この手法を日本古代史に応用したのが本居宣長です。宣長は戦前神がかった神国思想の親玉として称揚されましたが、実は緻密な考証と事例の博捜を積み重ねて『古事記伝』を著しています。

また徂徠のいわば実学思想（「教ふるに物を以てする者は、必ず事を事とすることあり」）は、特に医学や窮理の学（天文・物理など）あるいは兵学に至るまで、大きな影響を与えることになりました。

徂徠の「気質」論に戻りますと、徂徠学ではそれぞれの人間が異なる「気質」を持ち、それぞれが自らの持つ「気質」を最大限伸ばしていくことが、当人のためでもあり、世の中全体のためにも良いことだとします。そして天は何か規範のようなものを押しつけるのではなく、このような無限の多様性を認め、多様性が共存していけるほど天は大きいものだとの考え方に立つ訳です。

以上、笑いの観点に立つと、まず其磧の「気質《かたぎ》」物における、類型的でなく極めて個性的な登場人物達こそが、徂徠のいう「気質《きしつ》」を持った人物です。ドタバタ劇を引き起こして周囲をやきもきさせますが、こういう人物も、天は寛大に許容するのです。

また笑いは、徂徠の実学精神から生まれてきます。リアリティーを見る人からは、ある固定観念や独善的な思想に取り憑かれている人々が滑稽に見えて不思議はありません。

徂徠学の浸透とともに、後に見るように十八世紀後半の日本は笑いの花が咲き乱れたといってよいと思います。

三番目に、徂徠自身に笑いについて論じた書物は断片的なものも含め、残されていません。ただ先程の「気質」論でも、その寛大な思想は明らかですし、また例えば聖人の道は「和風甘雨」の如しと、和やかな風や恵みの雨のようなスタイルの生き方を理想としていましたから、崎門のように笑いを否定するどころか、徂徠門では笑いが日常的に起こっていたと思われます。特に「会読」という一種のセミナーが推奨され、「師友」といって、これに参加する者はお互いに師であり友であるという、今から考えても非常に開明的な教育法が笑いを含んだ自由な学風を生んだことを付言しておきます。

最後に徂徠学の浸透は、特に中国趣味、「唐話」ブームを引き起こしました。何でもそうですが、ブームとなると必ず追従者、エピゴーネンが簇生してきます。

このような中国趣味を揶揄する笑話が残っています。（『楽牽頭《がくたいこ》』明和九年刊）

儒者、品川へ引移《わたまし》（引っ越した）、弟子ども、家見の祝義に行き、「先生は繁花（華）の日本橋をお見捨てなされ、何の能《よ》き思召《おぼしめし》御座候哉《や》」。儒者、まじめな顔にて、「唐《から》へ二里近い」。

徂徠は一時期日本橋に程近い茅場町に住んでいました。

第二十一章

遊里

誰もが知りたい「手練手管」

『難波鉦』

遊里・遊郭というものは、今日ではわれわれには遥か遠い昔のものとなってしまっていますから、それがかつて日本の社会で果たしてきた役割や、そこでの人々の社交のあり方、文化・藝能に及ぼした影響などについて、そのリアルな姿に基づいた議論ができなくなってしまっています。そのありし日のリアルな姿を最も印象深くわれわれに伝えるのは、北齋の三女応為お栄の描いた『吉原格子先之図』ではないかと思います。

夜の光景です。「い津ミ屋、千客万来」と記された妓楼の店先には、左側に四人の男達が格子越しに表の座敷に並ぶ遊女達を品定めしています。女達は全部で十四、五人くらい、格子越しの姿しか見えませんし、後姿の影だけが描かれているものもいます。右側には揚屋から戻ったのでしょうか、花魁《おいらん》が禿《かむろ》と男衆《おとこしゅ》、新造《しんぞ》

葛飾応為『吉原格子先之図』太田記念美術館蔵

を従えて玄関を入るところが描かれています。男衆の提灯に「應」、正面の禿の提灯に「為」、その左隣の男の提灯に「栄」と、隠し落款が記されています。

　格子越しですが、遊女達は様々なアクセサリー（櫛《くし》・簪《かんざし》・笄《こうがい》）を針山のように髪に突き挿し、鮮やかな衣裳を身にまとって、入念な化粧に妍を競う姿が描かれています。手前の男達の黒々とした背中とは対照的です。地面には格子の影が斜めに延びています。まさに光と影の世界ですが、誰もが知るように、ここで一番光の当たっている遊女達は、実は自身暗い影を負って生きているのです。

　今回笑いと日本人という観点から遊里の存在を考える際、二つの書物を取上げてみました。一つは『難波鉦《どら》』、もう一つは『吉原徒然草』です。

　前者、『難波鉦』は、大坂の新町遊郭が舞台です。難波のドラ息子がそこで遊女達から遊びの指南を受ける様を克明に記しています。作者は酉水庵無底居士、即ち酒（酉＋水）は底無しという人を食った号の人物、延宝八年（一六八〇）に上梓されています。

全百章、廓の手練手管の手法毎に登場遊女を変えて、さながら遊女評判記の姿も持っているという作品です。まず第一章は、「初冠《ういかぶり》」というタイトルで、難波の商家のドラ息子がお大尽（大臣）となって新町の廓に登楼し、高橋という太夫に遊びの手ほどきを受けるというところから始まります。

まずドラ息子が女にとって「いかやうながおとこはよい物ぞ」と単刀直入に切り出すと、太夫の答えは次のようなものでした。

此くるわへ初めてござる殿達《とのたち》は、女郎になぶられ（馬鹿にされ）まいぞ、ふられまい、手管をさせまひ、などいふて、敵《かたき》の中へはいるやうにおもわしやるさうな。それで大かたは頭から悪ざれ（相手を困らせるような言葉）をいひ、女郎にいやがらし（嫌がらせ）よ、酒をのませて酔わさうなどとて、むりに水《すい》だて（粋人ぶること）をさしやんす。つまらぬ事でござんす。

初心者はどうしても固くなって構えるので、遊女に意地の悪いことをいったり、嫌がらせのようなことをしたり、酒を無理に飲まそうとしたり、粋人ぶったりするが、いずれも「つまらぬ事」と一蹴されてしまいます。太夫は続けて、

まづ思ふてもみさしやんせ。女郎は勤めの身で、曳手《ひくて》あまたの大幣《おおぬさ》（身）でござらぬか。町の女子（素人）衆のやうに、男ばかり一人間夫《まぶ》りて（大切にして）いる身ではござらぬ。こなたの気に入、あなたの気に背かぬやうに、せねばならぬ身を、殿達の女郎を廻しやるやうに、女郎にも、殿達ひとりに、良ひやうにせよとはむりで御ざんす。

太夫は中々諭し上手です。毎日複数の男と会い、それぞれに気に入るような応対をしてこそ遊女として生きていけるのです。従って十回も二十回も通えば馴染《なじみ》となって、次第に「馴染ほどいとおしき男もなく、可愛ゆきもござんせぬ」となるもので、次第に情が移るものだといいます。

また「粋《すい》と不粋《ぶすい》と、阿房賢《あほうかしこ》い、田舎衆京衆、さぶらひ（侍）衆、商人」とそれぞれの特色があるものだとし、いちばんいやらしいのは、野暮なくせに粋人ぶったり、阿呆なのに賢こぶったりすることだといいます。この辺りは遊里に限らずどの人間社会でも同じでしょう。そして初めから飾らずにありのままに接してくれる男は、いつともなしに悪口をいわれてもうれしく思ったり、あるいは憎く思ったりもするが、それがまた慰みにもなり、張り合いにもなります。それに対して、すべて遊女は偽りをいう客をだますものだと決めつけているような男もいるが、そんなら遊里に来なければよいのです。わかってほしいのは、「女郎のかたから、殿達《とのたち》を選ぶ事はならぬ事でござんす。惚《ほれ》た殿達も有、むつとする男も、いかにも御ざんすれど、勤めの身なれば是非におよびませぬ」といいます。

第一章ですからイロハのイについて太夫が懇切丁寧に解説してくれている訳です。

以下、どのような男がふられるのか、お金やプレゼントをどう贈るか、手紙のやり取りの仕方、物日（遊女が必ず客を呼ばなくてはならない定例日、馴染になるとこれにどれだけ真剣に協力するかが遊女の評価につながった）の対応の仕方、遊女の周囲の者への祝儀の出し方、水《すい》（粋、通）と月《がち》（野暮）について、水と呼ばれるために必要な心得など、誰もが知りたい実践的な教えが様々に説かれています。

このような遊里における作法や習慣、遊女との間の駆け引きや手練手管を総称して「諸分《しょわけ》」と称していました。

また遊女の方でも、その手練手管について例えば、男に対して気があるように思わせる手管、男をいっぺんで夢中にさせる手管、金持は金持なりに、そうでない者はそれ相応に長く登楼させる手管、複数の男を手玉に取って張り合わせ、自らは傷の付くことのない手管、それとなくお金の無心を要求する手管、欠落ちとか心中とかを迫られた時に逆上させずに思い止まらせる手管、喧嘩をして別れた男との後ぐされのない清算の手管など、様々な遊女の智恵が惜し気もなく披露されています。

具体的にいくつか引用してみましょう。第一に、金持とそうでない男にどう応対するか（位取）。まずそうでない方は、かえって丁重に扱い、悪ふざけや調子のいいお世辞などは言わないようにし、食事やお酒の時も無作法な振舞いをしないようにするといいます。

これに対して、

大身のよろしき人と見付ますれば、わざと自堕落に、物ごとに慇懃《いんぎん》にもせず、悪口、穢《むさ》き（下品な）こと、おかしい事、又は其男をなぶり（からかい）、なるほど心安くいたします。

それは「大身のよろしき」人にそうでない男のあしらいをすれば、「女郎は子細らしき（妙に堅苦しい）。大へい臭い。面白ふない」と思って次からは呼ばれません。一方そうでない男に「大身のよろしき」あしらいをすれば、俺のことを「侮《あな》ど」っていやがるなどと思って悪口をいうものです。大事なのは、そこを目定める「目利」なのですとしています。

この「目利力」は、今日においても、人間関係やビジネスにも必須の力です。

また「会話力」も遊女に求められる能力です。遊里の隠語として次のような言葉を説明しています（言の葉草）。

「前句」客の言わぬ先に遊女の方から先制する
「付合」客の心へ挨拶を返す
「関言葉」客の言いそうな言葉を先に言って言わせない
「切言葉」繰り返して同じ事を言わない
「手には」よく辻褄を合わせて後先矛盾のないように言う
「土砂ことば」相手の気持ちに沿って気分よくさせる殺し文句、「濡らしことば」ともいう
「掛金《かきがね》ことば」事をまとめておくいい方
「当りのことば」恨み事などをあてこする
「ほぐれ言葉」言質をとられぬようにする

この辺り、今日の銀座や新地のクラブでも日常的に活用されているのではないでしょうか。逆にいえば、当時の遊里が、いかに会話を楽しむ場であったかを示しています。

次に『吉原徒然草』を見ていきましょう。これは江戸吉原のあり様を、『徒然草』の文体を借りて記したものです。作者は、吉原江戸町一丁目の妓楼結城屋の主人で、俳号を来示という人です。来示は芭蕉の高弟其角の門人で、其角の吉原通いにも足繁く参加していたようです。本作品が綴られたのは元禄から宝永年間と考えられています。いかに妓楼の主人がする事がないといっても、『徒然草』全段のパロディを作るには、相当の時間がかかったのではないかと思われます。

実は『徒然草』が一般の人々にもよく読まれるようになったのは、江戸初期に、いわば「徒然草ブーム」とでも言うべき出版ラッシュがあったためです。そしてこの頃（元禄、宝永の頃）には、いわば国民の一般常識化していたのです。

本書は『徒然草』のパロディ本ですが、その徹底したパロディぶりは、類書を見ない、いわば冠絶したものといえます。

どのくらい忠実に、馬鹿正直に原文をなぞっているか、例を挙げてみましょう。まず有名な仁和寺の法師と高名の木のぼりの話です（上段が『吉原徒然草』、下段が原『徒然草』です）。

赤坂に有（ある）おやぢ、年寄《としよる》まで吉原を見ざりければ、心うく覚て、ある時思ひ立て、
朝とくひとり　歩行《かち》にていにけり。
朝にて有《あり》しまま、まださん茶の見《み》せも出ず、道中もなし。西がし、さかい町などを見めぐりて、
かばかりと心得て帰りにけり。
扨《さて》、かたへの人に逢《あい》て、「年ごろおもひつる事、果し侍りぬ。聞きしに過て淋《さび》しくこそおはしけれ。そも、はっち坊主の多く欠込《かけこみ》しは何事か有けん」とぞ言《いい》ける。

仁和寺にある法師、年寄るまで石清水を拝まざりければ、心うく覚えて、ある時思ひ立ちて、ただひとり、徒歩《かち》より詣でけり。
極楽寺・高良などを拝みて、
かばかりと心得て帰りにけり。
さて、かたへの人にあひて、「年比思ひつること、果たし侍りぬ。聞きしにも過ぎて尊《とうと》くこそおはしけれ。そも、参りたる人ごとに山へ登りしは、何事かありけん、ゆかしかりしかど、神へ参るこそ

すこしのことにも、案内者はあらまほしき事にこそ。

本意なれと思ひて、山までは見ず」とぞ言ひける。
少しのことにも、先達はあらまほしきことなり。

これは流石に若干の注釈が必要でしょう。まず「さん茶」とは散茶女郎のことで、吉原の遊女のクラスの一つ、大夫のように揚屋で客を迎えるのではなく抱えの家の二階で営業していたそうです。「道中」はいうまでもなく「花魁《おいらん》道中」。「西がし」とは、吉原を囲っていた総堀のうち西堀に面した通りで、最下級の局女郎、「さかい町」も同じく局女郎を集めていた界隈、いずれも朝早いので眠ったようになっているのです。最後に「はつち坊主」（鉢坊主）は僧体の乞食のことだそうです。何か炊き出しでもしていたのかもしれません。

いずれにしても、不夜城を謳われた吉原らしからぬ姿ばかり見ている訳です。

次は「高名の木のぼり」の話です。

高崎の旅人、念頃《ねんごろ》なる人にいけんしける。前、揚《あげ》やへ行て大夫《たいふ》に逢《あい》ける時は、いふこともなくて、今さんちやへ逢けるに、「いき過《すぎ》すなと心して逢《あえ》よ」と異見し侍りしを、「以前金つかふ時はさもなく、今かばかり物もいらぬにかくいふぞ」と申侍りしかば、「其事に候。物むつかしき大夫に逢時は、おのれが恐れ侍れば申さず。し過しはやす

高名《こうみょう》の木登りといひし男《おのこ》、人を掟《おき》てて、高き木に登《のぼ》せて、梢を切らせしに、いと危く見えしほどは言ふ事もなくて、降るゝ時に、軒長《のきたけ》ばかりに成りて、「あやまちすな。心して降りよ」と言葉をかけ侍りしを、「かばかりになりては、飛び降るとも降りなん。如何《いか》にかく言ふぞ」と申し侍《はべ》りしかば、「その事に候ふ。目くるめき、枝危きほどは、己れが

き所になりて必ず仕つる事に候」といふ。あやしき田舎人なれども、すい（粋）のいましめに叶《かなえ》り。

恐れ侍れば申さず。あやまちは、安き所に成りて、必ず仕る事に候ふ」と言ふ。あやしき下臈《げろう》なれども、聖人の戒《いまし》めにかなへり。

これも若干コメントしますと、まず第一に何故高崎なのか、特に意味はなく高名と並べたのでしょう。高田でも高山でも構わない訳です。ここで見事に「目くるめき、枝危き」が「物むつかしき大夫」に、「安き所」が揚代も「やすき」散茶女郎に対応しています。

少し読み難かったかもしれませんが、丁寧に愚直に本文をなぞっているのがわかると思います。このようなパロディを上巻百三十七段、下巻百十五段すべてに制作しているのです。妓楼の主人がいかに暇か、しかしいかに教養溢れる人物であったかが窺い知れます。

いうまでもなく、遊里は性を金で買う悪所です。悪所ですが、それだけではなかったことにも目を向けなければ、当時の人々の思いを理解することも、そこに生まれた美意識や流行、文藝も理解できないでしょう。良く言えば、紳士の社交場、男を磨く道場でもあったということです。

『難波鉦』の文末に、漢文で『論語』（雍也篇）の「君子博く文を学びて、これを約するに礼を以てす」（教養を積んで礼儀で自らを律する）を引用しているのは、当時の人々がそのような場として考えていたということです。

そして本書によってこのような「諸分」を身につければ、遊里での遊びは「以て感ずべく、以て笑うべく、以て興すべ」きものとなって、一流の紳士が出来上がるのですと、自画自賛しています。

なお、今日僅かに残る花街・花柳界は、かつての遊郭のような「悪所」ではなく、この社交場、道場としての役割には大きなものがあり、大切に守られていくべき日本の文化の一つと考えています。（拙著『藝術経営のすゝめ』中央公論新社、二〇一八参照）

第二十二章 非常

中国笑話の流行

『刪笑府』

本書では我が国における笑いの起源を『古事記』にある「天岩屋戸」の神話において、アメノウズメノミコトが「胸乳を掛き出し、裳の緒をほとに忍し垂」れたダンスショーに求めました。例えば第六章で見た『梁塵秘抄』でも、神楽の始まりをそこに置いています。しかし、正確にいえば多くの文献はこれを藝能の始まりとはしていますが、笑いの起源としている訳ではありません。

笑いについてはその始まりを正面から説いているものとして、次のような例があります。

笑の由って来ること尚《ひさ》し。千早振《ちはやぶる》神代の昔、皇孫《すめみまご》（瓊瓊杵尊《ニニギノミコト》）この豊秋津洲《とよあきつす》に降臨《あまくだり》まし〳〵ける時、猿田彦《さるだひこ》の大神、天の八衢《やちまた》（分岐路）にしてみゆきの路を遮《さえぎり》玉ふ。爰《ここ》に天鈿女命《あまのうずめのみこと》、胸乳《むなちち》をあらはし、帯《ひも》を臍《ほぞ》の下におし垂《たれ》て、立ちむかひ給ひければ、さしもの大神七咫《ななあた》の（長大な）鼻をひこつかせ、赤酸醤《あかかがち》の（赤いほおずきのような）眼《まなこ》を細めて、初めて掌《たなうら》を抵《うっ》て笑ひ、相共にみゆきを迎へ奉る。末の世に俳優《わざおぎ》（お芝居）をなして、人を笑はしむる縁《ことのもと》なるべし。（以下略）

天照大神の例と同様、ここでもアメノウズメノミコトが同じ出立ちで登場して、猿田彦をいとも簡単に籠絡しています。恐るべし、女神の力。

この一文は平賀源内が著した『風流志道軒伝』の跋に記されたものです。この本は実在の人物、浅草で軍談と講釈で、市川団十郎（二世）と天下の人気を二分したという深井志道軒（一六八〇〜一七六五）の伝記の形を取った空想小説です。

志道軒の軍談の様子は、その冒頭で次のように活写されています。

江戸浅草の地内に、志道軒といへるえせものあり。軍談を以て人を集《あつめ》、木にて作りたる松茸の形したる、をかしきものを以て、節を撃《うっ》て諸人の臍《へそ》を宿がへさせる、猥雑滑稽《わいざつこっけい》、耳を抓《つかん》で尻のご（拭）ふ程、取っても付かぬ歯なしの口をくひしばり、そこらだらけが皺《しわ》だらけなる顔打ちふり、或は白眼《はくがん》にして（僧と女を敵視して）、他の世上の人を、味噌八百のめっぽう矢八（口から出まかせ放題）、九十に近き痩親父にて、女形の身ぶり声色まで、其趣を写すこと誠に妙を得たりと云ふべし。

映像の記録のない時代であることが残念です。

平賀源内（一七二八〜一七七九）は、享保十三年（徂徠の亡くなった年です）、讃岐の志度浦に生まれています。父の白石茂左衛門は高松藩志度浦蔵の蔵番という下級武士であったとされます。「蔵番」で想起するのが福沢諭吉です。諭吉の父も豊前中津藩の大坂堂島蔵屋敷の役人だったからです。諭吉は『福翁自伝』の中で、往時を振り返って「門閥制度は親の敵でござる」と記していますが、源内もまたその身分制度と生涯闘った人物であったといってよいでしょう。

本稿は源内の伝記を記すものではないので、そのマルチタレントぶりを簡単に記すに止めます。まず、源内は本草・物産学者として頭角を表します。特に当時流行していた「物産会」（薬種や鉱石などの産物の展示や標本の交換などを目的とした一種の博覧会）の企画・実行などに才を発揮し、またその専門知識が幕府にも認められて、伊豆芒硝《ぼうしょう》（硫酸ナトリウム、漢方に用いる）御用という役目も与えられています。これらの活動の成果として、宝暦十三年（一七六三）には、物産会出品の重要なものに解説を加えた『物類品隲《ひんしつ》』を公刊しました。源内がこのまま研究を続けていたら、大本草学者になっていたことは間違いありません。

一方、この同じ年、源内は風来山人の名で二冊の談義本と称される小説を公刊します。『根南志具佐《ねなしぐさ》』と冒頭に引用した『風流志道軒伝』です。

前者はこの年の六月にあった歌舞伎の女形で有名だった荻野八重桐という人物の溺死事件に材を取って、地獄に舞台を借りながら当世を鋭く剔抉《てっけつ》する（当時これを穿《うが》ちといいました）諷刺文学です。

また源内は、福内鬼外というペンネームで浄瑠璃も書いています。中では『神霊矢口渡《やぐちのわたし》』が有名ですが、合わせて九篇の浄瑠璃が残っています。

それから源内は火浣布《かかんふ》とエレキテルで大いに世人の注目を集めました。火浣布とは石綿のことで、秩父両神山で発見したものを布に織ったものです。また関連したものでは、タルモメイトル（寒暖計）とエレキテル（摩擦起電機）の製作があります。源内がこの分野でもう少し腰を落ち着けて、それらの原理や器物の構造を研究し、器物の需要を見定めて製品化していけば、大発明家ないし大実業家になっていた可能性もない訳ではありません。実際は興味本位の見世物としてしか見られなかったのは残念なことです。

以上、源内の業績を簡単にふり返ってみましたが、その多藝多才ぶりに驚かされます。

源内自身、自らの業績について、やや言い訳がましく、次のように記しています。

> 造化の理《り》をしらんが為産物に心を尽せば、人我を本草者と号《なづけ》、草沢《やぶ》医人の下細《した》工人の様に心得、已《やむ》に賢《まさ》るのむだ書《がき》に浄瑠璃や小説《よみほん》が当れば、近松門左衛門・（八文字屋）自笑・（江島）其碩が類《たぐい》と心得、火《か》浣布《かんぷ》・ゑれきてるの奇物《きぶつ》を工《たく》めば、（からくり人形の）竹田近江や藤助と十把一トからげの思ひをなして変化龍の如き事をしらず。我は只及ばずながら、日本の益をなさん事を思ふのみ。
>
> （『放屁論』後篇追加）

最後の「我は只及ばずながら、日本の益をなさん事を思ふのみ」に、源内の真情が吐露されています。それなのに世間は必ずしもそう見ていません。

時はあたかも田沼時代を迎えていました。田沼意次（一七一九〜八八）が老中になるのが安永元年（一七七二）、「武士の商人化」が進み、幕府諸藩が税収増徴のため、新田開発、鉱山開発、蝦夷地開発などを競うように推進しており、源内の本草学や鉱山事業への関与もそのような時代を色濃く反映していました。

このように源内は時代の風を受け、船の行方は迷走した時期もありましたが、そのあり余る才を存分に発揮した人物であったといってよいでしょう。

本章では、「笑いの日本史」という観点に立って、源内の中国笑話の紹介について触れてみましょう。

笑話についても中国には古い歴史があります。古代の遊説家や思想家達は、自らの説くところを端的に表現する手段として笑話を活用してきました。例えば孟子でいえば「助長」（苗の生長を助けようとして苗を引っ張って枯らしてしまった農夫の話）がありますし、荘子でいえば「朝三暮四」や「井の中の蛙」の寓話、あるいは韓非子の「守株《しゅしゅ》」（木の株にたまたま兎がぶつかって獲ることができたので、その後も同じ事が起きないかと見張っていた男の話）など、枚挙に遑がありません。

一方、笑話集というものも、後漢の時代から数多く編纂されています。有名なものを挙げると、『笑林』（後漢・邯鄲淳）、『諧噱録』（唐・朱揆）、『笑海叢珠』（唐・陸亀蒙）、『笑苑千金』（宋・張致和）、『開巻一笑』（明・李卓吾）、『笑府』（明・馮夢龍）などです。

このうち、源内は『笑府』の抄訳本を『刪《さん》笑府』という題で上梓しています。作者の馮夢龍《ふうむりゅう》（一五七四〜一六四五）は明代の著名な文章家で、小説、戯曲、随筆、評論など様々な分野に筆を染め、民謡、民話などの収集・編纂も手がけています。『笑府』は文字通り笑いの庫《くら》として編まれ、全十三巻計七百九話（岩波文庫版）が集められています。

いくつか例示してみましょう（岩波文庫版、松枝茂夫訳を引用）。

夢

ある客、女郎と久しぶりに会い、つもる思いを語り合う。女郎が、「あなたと別れてからは、毎夜あなたと一緒に食べ、一緒に眠り、一緒に遊んだ夢を見ない夜はなかったわ。たぶん積もる思いがそうさせたのね」

といえば、客、

「おれもお前の夢を見たよ」

「どんな夢を見たの」

「おれのことをお前が夢に見なかったという夢を見たよ」

矢

ある人、演武場に見学に行って見物している時、それ矢が誤って耳に当たった。外科医をよんでみてもらうと、医者は小さなのこぎりで外に出ている幹《やがら》をひき切り、礼金をもらって帰ろうとする。そこで、

「内にはいっている分はどうします」

ときくと、

「それは内科におかけなされ」

饅頭こわい

貧乏な男、腹がへってたまらぬので、町の饅頭屋の前を通りかかり、わざと大きな声をあげてぶっ倒れる。饅頭屋の主人おどろいてわけをきくと、「わたしは生まれつき饅頭が怖いんです」という。そこで主人、空き部屋に数十個の饅頭を入れて、その中に男を閉じこめ、大いに困らせて笑いものにしてやろうと考えた。ところが大分たってもひっそりしているので、戸を開けてみると、半分以上も食ってしまっていた。

そこでこれを詰《なじ》ると、「どうしてか知りませんが急に怖くなくなりました」との答え。主人怒って、「ではほかに怖いものはないのか」というと、「ほかにございませぬが、この上は茶が二、三杯怖うござ

います」

落語「饅頭こわい」の原話です。「笑府」からは数多く落語や江戸小咄のネタが生まれています。もとより明代の中国と江戸日本では、科挙の制がないとか、儒学者の地位の高さが違うとか、家族関係の姿が違うとか、様々な相違はありますが、一般に好まれる笑話は共通なものがあります。この「饅頭こわい」もその例といえるでしょう。

ばか婿

阿呆の評判高い婿に向かい、舅が門前の柳の木を指さして、「あれは何の役に立つか」ときく。婿が、「あの木が大きくなれば、車輪にもなれましょう」といったので、舅、「今まで人にばか婿呼ばわりされていたのは、まちがいであった」と喜んだ。

やがて台所に行き、味噌をするすり鉢を見ると、婿はまた、「このすり鉢が大きくなれば、石臼にもなれましょう」

その時たまたま岳母《しゅうとめ》がおならをした。すると婿はいった。「このおならが大きくなれば、雷鳴《かみなり》にもなれましょう」

以上、『笑府』から四つの笑話をご紹介しましたが、このうち源内が『刪笑府』で採用しているのは、饅頭とばか婿の二つです。『刪笑府』は全部で七十話が採用され、原漢文に返り点やルビを振った形で出版されています。ただ、このルビが訳文のように詳細に付されていますから、容易に日本文として読むことができます。例えば「ばか婿」の話の最後の下り、源内は次のようにルビを振っています。

適く岳母撤二一屁一《ヲリフシシウトメヘヲヒトツヒル》。曰。這ノ屁大起来ハ霹靂也做リ得ン《コノヘオホキクナラバカミナリニモナリマセウ》

このようなルビを振ることが「日本の益をなさん事を思ふのみ」にどうつながるのでしょうか。あるいは生計の資を得るため、書肆の求めに応じて安直にルビを振っていたのでしょうか。

源内はこのような作業をしながら、人間にとって不思議な存在である笑いについて、様々に考えていたのではないかと筆者には思われます。実は笑いについて哲学的に考察した書物がわが国には少ないのです。源内以前にはほとんどないといってよいと思います。

本章冒頭に引用した『風流志道軒伝』の跋文、あのような文章を書く人には右のような問題意識が伏在していて不思議でないからです。

この跋文は、「洛東わらひの岡しい茸干瓢子」という巫山戯《ふざけ》た地名（洛東に鷲尾の岡という地名はありますと名前を持つ者が記したとされ、『日本古典文学大系』本（岩波書店）では註に未詳とありますが、全く架空の人物で文章は源内自作と考えられないでしょうか。この跋には続いて、自分は早くから笑いを楽しんできたけれども「笑ふ門に来るてふ、福の神はいづちいにけん」（笑う門に来るという福の神はどこにいってしまったのだろうか）という慨嘆が吐露されており、それはいかにも源内らしい口吻です。

古来より善人がその善ゆえに不幸に遭い、悪人がその悪ゆえに栄えるという現実をどう理解するかを神義論といって、多くの宗教家が様々な思想を構築しています。「笑門来福」といわれるけれども、何故これだ

け笑っている自分の所へ福が来ないのかというのも、いわば笑いの神義論であって、源内ほどの人物に是非そこをさらに論じてほしかったと筆者は考えています。

『刪笑府』が出版された安永五年（一七七六）から三年後、源内は人を殺傷した罪で小伝馬町の牢屋につながれ、そこで病死したとされています。

まだまだすべき事は沢山あり、ちょうど日本の外海の波が高くなってきた時代ですからその活躍の場は更に広がっていたであろうことを思えば、「日本の益をなさん」とする人間を失ったのは、その後の日本の損失でもあったでしょう。

生前源内と親交のあった杉田玄白が刻んだ墓碑銘がよく知られています。その末尾は、

嗟《ああ》非常ノ人　非常ノ事ヲ好ミ
行ヒ是レ非常　何ゾ非常ノ死ナル

と締めくくられています。源内には少なくとも己を知る友を持ったという福はありました。

第二十三章 川柳 笑いのシステム化『柳多留』

川柳は笑いの文藝の中で、今日でも最も親しまれ、数多くの作者・読者を擁しているものといえるでしょう。何しろ入りやすい。五七五と文字を並べて、世の中の森羅万象について、気の利いた、笑いを誘うような句を作ればよいのです。そこには連歌でみたような複雑でわずらわしいルール（「式目」）がある訳でなく、俳句のように季語に頭を悩ませることもありません。従って様々な分野で川柳の特集が行われています。例えば第一生命保険が毎年発表している「サラリーマン川柳」（最近、「サラっと一句！ わたしの川柳コンクール」と改称、略称は同じ「サラ川」）は、サラリーマンだけでなく、われわれ日本人が日頃経験したり考えたりしたことを、五七五の言の葉に軽妙にわかり易くまとめていますから、多くの人の共感を得ている人気イベントです。

川柳が、柄井川柳という人の名を取ってそう呼ばれていることは常識です。でも、柄井川柳の生きた時代に、川柳と呼ばれていた訳ではありません。また川柳は川柳の作者でもありません。では何故この短詩型の滑稽文藝が盛んとなり、後に川柳と呼ばれるようになったのか。それには川柳前史から繙いていく必要があるでしょう（以下、主として鈴木勝忠『柄井川柳』〔新典社、一九八二〕、濱田義一郎『江戸文藝攷』〔岩波書店、一九八八〕、吉田健剛『古川柳入門』〔関西学院大学出版会、二〇一七〕などによる）。

本書ではこれまで、「俳諧」の語義や「俳諧歌」（第四章）、「連歌」及び「俳諧の連歌」（第十五章）などについて記してきました。この俳諧の流れは、時代時代で姿を変えつつも、王朝の歌人から始まって中世には武士階級に愛好され、近世には町人・庶民にも幅広く嗜まれるようになるなど、綿々と続いてきました。そしてその行き着いた究極の姿が川柳だといえます。

それは、これ以上縮めることができないからです。そして広く大衆の愛好するところとなったからです。両方ともそこで行き止まりです。

ただ、今日では川柳といえば独立して五七五の一句を作ることとしか考えられていませんが、もともとは連句でも大勢の人がその魅力の虜となった「付合《つけあい》」の面白さに主眼がありました。即ち（俳諧）連句のように手間暇をかけずとも、気楽に「付合」を楽しむ手法として考え出されたのが前句付です。七七が前句であれば五七五を付ける。五七五が前句であれば七七を付ける。宗匠が前句を題として出して弟子に付けさせ技を磨く、また宗匠が前句付愛好者に題を出して広く出句を募り、高点を取った出句者に懸賞金を出す。こうして「付合」は娯楽化興行化していきます。

前句付については「古風の不角、中興の収月、大成の川柳」と称されています。不角（一六六二〜一七五三）は貞門の流れを汲み、元禄年間から月並前句付の高点付句集を発刊して、前句付の普及に力を尽した人です。また収月（?〜一七四〇）は、晩年は吉原に住んで太鼓持さながらの俳諧師だったようですが、その都会的軽妙洒脱な句風は他の点者にも大きな影響を与えたとされています。合わせて川柳界の著名人として、高点付句集『武玉川』を編んだ慶紀逸（一六九五〜一七六二）を挙げるべきでしょう。

そして柄井川柳（一七一八〜一七九〇）です。川柳は浅草の天台宗龍宝寺門前町の名主でした。このお寺は現在も台東区蔵前に残っており、通称川柳寺と呼ばれ、川柳の墓もここにあります。ここは新堀川の東側に位置し、岸辺にそよぐ柳に因んで川柳と号したとされています。川柳は宝暦七年（一七五七）に立机（宗匠となること）しました。貞門とか談林とかの流れや、特定の師に就いて俳諧の修業をしたとかは知られていません。名主の道楽で点者をやってみようという気持ちだったのかもしれませんが、かえってそのようなゆとりが好結果を生みました。川柳の場合、宝暦七年の八月の初回興行では、投句数は二百三句、番勝句十三句というものでしたが、これがピーク時（明和四年九月）には二万三千三百四十八句（奇しくも西鶴大矢数の数と近似しています）の応募句を誇るようになっていきます。

ここで川柳の前句付を『柳多留』からいくつかみていきましょう。

おしい事かな〳〵
金に成る手を持ちながら枕にし

腕は滅法いい職人でしょうか。しかし、気が向かないと、昼間から酒をあおって手枕で寝転んでいる。もったいないないと思っているのです。

ふえる事かな〱
さたなしといふがさたする始めにて

「これは内緒の話だけど」と話すのが、噂がまたたくうちに広がっていく始めです。人は「ここだけの話」とか「あなたにだけは話しておくけど」などの前置きに弱いものです。

よくばりにけり〱
袖口へ手を入れてから笑いが出

いわゆる「袖の下」、賄賂を確かめて、ニヤッとしているところです。

以上の、「おしい事かな〱」「ふえる事かな〱」「よくばりにけり〱」が七七の前句で、宗匠が出したこの題にいかに洒落た句を付けるかを競い合うのです。

前句付は、まず点者（宗匠）がいくつかの前句を出題し、これもいくつかある会所（取次所）に投句を依頼します。会所は投句者にそれを周知し、指定の期限までに投句するよう促します。投句者は作品を点料とともに会所に提出し、会所は作品を清書して点者に届けます。点者は作品を評点して勝句（優秀句）を刷物（出版物）にして発表し、勝句の投句には景物（賞品）が与えられます。この一連の流れを興行といいますが、多い時には毎月数回（川柳の場合、最盛期は毎月五の日、五、十五、二十五を期日としていました）、また年に数回寺社への奉納興行が組み込まれます。また会所はいわば興行元で、各地の組連（投句グループ）と点者をつなぐ役割を果たしています。点料は入花料とも呼ばれ、川柳の場合は一句につき十六文でした。当時かけ蕎麦が二八蕎麦と呼ばれ、同じく十六文でしたから、これはリーズナブルな金額です。

一方、景物の方は、これも川柳点の場合、高番句は木綿一反又は五百文程度、中番句は平椀一通又は二百文程度、末番句は平膳一枚又は百五十文程度の賞金だったようです。なお、川柳を支え興行の実質的差配者であったとみられる呉陵軒可有《ごりょうけんあるべし》は、俳号を木綿といいますが、よく高番句を外さずに景物の木綿を取っていたことから、俳号を木綿としたそうです。またお前が取ったかと同人から責められた時の口癖が「御了見あるべし」(許して下さいよ)だったので、名も呉陵軒可有と名乗ることとしたという、人を食ったような逸話が残っています。

さらにこの興行に欠かせないのが、版元との連携です。川柳の場合には、下谷竹町の書肆星運堂の主人花屋久治郎、俳号再馬がチームに加わり、『柳多留』の編集・刊行に活躍しました。『柳多留』は、川柳点の作品を編集して星運堂で公刊したもので、初篇は明和二年(一七六五)に出ています。翌々明和四年以降は毎年一冊刊、以降可有(一七八八年没)、川柳(一七九〇年没)、久治郎(一八一七年没)没後も延々と続き、天保十一年(一八四〇)に終了するまで全百六十七冊に達しました。

以上が川柳のタテの流れの要約ですが、一方言語遊戯には、当時前句付以外にも様々なものがありました。これらを総称して「雑俳《ざっぱい》」と称しています。「雑俳」とは読んで字の如く、俳諧から派生した、発句・連句以外の様々な二次的な俳諧を総称する言葉です。愛好者の多さからいえば主流は、前句付ですが、以下に例示するように各種の言語遊戯がありました。

第一は笠付《かさづけ》又は冠付《かむりづけ》です。これは五七五の上五《かみご》を題とする付合いで、それによって中七《なかしち》と下五《しもご》を考えるものです。例えば、

舞い手が面を外してしばし休息している姿です。ここで「顔出して」が題になっている訳です。上があれば下があります。下五の題に上五中七を付けるのを「沓付《くつづけ》」又は「袴付《はかまづけ》」といいます。また上五と下五を題として中七を考えさせる「中入《なかいれ》」、中七を題として上五下五を付けさせる「上下《じょうげ》」などもありました。

また遊戯性の高まったものとしては、「小倉付《おぐら》」といって「百人一首」の初句の五文字、例えば「あさぼらけ」「春過ぎて」「あしびきの」などを題にするものや、同様に「源氏付」や「謡付」など、『源氏物語』の和歌五文字、謡曲の語句を題とするものなどもありました。

また、笠付にしりとりを加えた遊びが「段々付《だんだんづけ》」です。第一句の下五が二句目の上五の題となり同様に二句目の下五が三句目の上五となるという風に連鎖していくものです。

次に「折句《おりく》」の川柳的展開です。「折句」というのは古くから和歌についてよく使われていた遊びで、例えば第八章で引用した『古今著聞集』には、「弘徽殿の女御の歌合わせに文字鎖《ぐさり》の折句の事」とあって、「花かうじ・しらまゆみ」を「句のかみ」にすえて詠んだ例があります。和歌は五七五七七ですから、その冒頭の五文字を使う訳です。雑俳は五七五ですから三文字となります。

さらに同音異義語を楽しむ「立入《たちいり》」という手法があります。和歌では「物名歌《ぶつめいか》」と呼ばれ、様々なものの名、人の名、魚の名などを詠み込む遊びの川柳的展開です。

例えば次の句には五つの国名が詠み込まれています。

丹波茶は出はしまするが花香がない
（丹波　出羽志摩 駿河　加賀　）

同音異義語を使った「もぢり」の遊びも好まれました。二、三例示しましょう。

お姫様　ふりそで（振袖、降りそで）召した月の笠
染物屋　もん（紋、門）にのり（糊、乗り）置く使者の馬
久米の仙　はぎのまよい（脛の迷い、萩の間良い）は秋座敷

久米の仙人は人気者です。
次のようによく知られた言葉に似せて違う言葉を語呂合わせする遊戯が「地口」です。

しづ心なく髪の散るらむ　（しづ心なく花の散るらむ）

下戸に御飯　（猫に小判）

松　ほど椿　桃　はなし　（待つほどつらきものはなし）

といった例です。

最後に回文、上から読んでも下から読んでも同音というものです。『柳多留』にある例では、

御意見がしみてしてみし寒稽古

草の名は知らずめづらし花の咲く

などが挙げられます。これらでもわかるように回文では、清音と濁音の違いを問わないとか、ォとヲ、エとヱなどの違いも問わないなどの許容範囲があります。回文は和歌にも名作がありますが、その川柳版ということです。ただ、良いものを作るには大変な時間がかかりますから、手軽に参加する訳にはいきません。

以上、雑俳を含め、川柳を中心に当時の短詩型文藝の諸相を見てきました。では、多くの点者が競い合っていた中で、川柳点が最も高い評価を得、川柳の名前がこの短詩型文藝の代名詞となったのは何故だったのでしょうか。

第一に、川柳が点者に徹したということではないでしょうか。投句する人間にとって大切なことは、景物よりは自句が正当に評価されたかどうかということです。この点、もし点者が作者でもあり、また弟子を多数抱えていて斯界に勢力を張ろうなどと考えていたら、公正な評価ができるでしょうか。弟子に高点を付けて自陣営に引き止めておきたいなどと思っていたら、誰もが納得する採点はできません。

第二に、川柳が奇矯なところのない穏健な思想・行動の人であったことです。目立とうとすれば奇を衒うようになります。自分の主義主張に固執すれば偏屈になります。『柳多留』を読んでも、川柳にはそういうところは感じられません。また「破礼句《ばれく》」といって卑猥なことを詠んだ句についても、一定の自制が働いて

います（この辺り川柳没後の『柳多留』は変質してしまいます）。川柳点は、誰もが安心して投句し、その点を楽しむことができたのだろうと考えています。実際、上は御三卿の田安宗武や平戸藩主の松浦静山などから、川柳点は広い作者層を持っていたことが知られています。

第三に、人情の機微に通じ、卑近な事柄にある人生の真実やその可笑しさを取り上げたことが人々の共感を呼んだことを挙げるべきでしょう。その例は枚挙に暇がありませんが、

かみなりをまねて腹掛やっとさせ

取揚婆《とりあげばば》屏風を出ると取り巻かれ

幽王はこそぐる事に気がつかず

など数々の名句が残っています。なお第三句は周の幽王が妃褒姒《ほうじ》を笑わそうとして国を滅ぼした故事を踏まえています。なるほどこの手があったかと誰もが納得します。

第四に、呉陵軒可有と花屋久治郎という良きパートナーを持っていたことです。可有は興行をビジネスとして考え、久治郎は出版を通じて作者、読者とのコミュニケーションを図る、いわばマーケティングをしていたものと思われます。川柳は公正な評価を心懸け、そして多くの人が次は何に関心を持つかを考えて活動していました。このように「川柳株式会社」と擬《なぞら》えると、その強さが明らかになってきます。このトリオによっていわば笑いが「システム化」されたといってもよいでしょう。

川柳没後、川柳の名跡や『柳多留』の刊行は続きますが、良き指導者を欠き、句風はマンネリ化を免れず、そしてこのような遊戯文藝すら口にできないような幕末へと時代は動いていきます。そして維新後川柳は低俗文藝として見向きもされないような時代が長く続きました。

それが見直され、狂句とか前句付とかで十把一絡げにするのでなく、川柳を川柳という名前の一つの文藝として再興しようという動きが明治の後半に出てきます。坂井久良岐や井上剣花坊などの活躍です。その詳細は吉田前掲書に詳しく記されています。

第二十四章

遊戯　パロディとしての狂詩・狂歌

『寝惚先生文集』

第二十章で儒学者の中国かぶれを揶揄した小話を記しましたが、次の文章などもその小話を踏まえています。

味噌の味噌臭きは上味噌に非《あら》ず。学者の学者臭きは真《まこと》の学者に非ず。方今《いまどき》の学者、居を品川に移しては、漢土《かんど》の裏店《りてん》に浜《ちかよ》らんことを思ひ、驪《くろうま》を目黒に放てば、唐人《とうじん》の人別《にんべつ》に入らんことを禱《いの》る。……

これは大田南畝が著した『寝惚《ねぼけ》先生文集』の序に、風来山人こと平賀源内が寄せた序文の冒頭です。明和丁亥秋九月とあり、当時源内四十歳、南畝は十九歳という若さでした。

明和丁亥は明和四年（一七六七）、この年田沼意次が側用人となっています。

この『寝惚先生文集』は漢詩文集で、一躍南畝の文名を江湖に知らしめました。

漢詩漢文というものが日本人の教養から抜け落ちて久しくなっていますから、漢詩文の味わいを現代のわれわれは中々感得できなくなっていますが、江戸中期には一種の漢文ブームというべき時期がありました。そのブームに一役買って出たのが、荻生徂徠を中心とするいわゆる古文辞の流れです。徂徠は、「文は則ち秦漢詩は則ち盛唐」のスローガンの下に、規範となるべき漢詩文の理想を古代中国語（古文辞）に求め、詩文を作る場合にはそれにならった擬古文で作るべきだと主張しました。その教えに従って徂徠門高弟たる服部南郭が編集した『唐詩選』は、一躍漢詩ブームを引き起こしたほどの勢いがあったのです。しかし、この頃になるとさしもの古文辞の勢いも、その模擬剽窃の行き過ぎなどから飽きられ、新風の期待が高まってきたちょうどそのタイミングで、この古文辞の流れを徹底的に茶化す著作を南畝は世に出した訳です。

徂徠派のことは文中でも次のように揶揄されています。

> 徂徠派を為す者は、髷《まげ》は金魚の如く、体は棒鱈《ぼうだら》の如し。陽春白雪を以て鼻歌と為し、酒樽《さかだる》・妓女《おどりこ》を以て会読《かいどく》に雑《まじ》へ、足下《そくか》と呼べば不佞《ふねい》と答ふ。其の果は文集を出して肩を享保先生の列に比《なら》べんと欲す。
>
> （『水懸論』）

こんな文章は注を読んでもよくわからないのですが、まず「髷」については当時「金魚まげ」といって通人の間で流行していた髪型とのことです。「棒鱈」は酔っ払いを表す言葉、「陽春白雪」というのは高尚な詩のことをいい、それを鼻歌のように口ずさんでいるというのです。徂徠亜流の学士の嫌味な姿が描写されています。

「会読」というのは、古文辞派では盛んに行われた、同門の士がお互いに「師友」となって学ぶセミナー方式の教育法をいい、講釈中心の崎門（山崎闇斎を指導者とする朱子学の門流）と良き対照をなしていました。徂徠生前の頃は真面目に天下国家の論に口角泡を飛ばしていた門人達も次第に、酒盛りや妓女を侍らせた宴会で口角泡を飛ばすようになったというのです。

「足下」「不佞」は、貴殿と拙者をよりへり下って使う言葉で、こういう耳慣れない言葉を仲間内で使って得意になっていたのでしょう。「文集」とは例えば徂徠の高弟服部南郭の出した『南郭先生文集』など、「享保先生」とは徂徠、南郭、（太宰）春台など享保時代に活躍した徂徠派の儒学者を指します。

徂徠死しておよそ四十年、その末流の姿が戯画化されている訳です。

それにしても、弱冠十九歳で本格的な「文集」を上梓するとは、南畝の漢詩文の力に驚かされます。それには教育ママの力がありました。

大田南畝（一七四九～一八二三）は、寛延二年、江戸牛込仲御徒町に、幕臣で七十俵五人扶持の御徒の家に生まれています。明敏な頭脳を持ち勤勉な努力家であった南畝に期待するところ大であった母は、八歳にして多賀谷常安に、十五歳にして内山賀邸の門に入らせます。更に三年後には松崎観海の門を敲くことになります。

この多賀谷常安はよく知られていませんが、内山賀邸は国学を教え、江戸六歌仙を謳われた人、松崎観海は太宰春台の高弟で、徂徠の孫弟子に当たり、儒学漢詩文に名の高かった人とされます。南畝は良き師達からみっちり、国学、漢学を吸収していた訳です。

これらの学塾での成果は学業だけではありませんでした。南畝はそこでその後の人生において長く交際する多くの友人を得ました。

例えば賀邸塾では、朱楽菅江《あけらかんこう》（幕臣）、唐衣橘州《からごろもきっしゅう》（田安家家臣）、平秩東作《へづつとうさく》（町人）、岡田寒泉（旗本）などです。菅江、橘州、東作は後に狂歌の同人となりました。寒泉はもともと千二百石の旗本の次男ですが、儒者となり後に寛政の三博士といわれます。年齢でいうと南畝と東作とは二十三歳の年齢差があります。当時の学塾の身分や年齢に拘らない気風が窺い知れます。

またこの頃入門という形でなく師事したのが、服部南郭の門人で詩人として知られていた耆山《きざん》和尚、書家として著名な沢田東江、そして冒頭の序文を寄せた平賀源内です。

こうしてみると、南畝がその後手がける、狂詩、狂歌、狂文、戯作のすべての分野において広いネットワークが作られていることがわかります。

それは南畝が求めて作ったものでもあったでしょうが、合わせて時代がそれを求め、南畝の類稀なる天才がよくその花を咲かせたといってよいでしょう。

南畝の作品をいくつか読んでみて感じることは、この人はつくづく言葉の魔術師だなということです。この人の手にかかると、普通の言葉が笑える言葉になったり、厳粛枯淡な情景が奔放磊落な情景に転じます。

その例をまず狂詩でみてみましょう。天明三年（一七八三）に出された『通詩選』から採用します。いずれも有名な唐詩（下段）の思い切った卑俗化です。

買也処《かいやしょ》　小酌
常住《じょうじゅう》　鼈甲《べっこう》を買ふ
疑ふらくは是れ御娘《おじょう》が瑕《きず》

静夜思　李白
床前　月光を看る
疑ふらくは是れ地上の霜か

頭《こうべ》を挙げて勾匙《こうがい》を折り
頭を低《た》れて髪差《かんざし》を落す

頭を挙げて山月を望み
頭を低れて故郷を思ふ

年頃の（小癪《こしゃく》な）娘があれもほしいこれもほしいと親におねだりする姿、それが唯一の欠点だ。今日もまた高価な笄を折っちゃった。いやはやというような親の嘆息が聞こえてきます。

春前
証文　数を知らず
処々　掛鳥歩く
野郎　風気の時
行き残ること　知んぬ　多少ぞ

春暁　孟浩然
春眠　暁を覚えず
処々　啼鳥を聞く
夜来　風雨の声
花落つること　知んぬ　多少ぞ

年末の掛取り風景です。借金の取立てに人々は忙しく歩き回っている。藩邸の長屋の田舎侍のうち何人かは、風邪をひいていて掛取りを避けて留守にする訳にもいかず、仕方なく残っているというのです。

筑斎
丸散《がんさん》　人呑まず
但だ薬研《やげん》の響きを聞く
晩景　慶庵《けいあん》に歩く

鹿柴　王維
空山　人を見ず
但だ人語の響きを聞く
返景は深林に入りて

復《ま》た薬代の上を責《はた》る
復た青苔の上を照らす

流行らない藪医者の日常です。丸薬も散薬も売れず、薬を粉末にする薬研の音が空しく響いています。客も来ないので夕方になると人の口入れ稼業に精を出し、薬代の他手数料を要求するというのです。

閨中の床に独坐す
禿子《かぶろ》　高く飛び尽《つく》し
傾城《けいせい》　独り去つて閑なり
相看《あいみ》て　両《ふた》りながら詰《つ》まらず
只だ名代《みょうだい》の顔有り

独坐敬亭山　李白
衆鳥　高く飛び尽き
孤雲　独り去つて閑なり
相看て　両《ふた》つながら厭はざるは
只敬亭山あるのみ

遊里の情景です。お目当ての遊女が中々来ないので独り寝をしています。夜が更けて禿も就寝に去り、代りの新造と向き合っていますが、話すこともなくお互い気詰りな時間が経過していくというのです。流石の李白も自分の詩がこんなに換骨奪胎されていると知ったら、苦笑とともに、その見事さに手を打ったに違いありません。

四例を挙げました。いずれも唐詩を徹底的にパロディ化したものです。パロディの妙味は、雅と俗、正と譎《きつ》（「いつわり」のこと）の対比にあり、この落差が大きいほど笑いの量も大きくなるという基本に忠実に作られています。すべて南畝作というのではなく、南畝邸に集まる滑稽仲間の智恵も汲み取って作品化したものとされています。

次に狂歌の例を見てみましょう。
狂歌は、それなりの漢詩の教養を持つ知識人対象の遊びであった狂詩に比べると、作者読者の裾野が広く、天明年間を中心に爆発的に流行しました。南畝は四方赤良《よものあから》の名前でその中心人物になります。ここではまず『狂歌百人一首』に編纂された狂歌の例を見ていきましょう。（下段が本歌）

持統天皇
いかほどの洗濯なればかぐ山で
衣ほすてふ持統天皇

春過ぎて夏来たるらし白たへの
衣干したり天の香具山
（『万葉集』）

山部赤人
白砂のふじの御詠で赤ひとの
鼻の高ねに雪はふりつつ

田子の浦ゆうち出でて見ればま白にそ
富士の高嶺に雪は降りける
（『万葉集』）

小式部内侍
大江山いく野の道のとをければ
酒呑童子のいびき聞えず

大江山生野の道の遠ければ
まだふみも見ず天の橋立
（『金葉集』）

大江千里
月みれば千々に芋こそ喰ひたけれ
わが身ひとりのすきにあらねど

月みれば千々にものこそかなしけれ
我が身ひとつの秋にはあらねど
（『古今集』）

源宗于
山里は冬ぞさびしさまさりける
矢張市中がにぎやかでよい

山里は冬ぞさびしさ増りける
人めも草もかれぬとおもへば
（『古今集』）

後徳大寺左大臣
郭公なきつるかたにあきれたる
後徳大寺の在明《ありあけ》のかほ

ほととぎす鳴きつる方を眺むれば
唯有明の月ぞのこれる
（『千載集』）

王朝的雅びの世界を思いっきり世俗化しています。なお「百人一首」は藤原定家の撰になるものですが、広く一般に普及するのは、江戸初期に南蛮渡来のカルタ（カード）を使った遊戯が盛んとなってからです。

以上、南畝及び南畝を中心として盛行した十八世紀後半の狂詩・狂歌のごく一部を紹介してきました。

これを一言でいうと、言語遊戯の極とでもいうことができるでしょう。ここには天下泰平の下、御政道を批判・諷刺するような笑いは見られません。また勝者が弱者を、富者が貧者を見下すような笑いも見られません。ただひたすら言葉を縦横無尽に操っていかに笑いを取るか、そこに全神経を集中させているのです。それはそれで一つの行き方で、そこを極めれば頂点に達することもできるのです。

永井荷風は『江戸藝術論』において、

> そもそも俳諧狂歌の類は江戸泰平の時を得て漢学和学の両文学渾然《こんぜん》として融化咀嚼《ゆうかそしゃく》せられたるの結果偶然現はれ来りしもの、便《すなわ》ち我邦《わがくに》古文明円熟の一極点を示すものと見るべきなり。

としています。筆者は笑いの文藝というものを考えた場合も、南畝に至って「一極点」を迎えたと考えています。

以下蛇足ではありますが、いくつか補足しておきたいと思います。

まず「狂」ということについてです。当時の南畝ら文人にとっては、この言葉は「狂狷《きょうけん》」、即ち『論語』（子路篇）の「中行を得てこれに与《くみ》せずんば、必ずや狂狷か。狂者は進みて取り、狷者（「偏屈な人」のこと）は為さざる所あり」を意識して用いていたのではないかと思われます。孔子がいうには、中庸を得た人（中行の士）を求められないとすれば、進取の気象に富む狂者、次いで進取ではないが節操のある狷者を求めるべきだというのです。この『論語』の章句については、孟子が詳しい解説をしており（『孟子』尽心章句下）、それによると、人のランクは、中行の士、狂者、狷者、郷原《きょうげん》（説明後出）の順となっています。そこでは狂者は志が大きくいうことも大きい。しかし「言行いを顧みず、行い言を顧みず」で、言行不一致という欠点もあると指摘されています。もし南畝らが心の奥底にここでいう狂者のような何らかの志を持っていたとすると、以上見てきたような狂詩・狂歌の言語遊戯も、多少色合いが変わって見えてきます。一見遊戯であったとしても、それが突き抜けてある「一極点」にまで達すれば、世の人々が日々馴染んでいる権威、体制や常識、価値観を相対化するパワーたりうるからです。身を処するに慎重な南畝は、表向きはそのような顔はおくびにも出さず、心密かに狂詩・狂歌のパワーに気づいていたかもしれません。

この「狂者」は十八世紀という時代の大きな流れでもありました。その中で「狂者」として活躍した人々の人物列伝が中野三敏『江戸狂者伝』（中央公論新社、二〇〇七）です。増穂残口（神道講釈師）から斎藤秋圃（秋月藩御抱絵師）に至る十二人の「狂者」達の見事な伝記集です。本書（『笑いの日本史』）に登場する人物では、深井志道軒が狂講師として取上げられています。

なお、「郷原」というのは「郷原は徳の賊なり」（『論語』陽貨篇）とされていますが、「閹然《えんぜん》として世に媚《こ》ぶる者」（『孟子』同上）、即ち世間の評判ばかり気にして自分の本心を掩い隠している偽善者のことを指します。

なお、ここで「狂名」と「連」についてさらに蛇足を加えたいと思います。

まず狂歌を楽しむ者はこれまで見てきたように狂名を作りました。これ以外にも、尻焼猿人《しりやけのさるんど》（酒井抱一）、加保茶元成《かぼちゃもとなり》（吉原妓楼の主）、多田人成《ただのひとなり》（南畝の実弟）、智恵内子《ちえのないし》（朱楽菅江の妻）、高利刈主《こうりのかりぬし》（旅館主人）、元木網《もとのもくあみ》（湯屋）などそれぞれ一工夫も二工夫もして名づけています。身分制度の堅固な時代ではありましたが、それこそ「裃を脱いだ」狂名の下で狂歌を詠む分においては皆平等です。そのような解放感と、地位とか金銭ではなく、純粋に作品そのものを、互いに評価し合い、認め合う、そして成果をまとめて世にも問う（「摺物」が数多く出されています）、そんな運動でもあった訳です。

特に狂歌がブームの頂点にあった時は、数多くの同人グループが生まれ、それらは主としてリーダー名や地名を冠して、四谷連、山手連、伯楽連、浅草連、朱楽連、千秋連、菅原連など数多くの連が組織されました。

このような社交の場は自然発生的に簇生したものと思われますが、そこは同人が定期的に自作を披露し、他人の作を評価し、お互いに触発し合い競い合う場です。笑いが集団的なものであることから、このような場の形成についてもっと注意を払っていくべきではないかと考えています。

最後に、以上のような南畝の華々しい、狂詩、狂歌、戯作活動は、田沼時代が終わるとともに幕となりました。

南畝は謹直な幕吏となり、長崎出役や玉川巡視を勤めるなど職務に精励していきますが、文人としての天才は亡くなるまで衰えず、様々な著作は見る者を圧倒する程の高さに積み上がりました。

最後に、筆者の好きな狂歌を一つ記しておきたいと思います。

ほととぎす自由自在に聞く里は
酒屋へ三里豆腐屋へ二里　　頭光《つむりのひかる》

思い通りに行かない人生も、どこかに笑いを見つければ楽しく生きてゆけるような気がします。

第二十五章

諷刺

自嘲の笑いが諷するもの

『風俗三石士』

南畝が『寝惚先生文集』を出して一躍狂詩の寵児となった頃、京都にもそれに勝るとも劣らぬ天才が出現しました。銅脈先生こと畠中観斎（一七五二〜一八〇一）です。『寝惚先生文集』に後れること二年、明和六年（一七六九）に『太平楽府《たいへいがふ》』という狂詩集を出版しています。齢僅かに十八歳、『詩集』の中で最も人口に膾炙している「婢女行」はそれ以前に作られ、その出来栄えは江戸の文人仲間でも評判だったようです。

この銅脈先生について、近世文学の泰斗中村幸彦は、「諷刺家銅脈先生」という一文（『中村幸彦著述集』第六巻）の中で「日本は諷刺文学者に乏しい」が、「上々の諷刺文学」を作り上げた者として銅脈先生を最も注目すべき者としています。

中村先生の文学の香気溢れる立論には及びもつきませんが、筆者なりに「諷刺文学」の笑いについて考えてみたいと思います。

まず同時代の先人二人の「諷刺」ぶりを見ておきましょう。

第一は、第二十二章で取り上げた平賀源内です。風来山人名で出された『根南志具佐《ねなしぐさ》』及び『風流志道軒伝』には、源内節というか、罵倒、皮肉、諷刺、筆誅、弾劾などが鉄砲玉のように次から次へと出てきますが、特定の仮想敵を攻撃するようなものではありません。

例えば、『風流志道軒伝』で浅之進（志道軒）へ教えを垂れる風来仙人（風来山人を化体）が自らを語る所に次のようにあります。


我もまたなまくらならねば、鎌倉に至りて人間の益をなさんと、裏店《うらだな》の淵に身をひそめ、鰻鱺《うなぎ》・泥鰌《どじょう》と同じ様に、ぬらりくらりと世を渡りつゝ、つらく世上を窺ふに、平家西海に沈《しずみ》て後、上下太平の化にほこり、賢者あれども登庸《あげもちゆる》ことを知らず、北条・梶原に伝《つて》なきものは、位に進《すすむ》事あたはず。


ここで「賢者登庸」のイの一番は自分でなくてはならないという思いが露骨に出ています。ただ彼にとって「北条・梶原」が誰なのか、当時の人々がこれを読んで「アアアイツの事だな」と措定されるような書き方もしていないので、インパクトが乏しいのです。実は源内は田沼時代には意次から陰に陽に支援されていた背景もあったようですから、ご政道批判は控えていたのかもしれません。

第二の例は大田南畝です。その『寝惚先生文集』に、よく知られた次の七言古詩があります。

貧鈍行

貧すれば鈍する　世を奈何《いかん》
食うや食はずの吾が口過《くちすぎ》
君聞かずや　地獄の沙汰も金次第
挊《かせ》ぐに追い付く　貧乏多し

これは杜甫の「貧交行」を踏まえて作詩されています。「貧すりゃ鈍する」や「地獄の沙汰も金次第」「稼ぐに追付く貧乏なし」といった俗諺を巧みに配置した見事な作品です。南畝の章でも触れましたが南畝の家は七十俵五人扶持の御徒、「食うや食わず」に近い境遇でしたから、読む者は尚更粛然たる気持ちになるのです。しかしそこにこの世の仕組みへの批判とか、為すべきことを怠っている為政者への諷刺とかは見られません。

対するに、南畝には松平定信の寛政の改革を皮肉った有名な狂歌があるではないかとの考えもあるでしょう。

世の中に蚊ほどうるさきものはなし
ぶんぶといふて夜もねられず

この狂歌はあまりの出来栄えに、誰もが作者は南畝以外考えられないという疑いをかけられたようですが、南畝自身は「是大田ノ戯歌ニアラズ、偽作也」と記しています。筆者は南畝のような慎重な、そして攻撃的でない性格の人間はこのような作品は作らないのではないかと思います。

それでは銅脈先生の諷刺についてはどうなのでしょうか。

彼の名を高からしめた『婢女行』は、田舎から京に出て来た小女が、商家奉公をする内に、次第に京のファッションや遊楽に染まり、贅沢を覚え、さらには男に金を貢がせるようなしたたかな女に成長（あるいは堕落）していくという話を、五十六行三百九十五字の漢詩に作り上げたもので、銅脈は後にこれを小説化した『婢女行国字解』を出版しています。

これはあまりに長文なのと、そう笑えるものではないので、ここでは『風俗三石士』という小説に沿って話を進めることとしましょう。

このテーマは既に『太平楽府』に取り上げられています。

京都の侍士《さむらい》
侍士　多くは三石
如何《いかん》ぞ　横柄《おうへい》弾《はじ》く
全体　胆《きも》甚だ太く
戯場《しばい》　常に唯看る

京都の侍とは、御所や門跡寺院に仕える侍のことで、銅脈自身門跡寺院聖護院の寺侍でした。禄高は多くは三石という薄給です。薄給だけども気位は高く、庶民に対しては横柄な態度で厚かましく、芝居小屋なども金も払わずに堂々と入場するというその生態を穿っているのです。なお、当時の歌舞伎の入場料ですが、江戸三座の場合、桟敷で飲食代や心付けを合わせ一両二分程度であったようです。到底「三石士」の払える金額ではありません。

この漢詩を小説化したものが『風俗三石士』です。安永七年（一七七八）頃成稿したとされますが、出版は銅脈没後弘化元年（一八四四）のことです。

登場人物は三人の京侍です。大壁修理権属《おおかべしゅうりごんのさかん》、薄井兵馬《うすいひょうま》（「法性寺関白太政大臣の御内《みうち》」と大袈裟な肩書がついています）、その悪友の笠野衛守《えもり》の三人です。

頃はある夏の日の夕刻、裏長屋に住む修理の家に兵馬がやってきます。その時の「渋紙の如き」婆様と兵馬の対話の一部、

婆「扨《さて》も〳〵暑ひ事でござります。塔の段に居《い》ました時は。家も広し。庭もあり風もよふ入《いり》ましたが。爰《ここ》は御ろんじやる通《とおり》の長屋住居《ながやずまい》たつた一間の窮屈さ一倍あつうおぼへます。」

兵馬「イヤ是も暫の御しんばう（辛抱）。追付《おっつけ》修理殿も仕合《しあわせ》をなされませう。ふいと手か合《あい》ますれハ急ニ御出世なさるゝでござりませうなにも御案じなされますな。」

いつあるかわからない僥倖《ぎょうこう》をひたすら待ち望むしかない、しがない下級侍の心情が吐露されています。この後、帰宅した修理と近所の「大粋がり」の衛守がやってきたので、三人で涼みがてら飲みに行こうとなり、衛守の知り合いの仲居（おたか）がいる大六という名店に行きますが、おたかはお客さんと四条川原へ行っていてここにはいないというので、別の店へ行こうとしますが、以前店でトラブルがあった客なので、その背後から、店の小女に「おとゝい来い〳〵」と悪態をつかれてしまいます。

三人はようやくある店に入って酒と肴にありつきますが、そろそろ支払いという段になって、

（兵馬ふところさがして。何やらうぢ〳〵とする）衛守「何ぞおとしたか」兵馬「銭のあるつもりで這入たがないわい。貴さまちとないか。汁が十六文、酒が弐拾四文、〆《しめ》て四拾文じや」衛守「おらハ買喰《かいぐい》ハせず。入用ハないによつて。なま重い銭ハ持《もっ》てこぬ」修理「おいらも持てこなんだ」兵馬「せうことがない。翌《あす》の晩持てきてやるまで。それで合点せざ御殿へ取におじや。……今宵のハ。付《つけ》ておいてもらいたい。」

三人揃って持ち合わせがないというのは、始めから無銭飲食するつもりなのかどうかわかりませんが情けない話です。店の主に嫌味をいわれて、よせばいいのにもう一軒行こうとなって、下宮川町の旧知の店へ行くと、玄関先に店の婆が座っており、上るや否や、同輩の某のツケが滞っているので、今度お逢いになられたら「ばばがやかましういふて居たと、おつしやつて下さりませ」という。そして貴方にも以前のツケがありますが「どうぞ今晩ハ成ますまいか」と迫られます。

更に近頃当店は現金払いのお客様を優先していて、二階の大店の手代衆のお客様などは「払いなどハ手ぎれいな」方で、先だってはうちのおちかに縮《ちぢみ》でも買えと一両二分下さいました。「あんなお客ばかりいたしたいものでござります」などと嫌味たらたらいわれます。

すると二階からその「払いの手ぎれい」な客三人に、太鼓持藝妓三人がドヤドヤと降りてきて、これから川原へ行くといって出てしまう。修理ら三人も店が相手にしてくれないので、「こちらも川原にせう」といって外に出ると、手代衆一行が次のような会話を交しているのを聞くことになります。

客「今上り口に腰かけてゐた三人ハ。ミな大小（武士）じやな。こはいお客をするなあ」おちか「イ、へ、あれハ私か方のお客じやござりませぬ。あのうちに。黒い羽織をきて。なめくさつたかほをして居たやつハ。いつやら外《ほか》の御客とつれだつて来て。とまつていんた客じや。ソレおまつ。おまへおぼへていてか。其晩あの人のいんだ（帰った）跡で。小霜さんのかんざし（簪）がしれなんだ」仲居まつ「ヲ、それ〳〵。どないにさがしてもなかつたへ」太鼓「ア、いとしや、小霜さんハ」藝妓「そんな御客ハゆだんがならぬな」

こんな風に嘲弄されても、酒を飲みたい三人は、後は省略しますが、意地汚く酒を求めてあちこちを彷徨《さまよ》っていきます。

一部原文で紹介しましたが、丁寧に登場人物の会話が書き込まれていて、読んでいると、明和安永の時代の京都の夕暮から夜にかけての花街の賑わいを体感できるような気がします。ここで銅脈は一言も何か一つの価値観から彼らを断罪したり、彼らをそうさせている世の中の仕組みを呪ったりしていません。しかしそういうものがないからこそ、彼らのやるせない思いが余計にしみじみと伝わってくるのはないでしょうか。

ここで筆者なりに諷刺の笑いについて考えてみたいと思います。

まず第一点は、諷刺される客体と諷刺する主体との関係性です。その距離が隔絶していればいるほど、諷刺の力も笑いも大きくなるという点です。わかりやすいのは、旧ソ連時代にロシアで作られた数々の傑作です。

例一

「ブレジネフは近頃、体も衰弱したが、頭もおかしくなったようだ」と漏らした市民が禁固十五年の刑に処された。五年は国家元首中傷罪、十年は国家機密漏洩罪だった。

例二

「資本主義とは何か」「富の不平等な分配である」
「社会主義とは何か」「貧困の不平等な分配である」

（以上、名越健郎『独裁者たちへ』講談社、一九九六による）

翻って我が国の場合を考えてみると、絶対権力を持った独裁者というのはほんの一握りしかいませんから、中村説のように「日本は諷刺文学者に乏」しくなるのではないでしょうか。

第二、諷刺をする者が自己の憤懣や怨恨をある対象に向けて発散し、いわば筆誅を加えるような場合です。それが露骨に見えるとかえって読者は引いてしまいます。特にある高みから批判、攻撃するような場合はそうなりがちです。源内の諷刺の中に時折感じられるのがこのことです。

第三は、諷刺する事柄についての正確な把握です。換言すれば諷刺にはリアリズムがなければならないということです。南畝の「貧鈍行」は誰もがその出来栄えに感服します。しかしそれは所詮言語遊戯で、面白く作れば良いという姿勢が色濃く感じられます。

南畝の場合、狂詩にしても狂歌にしても、もとの詩や歌をどれだけパロディ化するかがその制作活動の主体であり、これをグループで楽しむというのがその文藝活動の主眼ですから、リアリズムのようなことはあまり重視されません。そして、その傾向が強くなると、読者は共感することが出来なくなってしまいます。

以上に対して、銅脈の『風俗三石士』の場合はどうでしょうか。

そこにあるのは、「諦観」とでもいってよい精神です。物事をありのままに見つめ、把握する、それを批判したり攻撃するものでもない。しかしそのような精神によってスクリーニングされた現実は、人の心に何がしかの共感や問題意識を生まずには済まされない。銅脈の作品には笑いとともに人を考えさせる力がある、この人もまた源内のような意味ではありませんが、どこかで「国益」を考えていたのではないかと筆者は捉えました。

その傍証は、銅脈が後年寛政年間に、蒲生君平の歴代天皇の山陵調査に参加したことです。君平の努力はその後『山陵志』に結実した訳ですが、君平は銅脈を当時歌人として名の高かった小沢蘆庵などと並んで「同志」と呼んでいます。得意の漢詩文の素養を見込まれての参加であったようですが、銅脈自身水を得た魚のように喜んでこの事業に携わったに相違ありません。

第二十六章
俳画
画俳両道の人
『又平自画賛』

芭蕉が弟子に対して「俳諧においては老翁が骨髄」といっていたことは第四章で触れました。ここで芭蕉が「俳諧」といっているのは「俳諧の連句」のことで、連衆が集って百句とか三十六句とかを繋げていく遊藝です。しかし「俳諧」の原義、おどけとかおかしみという意味で考えると、芭蕉が骨の髄まで「俳諧」的とは到底いえないような気がします。芭蕉の俳風も様々に変わってはいますが、一貫していることは求道性が強い、換言すればクソ真面目ということです。『笈の小文』に「西行の和歌における、宗祇の連歌における、雪舟の絵における、利休が茶における、其貫道――する物は一《いつ》なり」とあるように、芭蕉は芭蕉で自らの「俳諧道」を目指し、その頂きを極めんという意志を強く持っていたものと思われます。それが行き過ぎて晩年の「軽み」志向となったのかどうかはわかりませんが、この道一筋というような生き方は「俳諧」的

与謝蕪村「かねほしや」の絵

とはいえないでしょう。

　これに対して蕪村（一七一六〜八三）はどうかといえば、その絵にしても俳句にしても、どこを切り取っても「俳諧」的であるといってよいと思っています。そもそもその人間のあり方が「俳諧」的です。そのことを一番感じるのは、その書簡です。

　まず上の絵を見て下さい。何かゴルフのバックスウィングのような絵です。これは手水鉢《ちょうずばち》を柄杓《ひしゃく》でたたこうとしている姿です。浄瑠璃「ひらかな盛衰記」の第四段、傾城梅ヶ枝が「アァ金が欲しいなァ」と手水鉢を無限の鐘に見立てて打つと「其《その》金爰《ここ》に」と、小判三百両が二階から投げ出されるという一シーンを表しています。これは門人への書簡に添えられた絵です。本文を読んでみましょう。


　いつもとは申《もうし》ながら、この節季かねほしやと思ふことに候。けふ（今日）はあまりのことに手水鉢にむかひ、かかる身ぶり致し候得共、「其かねここに」といふ人なきを恨《うら》み候。されども此雪、只も見過しがたく候。二軒茶や中村やへと出かけ可申候。いづれ御出馬可被下候。是非〳〵。以上

蕪村

佳棠福人

佳棠《かとう》というのは、俳諧書肆汲古堂の主人田中庄兵衛。雪見酒のスポンサーをお願いしますという手紙です。こんな絵入りの手紙を受け取ったら、苦笑しつつも出かけていかざるをえなかったでしょう。蕪村の飾らない温かい人柄が滲み出ています。こんな人に一度逢ってみたいなと思うのは筆者ばかりではないでしょう。なお、「二軒茶屋中村や」というのは、祇園八坂神社南門前に今も盛業中の中村楼のことです。室町時代創業と承っています。

蕪村の手紙にはいくつもこのような「俳画」の添えられたものが見られます。

次の書簡は、先日新たに発見された「奥の細道図巻」に関するものです。名宛人は季遊、本名佐々木有則、三宅嘯《しょう》山門の俳人で、阿波藩の御用達を勤める桔梗屋の主人です。

其後者《は》御《ご》疎《そ》遠罷過《えんにまかりすぎ》候。や丶冷気相催《あいもよおし》候処、御安全被成御坐奉恭慶《ごあんぜんにござなされきょうけいたてまつり》候。しかれば先達《せんだって》御もとめ之《の》おくのほそみち之巻、出来仕《しゅつらいつかまつり》候に付《つき》呈覧仕候。御ものずき甚だよろしく候而、したゝめ候にもこゝろよく大慶之至に候。

一、ケ様之《かようの》巻物之画は、随分洒落ニ無之《これなく》候而は、いやしく候て、見られぬ物に候。それ故随分と風流洒落を第一ニ揮毫《きごう》仕候。（以下略）

「奥の細道図巻」というのは、芭蕉の『奥の細道』の全文を絵入りで巻物にしたものです。この書簡によって、そのアイデアは季遊から出され、蕪村も描いてみて、その出来栄えに満足していることが窺われます。今回出現したもの（京都国立博物館で展示され筆者も拝見しました）はこの季遊に「呈覧」されたものです。

次の段で、このような巻物絵は「随分洒落」でなければ卑しくなってしまうので、「風流洒落」を第一に描いたとしている点に注目したいと思います。ここで「洒落」は「しゃらく」と読むのでしょう。「しゃらく」とは、物にこだわりのない、さっぱりとした姿を形容する言葉です。本図巻では「俳画」が九点描かれていますが、いずれも淡々とした、色彩も目につくのは淡いベンガラ色くらいで、墨絵のような味わいがあります。また、那須野での「かさね」との出合い、佐藤庄司旧跡（飯坂）での継信、忠信兄弟の妻たちの甲冑姿、そして市振での遊女たちの話（「一家《ひとつや》に遊女も寝たり萩と月」）など、「奥の細道」の中で女性が登場する花の場面を落としていないのも流石です。この図巻は九点の絵が描かれていると記しましたが、合わせて「奥の細道」の全文が写されていて、見る者を圧倒します。蕪村はこれを書き写しながら、写経がそうであるように、芭蕉の俳諧のあり方について、様々に思い繞らしていたのではないかと思われます。当時、蕉風復興運動とでもいうべき、芭蕉再評価の気運が高まっていましたから、その代表作である「奥の細道」画巻を求める人も多く、蕪村も十点程度制作したとされています。それにしても一点の誤字脱字もなく全文を書き写すというのは大変な作業です。人並外れた蕪村の集中力のしからしむるところと思わざるをえません。なお、この図巻、蕪村は絵師として染筆料をいくらいただいていたかについては、記録がありませんが、門人等に宛てた書簡などから、画料は普通の掛け軸で二分（二分の一両）〜三分程度、屏風絵などで三〜四両であったようですから、最低でも三両は頂いていたでしょう。上田秋成の晩年の随筆『胆大小心録』に「蕪村が絵は、あたひ今では高間の山櫻花」とありますが、これは蕪村没後二十年以上経った頃の話で、生前は蕪村も家計のやりくりには苦労していたようです。

　この図巻自体、笑いを生むというものではありません。しかしその描き振りが「風流洒落」という意味において「俳画」と考えてもよいのでしょう。多くの専門家も「俳画」のカテゴリーの中に入れています。

　第三に、最も「俳画」らしい「俳画」と考えられる一群の絵があります。その中で大変名高いものとして、

「又平自画賛」を見てみましょう。

　みやこの花のちりかゝるハ光信が胡粉の剝落したるさまなれ
　　又平に逢ふや御室《おむろ》の花ざかり

とあって、その下に赤烏帽子を被り、片肌をぬいで踊っている男の絵が描かれています。手前に瓢箪が転がっていますから大分お酒を聞こしめしていい気分になっているのでしょう。サラっと描いたような筆致で、こんなに満ち足りた幸せそうな顔を表現できるとは驚きです。蕪村俳画の頂点といってよい作品です。またこの作品は蕪村の有名な俳諧観、即ち「離俗論」を絵画化したような趣きがあります。蕪村は門人から俳諧の肝を訊かれて「俳諧は俗語を用いて俗を離るゝを尚《たっと》ぶ」（『春泥句集』序）と答えています。この絵が描い

与謝蕪村筆「又平自画賛」公益財団法人阪急文化財団 逸翁美術館蔵

ているのは、俗の俗たる酔っぱらいです。しかしこれを見る者には俗を超えた何ともいえない一時《ひととき》の至福が齎《もたら》されます。これが蕪村マジックであり、筆者が「俳画の頂点」と思う所以です。どうしてこのような「離俗」が出来るのかについて、蕪村は多くの書物を読むことが大切で、それによって「書巻の気が上昇し、市俗の気が下降する」からだとしています。味わい深い言葉だと思います。

この蕪村の「離俗論」、笑いについても同様に考えられないでしょうか。笑いは多く俗に生まれます。しかし「俗語を用いて俗を離れる」例は数多くあります。本書でいえば「柿山伏」（第十四章）や「芝浜」（第三十章）がその例です。

「俳画」とは、この作品のように画と賛が一体となるものと一般に考えられていますが、広く俳味のある画も含んで使われることもあります。これに対して、特定の文物（例えば「蘇鉄図」）や風景（心象風景も含めれば、例えば「夜色楼台図」）を描いたものや、文人の趣好をテーマにした文人図もしくは南画（例えば、池大雅と合作した「十便十宜図」）などが俳画と呼ばれることはありません。

では蕪村自身は「俳画」についてどう考えていたのでしょうか。

その蕪村の考え方を窺わせる書簡が残っています。安永五年八月十一日の几董《きとう》宛の手紙です。几董は蕪村の第一の弟子ともいうべき存在です。高井氏、父の几圭は蕪村の同門でした。

白せん子画御さいそくのよし、則《すなわち》左《さ》之通遣《つかわし》申候。
かけ物　七枚
よせ張《はり》物　十枚
右いづれも尋常の物にては無《これなく》レ之候。はいかい物之草画、凡海内《およそかいだい》に並ぶ者覚無《おぼえこれなく》レ之候。下直《げじき》に御ひさぎ被レ下候儀は御容赦可被《くださるべく》レ下候。他人には申さぬ事に候、貴子ゆゑ内意かくさず候。

依頼主の白せん子（白砧）は、几董の門人とされています。催促されたものが出来上がったというのです。画の「かけ物」は掛軸の絵、「よせ張物」は貼交《はりまぜ》屏風などにする小さい絵、「尋常の物」ではないので、安売りしてしまっては困ると釘を差しています。

そして「はいかい物の草画」即ち「俳画」については、「海内に並ぶ者」はいないと、蕪村には珍しくその高さを豪語しています。「はいかい物」は文字通りとして、「草画」とは一般に簡略な絵と解されていますが、簡略なら訴求する力も弱くなるものではありません。むしろ表現をギリギリまで省略することによって、より印象深い作品が可能なのだと蕪村は主張しているような気がします。例えば同じ線にしても、ダ・ヴィンチや北斎の簡潔な人体デッサンなどを見ていると、今にもその人が動き出しそうな思いに捉われることがあります。蕪村の「俳画」はそのような筆捌きとは違いますが、見る者の心を和み楽しくさせるという力があります。

その一本の線は、蕪村が試行錯誤を繰り返し、血の滲むような努力を重ねて、作り上げられたものだと思います。それがあるから、「尋常の物にては無之」と言っているのであり、何気なく簡単に出来るんだから安値でいいだろうなどと思っている人には売ってほしくない訳です。

もう一つ、これも有名な書簡ですが、蕪村が自分の画業についてどのようなプライドを持っていたのか、その矜持を理解しない依頼主に対しどう断ったのかの例を見てみましょう。

天明元年五月二十六日付の佳棠宛書簡です。第一の書簡にもあったように、蕪村は宴会好きでした。京の花街にも足繁く通っています。その中で晩年小糸という妓女と親しくなります。その小糸から、白練《しろねり》の袷《あわせ》に山水を描いて欲しいとの依頼がありました。蕪村はそれは「あしき物好き」だから小糸には「とくと」言い聞かせて断ってほしいと佳棠に頼んでいるものです。中段から引用します。

小糸かたより申こし候は、白ねりのあはせニ山水を画《えが》きくれ候様ニとの事に御坐候。これはあしき物好きとぞんじ候。我等書き候ては、ことの外きたなく成候て、美人ニは取合《とりあわせ》甚《はなはだ》あしく候。

として、それだったら（門人の紀）梅亭が良いから彼に頼んだらいいと述べた後、

小糸、右之道理をしらずしての物好きと被ㇾ存候。我等が画きたるを見候はゞ、却而《かえって》小糸後悔可ㇾ致と、きのどくに候。小糸事ニ候ゆへ、何をたのみ候ても、いな（否）とは申さず候へども、物好きあしく候ては、西施ニ黥《イレズミ》いたす様成《なる》物にて、美人之形容見劣り可ㇾ申と、いたはしく候。（以下略）

「西施（古代中国の美女の名、第十八章参照）に黥」とは言い得て妙なる表現です。美人と「はいかい」味は、あまりマッチしないのです。それにしても、蕪村の小糸に対する愛情の溢れた手紙です。佳棠がどう断ったのかはわかりませんが、この手紙の通りに「とくと」言い聞かせたなら、小糸はますます蕪村に描いて欲しいと思ったでしょう。

俳諧については、蕪村の画俳の融合の中で一つの頂点に到達したのではないかと考えています。以降、蕪村を凌駕する俳諧は後を断ちました。誰もがその名を思いつくことはありません。

ある文藝が頂点に達した時に、それを牽引してきた人は今までとは違った境地についても試行を続けてい

るものです。蕪村の場合も然りで、それは「俳詩」と称される三つの作品です。『春風馬堤曲《しゅんぷうばていのきょく》』『澱河歌《でんがか》』そして『北寿老仙《ほくじゅろうせん》をいたむ』の三作品です。これらを読む人は、これまでの俳諧師、俳人の残した詩作と全く違った表現法がここに試みられていることに気づきます。

まず第一の特色は、和文と漢詩の混用です。例えば『春風馬堤曲』では、まず十八首とあって、冒頭に、

○やぶ入や浪花《なにわ》を出《いで》て長柄《ながら》川
○春風《はるかぜ》や堤長うして家遠し

の二句が置かれ、次に

○堤下摘芳草　荊與蕀塞路
　荊蕀何妬情　裂裙且傷股

と漢文が続きます。読み下せば「堤ヨリ下《オ》リテ芳草ヲ摘メバ、荊《ケイ》ト蕀《キョク》ト路《ミチ》ヲ塞《フサ》グ、荊蕀何ゾ妬情《トジョウ》ナル、裙《クン》ヲ裂《サ》キ且《カ》ツ股《コ》ヲ傷ツク」となります。しかしこの読み下し文が、冒頭の二句に続きますと、何か間伸びして、説明的になってしまいます。また、「荊蕀塞妬裂傷」などの文字は漢語で固まっていると、より印象が強く感じられるものです。蕪村のその辺りの計算は絵画的といってよいと思います。

俳諧が基本的に上の句と下の句の付け合いの中に笑いを生む文藝であることから、これを和漢で作ってみようというような発想は俳諧に親しむ文人には自然に生まれるものかもしれません。有名な例としては書家

として大を成した沢田東江（南畝の師でもありました。第二十四章）の『異素六帖』（宝暦七年〔一七五七〕刊）が上げられるでしょう。本書は漢詩と百人一首を対にして作ったもので、例えば次のような作例があります。

　　ふられし客
　深林人不ㇾ知《シラズ》　明月来《キタリテ》相照
　かたぶくまでの月を見し哉

と番《つが》えています。漢詩は王維の「竹裏館」、下の句は赤染衛門の作品です。

蕪村の例は、このような一種のパロディではなく、自在に和文漢文を操って新しい世界を出現させています。

第二は俳諧の約束事から全く離れて自由詩を和文で綴る試みです。これはよく知られた「北寿老仙をいたむ」が好例です。

　君あしたに去《さり》ぬゆふべのこゝろ千々《ちぢ》に何ぞはるかなる

で始まる十八行詩です。ここには五七五もなく「式目」もありません。それでもこれを読むと、蕪村が持つ恩人早見晋我への思いがひしひしと伝わってきます。

蕪村は絵画においては様々なタイプの絵を描きました。その力があるのですから、言語藝術の分野でも様々な表現法にトライし、このような詩も、もっと残してほしかったと思います。

第二十七章

論争

尊大のおや玉 VS. 浮浪士《のらもの》『呵刈葭』

本居宣長と上田秋成は、いずれも国学者として活躍した同時代人です。秋成が晩年書き記した随筆『胆大小心録』には、秋成が宣長を罵倒する文章が綴られています。その一部を見てみましょう。

門人を教の子と云て、ひろくきたるをあつめられし人あり。やはり此人も私の意多かりし也。伊勢の国の人也。古事記を宗として、太古をとくとせられしとぞ、翁口あしくて、

ひが言をいふてなりとも弟子ほしや古事記伝兵

（大意）門人は教えの子だといって、広く集めている人がいる。この人も私心の勝った人である。伊勢の国の人で、古事記を絶対として、古代を解説しているようだ。自分は口が悪いので、次の歌を作った。

間違ったことをいっても弟子は欲しいものだ　古事記（乞食）伝兵衛と人にいわれようとも

衛と人はいふとも

もう一ヶ所も見てみましょう。

やまとだましひと云事をとかくにいふよ。どこの国でも其国のたましひが国の臭気なり。おのれが像の上に書しとぞ。
敷島のやまと心の道とへば朝日にてらす山ざくら花
とはいかに〳〵。おのが像の上に、尊大のおや玉也。そこで、「しき嶋のやまと心のなんのかのうろんな事を又桜ばな」とこたへた。いまからかといふて笑ひし也。

（大意）宣長は大和魂ということをよくいう。しかし、どこの国でもその国の魂というものは国の臭気である。自分の像の上に書いたと聞いた、
敷島のやまと心の道とへば朝日にてらす山ざくら花
とは何たることか。尊大の親玉というべきか。そこで「しき嶋のやまと心とか何とかうさんくさいことを花々しくいっているよ」と返歌しようといって笑ったんだ。

この「おのれが像の上に書」いたとされる和歌は、宣長六十一歳の自画自賛像にあり、そこでは、

しき嶋のやまとごゝろを人とはゞ　朝日にゝほふ山ざくら花

となっています。傍点部分が秋成の引用と違っているところです。

いずれも罵詈雑言といってよいくらいの悪態ぶりです。ただこの二人、直接会ったという記録は残されていません。

秋成と宣長は後述のように「呵刈葭《かがいか》論争」と称される論争を闘わせますが、秋成にとって宣長は、生涯を通じて癇に障る「尊大の親玉」であったようで、最晩年に至って昔年の鬱憤《うっぷん》が爆発したような感じがします。

この『胆大小心録』は文化五年（一八〇八）に書かれたと考証されています。宣長は享和元年（一八〇一）に亡くなっていますから、まさに死者に鞭打つような仕打ちです。

もっともこの両者、生い立ちもその後辿った人生も、また性格やものの考え方も、対照的な存在で、双方ともにムシの好かない奴だと思っていた節があります。

まず本居宣長（一七三〇〜一八〇一）、伊勢の松坂の出身です。生家は小津家といって木綿の仲買商を営んでいました。後に医師を志し、京都に遊学します。この時儒学を堀景山に学び、その影響で荻生徂徠の方法論を知り、それを応用して国学、具体的には『万葉集』や『源氏物語』など、更には『古事記』の研究へと進みます。そして、国学の師賀茂真淵との出会いは、「松坂の一夜」として伝説化されることになりますが、以後営々と『古事記』の研究に勤しみ、寛政十年（一七九八）に、『古事記伝』全四十四巻の執筆を完了しています。大勢の弟子に囲まれ、名声天下に轟き、紀州侯から出仕の要請が来るほどでした。大学者としての見事な一生です。

一方の上田秋成（一七三四〜一八〇九）、大坂の生まれです。「父無シ其ノ故ヲ知ラズ、四歳母マタ捨ツ」と自署した箱書きがありますが、ある旗本の私生児として生まれ（自ら「浮浪士《のらもの》」と自己規定しています）、四歳の時に堂島の紙油商嶋屋上田某の養子となったとされます。後、俳諧師、読本作家、国学者、歌人、そして医師など多彩な活動を展開しますが、宣長のようにこの道一筋という訳ではありません。また裕かだった養家も火災に遭って全焼するとか、可愛がっていた隣家の幼児が亡くなるなどがあって、それを機に京に移住します。数える程の弟子もなく、宣長のように国学者として大成した訳でもありません。特に晩年は妻瑚璉尼に先立たれ、眼病に悩まされ、親友小沢蘆庵を失い、孤独のうちに亡くなりました。

作品でいえば『雨月物語』『春雨物語』などが有名ですし、よく読まれています。あまり知られていませんが、『諸道聴耳世間猿《しょどうききみみせけんざる》』など西鶴風の短編小説で笑いの要素も混じったものなども書いています。

しかし本章では、そのような作品群ではなく、宣長との間に闘わされた論争を取り上げたいと思います。世に「呵刈葭(かがいか)」論争と称されるもので、天明六年(一七八六)から翌年にかけて闘わされました。宣長五十七歳、秋成五十三歳の頃になります。「呵刈葭」とは、葭《あし》を刈る難波人（秋成）を呵《しか》るというような意味です。宣長にはこの他藤貞幹という人との論争があり、この時は相手を批判する文書に『鉗狂人《けんきょうじん》』という名をつけています。「狂人に鉗《くびかせ》す」という意味です。宣長は名文家で、例えば『石上私淑言《いそのかみささめごと》』や『初山踏《ういやまぶみ》』などは流れるように流暢な文章で知られています。しかし、ひとたび自分の体系を否定するような考え方が示されると、それこそ人が変わったように執拗に相手を攻撃し、一片の妥協の素振りすらみせず、完膚なきまで相手を論破しようとします。

宣長が秋成との論争を整理して示したのが『呵刈葭《かがいか》』であり、その名を取って「呵刈葭論争」と呼ばれています。なぜこの論争を本書が取上げるかといえば、そこにある立論、批評、開示などの論争の姿が、笑いを考える場合にも大いに参考になるからです。

争点は大雑把にいって二つです。第一は、古代の日本に「ん」という音はあったのかを中心とする上代仮名遣いについての国語学的な論争（『呵刈葭』上第二条）で、第二は、日神《ひのかみ》、則ち天照大御神《アマテラスオオミカミ》が「四海万国」を照らすことはありえないのではないかというといわば神話論争（同下第二条）です。

本稿では「日神論争」と呼ばれた第二の点を中心に話を進めます。

まず秋成は、オランダ人がもたらした「地球之図」を持ち出して、わが国がどこかと見れば、「ひろき池の面にさゝやかなる一葉を散しかけたる如き小嶋」ではないか。にもかかわらず、「万邦に先立《さきだち》て開闢《ひらけ》」、「大世界を臨照まします日月は、ここに現《あらわ》しましし本国也。因《より》て万邦悉《ことごと》く吾国の恩光《おんこう》を被《こうむ》らぬはなし、故に貢《みつぎ》を奉《ほうじ》て朝し来れ」などといっても、一国もその言に服して朝貢するような者がないばかりか、何を馬鹿なことをいっているんだと怪訝な顔をされるだけだ。わが国の神話にこうあると主張しても、神話はいずれの国にもあるもので、自分の国の神話を他国に及ぼそうとするようなことは、「縁者の証拠」と諺にあるように、誰も納得しないだろう。試みに、（宣長）大人《うし》よ、中国か印度に生まれて学び、三国兼学した後に、同じように言うのかどうか、考えてみたらどうかと主張しています。

これに対して宣長は、秋成が『日本書紀』や『古事記』という原典を精読していないことを批判した後、次のように答えます。

まず「物の尊卑美悪」は形の大小によるものではない、「皇国の万国にすぐれて尊き」理由は、①「皇統の不易なる御事」、②「稲穀の美しきこと」、③「神代よりして外国に犯」されなかったこと、④「戸口稠密にして、殷富隆盛なること」など、枚挙に遑がないではないか。

また、各国それぞれに伝説があるというが、「外国の伝説は正しからず、或はかたはしを訛《なま》りて伝へ、或は妄《みだり》に偽造して愚民を欺くもの也」。従って、そのような「漢意《からごころ》のなまさかしらを清く洗ひ去て、濁なき純一の古学の眼を開いて見る」時は、わが古代の伝説の真実なることが明白になるであろうと反論しています。

このようなやり取りを読んで、読者の皆さんはどう感じられましたか。秋成の意見は至極もっともだ、それに対して宣長の狂信的で夜郎自大の言説はどうだ。常識的な意見に対し、ムキになって反論しているところに滑稽さすら感じる。何でこんな人物が国学の巨人とか、日本とは何かを考える教導師とかいわれてきたのかなどと、疑問に思われた人も多かったのではないでしょうか。

宣長にそれをぶつければ、それは「漢意」にどっぷりと漬かっているからそう見えるんだというでしょう。今は「漢意《からごころ》」でなく、「米意《アメリカごころ》」の時代です。尚更「非合意」な主張が一顧だにされない時代です。

筆者は宣長の説くところにも一理あるのではないかと考えています。

第一は、国の「尊卑美悪」は国の大小によって決まるものではないという考え方です。地政学とか地経学とか、国を軍事力や経済力の大小で序列づけるような考え方がありますが、そのような思想に染まっていれば、何時まで経っても紛争が収まることはありません。宣長は、国の評価を、「尊卑」、則ち倫理的であるかどうか、「美悪」、則ち美的であるかどうかを物差しにしなさいといっているのです。これは今こそわれわれが大切にしなければならない考え方ではないでしょうか。

第二に、その物差しへの示唆が、理由として挙げられている四点です。これらを今日的に読み変えていえば、①は社会の安定、②は自然の保持、③は平和の保全、④は人口の維持と経済の繁栄です。今日でもこれらを同時に達成している国は「尊美」の国といえるでしょう。

第三に、信仰というものをどう考えるかという点です。信仰とは基本的に合理的に説明できるものではなく、従ってその論争は多く水掛論に終わります。宣長の信仰は何かといえば自らが明らめた古代日本、主に『古事記』に記された神話から始まる日本を絶対視する信仰です。

信仰でわかり易い例で考えれば、アメリカで強い勢力を持っている聖書絶対主義の考え方です。神の言葉を絶対として、例えば進化論を否定する人々です。彼らに対して科学的人類学的な説明をしても受けつけないでしょう。

信仰とは、世界が不可知、不可測であるということを前提としています。だからこそ何者かに帰依する、換言すれば自己の限界を認識することになる訳です。秋成から見れば宣長は「尊大のおや玉」と見えても、本人は至って敬虔な「日神教徒」なのです。

以上、「呵刈葭論争」の一端を見てきましたが、喧嘩の野次馬的にいえば、ワクワクするようなものではありません。何故ならば、論争を通じた新しい発見のようなものがないからです。双方言いっ放しの水掛論に終始しています。筆者としては、例えば「尊卑美悪」についてもっと突っ込んだ議論をして欲しかったと思います。そういう中で、日本の社会や文藝の長所や短所が浮き彫りになってくるからです。

次に第三者評価という面ではどうかという点です。学者という観点からは、宣長が大関であれば、秋成は前頭筆頭というところでしょうか。当時、様々な分野で番付表が作られました。国学者についての番付表は見たことはありませんが、番付とは、客観的に正しいかどうかは別に、一般世人の評価を反映しているものと考えられます。この論争についても世人の評価はどうだったのでしょうか。

批評ということでは、江戸時代に各種の「評判記」が出されています。まず「遊女評判記」があります。第二十一章でご紹介した『難波鉦』は大坂新町遊郭の遊女達の手練手管を語るという形の遊女評判記ですし、江島其磧の『けいせい色三味線』も同様の狙いをもって作られたものです（拙著『藝術経営のすゝめ』中央公論新社、二〇一八参照）。

次いで、遊女評判記に倣って、歌舞伎役者の「役者評判記」が出ました。最もよく知られているものが『役者口三味線』で、元禄十二年（一六九九）に八文字屋から出ています。興味深いのは「位付」と称される評価（極上上吉、上上吉、上上など）が付されていたことです。「役者評判記」は数多くのものが出版され、『歌舞伎評判記集成』という厖大な資料集としてまとめられています。江戸も中期以降になりますと、様々な分野で評判記が作られ、俳諧師や儒学者などもその例外ではありませんでした。多くは遊女評判記の体裁を取っています。国学者の評判記は見たことがありません。

最後に開示という点では、『呵刈葭』では、初めに「秋成の初度の難文は写しとどめざる故に、ここにしるすことあたはず」と断り書がありますが、全体としてかなり正確に秋成の主張が引用され、これを宣長が論駁するという形がとられています。また、ひとつひとつの論点についても、丁寧に例示を挙げたり、解説したりしており、宣長の「学者的良心」を感じます。秋成に直接答えるというよりも、この論争を正確に書き止め、自らの主張の正当なることを、広く世に問いたいという思いがあったものと思われます。

笑いは、はじめから巫山戯《ふざけ》た場所や機会にだけ生まれるものではありません。「呵刈葭論争」のような真面目な場でも生まれるものです。論争の当人が真面目であればあるほど、その笑いの質は深まります。「日神論争」では、宣長の秋成に対する反論に、何と馬鹿なことをいっているのだろうという笑いがありました。しかし、その笑いは、よくよく考えてみると、そんなに単純なものではないと気づきます。そして「不可測なることは不可測といはで何とかいはむ、不可測をしひて測りいはむとするは、小智をふるふ漢意の癖也」などという文章に接すると、それを笑った自分が笑われているような気になります。そして大切なことは、立論、批評、開示について「良心的に」対応することではないかとも思います。

最後に、仮名遣いについて何やら難しい論争をしているなと知った蕪村が秀逸な句を残しています。実は蕪村は何回も秋成に会っており、また弟子の几董は秋成と濃密な交際をしていました。

あらむつかしの仮名遣ひやな。字儀に害
あらすんば、ア、まゝよ

梅咲きぬどれがむめやらうめじややら

むめ（んめ）なのかうめなのか、そんな穿鑿より、眼の前の梅を賞で、香りを楽しもうではないかといっているのです。

第二十八章

半可通　色男、金あり、力なし

『江戸生艶気樺焼』

江戸時代も中期以降になりますと、数多くの出版物が発行されるようになります。もとより徳川の平和の下で政治が安定し、全国統一市場が生まれ経済が発展し、三都（江戸、大坂、京）を中心に都市が繁栄する中、諸藩が競って藩校を設立し、また庶民教育の場としての寺子屋も普及するなど、国民の識字率は飛躍的に向上し、書物に対する需要が急速に高まりました。

文系のものを出版点数でみると、仏教書（儒教関係は少ない）、俳諧書そして戯作と称される一群の書物が多く発刊されています。

現代の日本人が、自国の文学的古典について、全般的にも左程の関心を懐いているとは思えないが、その中でも、最も冷淡にあつかわれるものに、戯作と称する一群がある。僅かな好事家を除けば、一般読書家も、これに文学としての関心をよせないのみならず、何かの折に一見しても、感動や共鳴を催さない。かえって嫌悪を催しさえするのではないかと思われる。

これは中村幸彦『戯作論』(『中村幸彦著述集 第八巻』中央公論社、一九八二、初出は一九六六)冒頭の一節です。戯作に関してはこの中村論文と、中野三敏『戯作研究』(中央公論社、一九八一)が仰ぎ見る高峰となっており、以下その学恩を受けて記述していることをお断りしておきます。

たしかに、今日の日本人で戯作に親しんでいる人はここにあるように「僅かな好事家」以外にはおよそ考えられません。しかし、本書が「笑いの日本史」を説く以上、これら戯作を避けて通ることはできません。

では「戯作」とは何か。それは一言で説明できるような簡単なものではありません。その定義や分類についても様々な考え方があるようですが、本書ではこの中村論文にならって「普通に山東京伝の黄表紙、洒落本、式亭三馬や十返舎一九の滑稽本を主にして、滝沢馬琴の読本、為永春水の人情本などの総称としておく」という定義を採用したいと思います。

ここに例示されているカテゴリーは多岐にわたりますが、共通していることは読んで娯しむ本だということです。即ち、人間とは何かとか、人生の真実をどう考えるかとか、悪人が栄え、善人が苦しむのは何故かといった「文学青年」が好むようなテーマとは一切かかわりなく作られています。

それを今日の尺度からいって低俗であるとかいっても始まりません。一方、笑いの視点に立ってみると、そこには多種多様な笑いがあり、日本人の笑いを考える場合にも貴重な材料ともなっています。

そこで本書ではその「戯作」のうちから、「山東京伝の黄表紙」の代表作として『江戸《えど》生艶気樺焼《うまれうわきのかばやき》』(本章）と、「十返舎一九の滑稽本」の代表作として『東海道中膝栗毛』（第三十一章）を取上げてみましょう。

作品に入る前に、作者と黄表紙について簡単に記します。

山東京伝（一七六一〜一八一六）は、江戸深川木場の生まれです。父親の岩瀬伝左衛門はもともと伊勢の出身、京伝は九歳の時にある御家人に入門して手習いを始めますが、この時父からもらった机を生涯愛用します。晩年に「古机の記」という文章を残していますが、そこには、この机の上で「つくれる冊子は百部をこえ、つもる歳は五十にあまれり」と、机も自分もともに老いて、今はあちこちガタガタだと記しています。筆者は京伝のこういう文章を読むと、その人柄が惻々と伝わってくるようで、その人となりに好感を禁じえません。京伝はまた浮世絵を北尾重政に学び画号を政演《まさのぶ》と称しました。文才ばかりでなく画才にも富み、自作自画の書物も作っています。実は黄表紙というのは草双紙の一ジャンルで、絵入りの滑稽小説をいいます。恋川春町の『金々先生栄花夢』（一七七五刊）の出現以降、黄表紙が大人も楽しめる絵入り小説として江湖の支持を得たのです。この年は、京伝が北尾重政の弟子入りした年でもあります。

京伝も、春町の成功を見て、黄表紙をいくつか出版しますが、天明五年（一七八五）の『江戸生艶気樺焼』で大ブレイクします。主人公艶二郎《えんじろう》の獅子鼻は京伝鼻と呼ばれ、艶二郎は遊里でよく見かける自惚れ男の代名詞となったのです。

この本のテーマは、どうしたら「色男」と見られるようになるかということです。「色男、金と力はなかりけり」といわれますが、この本の主人公は金の方はあり余るほどある男です。だから逆に金が邪魔になってくるのです。

解説はこのくらいにして、作品に入っていきましょう。

主人公は「百万両分限《ひゃくまんりょうぶげん》（金持）とよばれたる仇気屋《あだきや》のひとり息子」艶二郎十九歳です。

お金に苦労のない身分、生まれつき色恋を好み、新内節に詠まれる色事の主人公のように浮名の立つようになりたいものだ、それがなるなら命も惜しまないと考えて、「近所の道楽息子北里（吉原の別称）喜之介、わる（悪）井志庵（思案）という太鼓《たいこ》（持ち兼業の）医者」に相談をもちかけます。

喜之介は、芝居唄の「めりやす」（長唄の一種で、当時の流行歌、しっとりと沈んだ調子がある）を唄えなければとか、恋文の作法を覚えなければとか、志庵は素人女と「商売あがり」の見分け方とかを指南しますが、まず艶二郎は「彫物（入れ墨）が浮気の始まり」と、二、三十ヶ所に思いつくままの女の名を彫りますが、喜之介から中には（関係が切れて）消したものもあった方がいいと助言され、いくつかは灸をすえて消す工作、艶二郎「色男になるも、とんだつらいものだ」。

黄表紙は主として会話体で話が進みます。「　」の上の固有名詞はその話者を示します。

次に、色男の典型として役者の家に美しい娘が駆け込むという話があるが、自分にも何とかそういう噂を立てたいと思い、近所の町藝者を五十両で雇って家に駆け込ませる。これを見た下女ども「おらが若旦那に惚れるとは、とんだ茶人（物好き）だ」。町藝者は予め教えておいた艶二郎をいかに恋しているかという科白《せりふ》を並べ立てますが、艶二郎「もふ十両やらふから、もちっと大きな声で、隣りあたりへ聞こへるやうに」。

この噂、さぞ世間でもちきりになるだろうと思いの外、隣でも知らないので、艶二郎は瓦版にして江戸中にバラ撒くことにします。

読売（瓦版の売り子）「評判〳〵。仇気屋の息子艶二郎といふ色男に、美しい藝者が惚れて駆け込みました。とんだ事〳〵。こと明細〳〵。紙代板行代におよばず。ただじゃ〳〵」

窓から見る女「みんなこしらへ事さ。ただでも読むのがめんどうでござんす」

艶二郎はくしゃみをする度に、世間ではさぞ俺の噂をしているのだろうと思いますが、一向に町内でさえ知る者がいないので、この上は女郎買いを始めて浮名を立てる外ないと思い、悪友をひきつれ吉原の茶屋に参ります。相方は「手（手練手管）のある」と評判の浮名屋の浮名。初会は雑談に終始。

艶二郎は女郎買いに出ても、家へ帰って焼餅をやく者がいなければ張り合いがないと思って、四十近い女を支度金二百両で妾に抱えます。

こうしておいて吉原だけでなく、深川、品川、新宿など江戸中の岡場所（非公認の遊里）を遊び歩いたものの、浮名ほど「手のある」女郎はいないと思えてきたので、人並の方法ではなく、かといって「間夫《まぶ》」（情人）になろうといっても承知しないだろうから、志庵名で連日浮名を揚げ詰めにして、自分は「新造《しんぞ》買い」に甘んじて、この「不自由なところが日本（日本一、最高）」だとうれしがります。

ここは補足しますと、お目当ての遊女が他人に買われている場合、代りにその遊女の身の回りの世話をする新造が宛《あてが》われて、その遊女の時間が空くまで待っていることになります。また遊女がちょっと抜け出てきた時に密会する遊びが粋だともされていました。

艶二郎「てまへが俺のとこへ来ると、あっちらの大尽（この場合志庵）がやけを起して、遣手（婆）や回し（雑役夫）を呼んで、小言をいふ内の心持のよさは、どう安く踏んでも、五、六百両がものはあるのさ」

浮名「ほんにぬしは酔狂な人でござりんす」

遊里では、通っている茶屋に無断で他の女郎のもとへ通うというような二股をかけた遊びをすると、新造や禿《かむろ》が大門で待ち伏せていて、出る所を見つけられると、つかまえて不義理を償わなければならないとされていますが、艶二郎はこれもやってみたく思い、何の不義理もないのに、新造や禿に頼んで、つかまって引きずられていく場面を再現してもらい、それを「とんだ外聞がいい」と喜ぶ始末です。

艶二郎が五、六日ぶりに帰宅すると、待っていた妾が「ここぞ奉公のしどころ」と、かねて反覆練習していた焼餅の言葉を連ねます。

艶二郎「恥ずかしいこったが、生まれてから初めて、焼餅をやかれてみる。どふもいへねへ心持だ。もちっと焼いてくれたら、てめへが、ねだった八丈と縞縮緬《しまちりめん》を買ってやらふ。もちつと頼む〳〵」

また艶二郎は本所回向院（諸宗山無縁寺回向院、京伝の弟京山が建立した京伝墓があります）の開帳の際に、役者や遊女が自分の名や紋を染めた手拭いや提灯を奉納するのにならって、浮名と自分の紋を組み合わせた比翼《ひよく》紋を作って奉納したり、お芝居などでは色男はよくぶたれるので、しきりにぶたれたくなり、地回りのならず者を一人三両で四、五人頼み、ぶたれてバラバラになった髪を浮名に梳《す》かせるつもりで、丁度良くほどけるように細工もしていましたが、ぶたれどころが悪く息も絶え絶えになって家に担ぎ込まれ、髪梳きどころでなく大騒ぎとなり、「よっぽど馬鹿者だといふ浮名すこしばかり立ちけり」となります。

ここで艶二郎、世間の噂を聞くに、自分が金持なのでみんな欲得ずくなんだといわれていることから金持が嫌になり、両親に勘当してくれと願います。しかし一人息子のことで許されず、ようやく母親が取りなして（人の噂も）七十五日間の勘当の許しを得ます。父「望みとあるから、是非（仕方）がない。はやく出てうせろ」。艶二郎「有難や〳〵。四百四病の病より、金持（本来の諺は貧）ほどつらいものはない」

また艶二郎は、薬研堀《やげんぼり》の名のある藝者七、八人を雇って、勘当が許されるようにと浅草の観音に裸足《はだし》参りをさせます。藝者「ゑゝかげんになぐって（手を抜いて）、早く仕舞わをねえ」同「（百度でなく）十度参りぐらいでいゝのさ」

さらに勘当中の身ではあるものの、母から十分な仕送りがあるにもかかわらず、何か商売をしてみたい、色男のする商売は（扇の）地紙売りと思って、まだ夏も来ないのに商いを始めますが、一日歩き回って足をマメだらけにしても、買う人もなく懲《こ》り懲《ご》りします。

こうして七十五日の期限がきて、家からは勘当を許すと催促に来ますが、まだ浮気をし足りないと日延べをしてもらい、最後に心中ほど浮気なものはないと思い至って、浮名を千五百両で身請けし、喜之介と志庵には二人が南無阿弥陀仏と唱えたらそれを合図に止めに入ってくれとか、二人の辞世の句を予め作っておくとか道具立てに余念がありません。

浮名はたとえ「うそ心中」にしても外聞が悪いと不承知でしたが、それを「首尾よくつとめたあとでは、好いた男と添わせてやろう」と得心させ、この心中を芝居にする段取りまでつけます。

しかし素直に身請けとなってしまっては色男ではないので、駆け落ちすることとし、茶屋の二階の格子をこわして梯子をかけ、浮名を受け取ります。艶二郎「二階から目薬とは聞いたが、身請けとはこれが初めてじゃ」若い者「花魁《おいらん》、ごきげんよふお駆け落ちなされまし」

そして最後の心中の場は、三囲《みめぐり》土手と定め、艶二郎が脇差しを抜いて「南無阿弥陀仏」と唱えたのを合図に、黒装束の二人の泥棒が現れ、二人の衣類を剝ぎ取って素っ裸にしてしまいます。泥棒が、お前らはどうせ死ぬものだから、介錯《かいしゃく》してやろうというと、艶二郎「これこれ早まるまい。われわれは死ぬための心中ではない。ここで止手《とめて》が出るはずだ。どう間違ったかしらん。着物はみんな上《あ》げましやうから、命はお助け〳〵。もうこれに懲りぬことはござりません」泥棒「此以後こんな思い付きはせまいか〳〵」

ここで浄瑠璃の道行の文章を真似た戯文「道行 興鮫肌《きょうがさめはだ》」が挿入されます。引用したのがその道行の絵姿、相合傘の下、縮緬の褌一丁の艶二郎と揃いの腰巻一枚の浮名が描かれています。

艶二郎「俺はほんの酔狂でした事だから是非がないが、そちはさぞ寒かろう」浮名「ほんの巻きぞへで、難儀さ」

とあって家に帰ると衣桁《いこう》に泥棒に剝がれた小袖がかけてあります。不思議に思っていると、泥棒に扮して

山東京伝『江戸生艶気樺焼』「艶二郎浮名の道行の図」

いた親の弥二右衛門と番頭候兵衛が出てきて事情を説明し様々に異見します。ここで艶二郎ははじめて世の中を知り、真人間になり、浮名と夫婦になって、家は末繁盛したとハッピーエンドで話は終わります。

このような金持の馬鹿息子の自惚れ話のどこが面白いのかと、「嫌悪を催しさえする」人もいると思います。当時の人々が面白がったのは、艶二郎の振舞いに近似した行為が断片的であったとしても見られていて、それを笑い飛ばすことに読者として快感を感じたからではないかと思います。艶二郎のモデルとして、幕府の弓弦御用達の浅田栄二郎（国学者岸本由豆流《ゆずる》の父）、十八大通の一人である材木商和泉屋甚助、遊女花扇と情死未遂事件を起こした旗本安倍式部などが擬されていますが、特定の誰をモデルにということでなく、一部は彼らの行為を参考にして京伝が創作したものと思われます。しかし読む方は、ハハーンあの事件の裏はこうなっていたのかとか、結局は金の力でああなっているのかとか、適宜誤解も含め納得して、これらの愚かしい行為を笑い飛ばせるのです。

また、読者は部外者ですから、「窓から見る女」の科白のように、醒めた眼で見ています。そういう立場に立てば、これでもかこれでもかと愚行が連鎖していった方が面白い訳です。

最後に、京伝が読者心理を衝く天才だなと思うところは、道行の最後で、艶二郎が「そちはさぞ寒かろう」と浮名を労《いたわ》った一言にあります。それは艶二郎の改心です。それまで愚にもつかぬ数々の行いで周囲の軽侮と顰蹙《ひんしゅく》を買っていた男が、ここで等身大の真人間になったのです。もしこの一言がなければ、読者は「みんなこしらえ事さ」と、主人公に感情移入することができません。よく「笑いとペーソス」と対にして用いられますが、このペーソスがあって笑いも思い切って笑うことができるのでしょう。

黄表紙は「邯鄲夢枕」のパロディ、恋川春町の『金々先生栄華夢』（安永四年、一七七四）を嚆矢とし、その後天明・寛政年間にかけて出版点数が二千といわれるほど大流行しました。何しろ笑える、面白い、肩も凝らずにヒマつぶしになる、そのような本は売れて当然です。値段も安く一冊十文が普通だとされています（棚橋正博『山東京伝の黄表紙を読む』ぺりかん社、二〇一二）から、当時の二八蕎麦（十六文）より安い。現在のマンガ雑誌よりも安い値段です。この『樺焼』は三巻三冊となりますから、合わせて三十文。

京伝はその後も、『江戸春一夜千両』《えどのはるいちやせんりょう》（天明六年）、『孔子縞于時藍染』《こうしじまときにあいぞめ》（寛政元年）、『心学早染草』《しんがくはやそめぐさ》（寛政二年）などの黄表紙を続々と世に出し、戯作界の第一人者となっていきます。

一方艶二郎や京伝の与り知らぬところで時代は変わっていきました。老中田沼意次が失脚し（天明六年）、松平定信を中心とする寛政の改革が始まります。

機を見るに敏な京伝は、この『心学早染草』では、当時流行した（石門）心学の「道理先生」なる人物を登場させ、放蕩息子がその教えに従って「親に孝をつくし、眷属《けんぞく》をあはれみ、大君子とぞなり、家富み栄へける」などと教訓色を強めて、「寛政の改革」の風潮に合わせようとします。

京伝はまず冒頭から「画草紙《えぞうし》は、理屈臭さを嫌ふといへども、今そのりくつ臭さをもて、一趣向となし、三冊に述《のべ》て幼童に授く」と防衛線を張っています。

主人公は日本橋の有徳の商人の孝行息子理太郎が、ある日うたた寝をしている時に、悪い魂が這入りこんで、それからは人が変わったように吉原通いや大酒、博打にのめりこみ、家からは勘当され、遂には宿無し追剝にまで落ちていきます。ところがこれもある日仁徳の人「道理先生」に引っとらえられ、その先生の教化によって「前非を悔ひ、本心に立かへる」という話となっています。

こんな話は読んでいても、全く面白くありません。

誰もがそんな説教聞きたくないと思っているから面白くないのではありません。人物の造形にリアリティが全くないから面白くないのです。ここに笑いを生むものが何かの秘密が隠れています。それは人生の真実なのです。

京伝の言葉に「草双紙は理屈臭きが故に貴からず、茶なるをもって貴しとす」という至言があります。「茶」は茶化すの茶で、一種の批判精神です。こんな時局迎合な作品は本人も作りたくなかったのではないかと思います。

しかし、京伝はこの涙ぐましいばかりの迎合にもかかわらず、翌寛政三年（一七九一）に彼の洒落本（遊里遊女本）三作が「禁令」（町触れ）を蔑ろにするものであるとされ、北町奉行所初鹿野《はじかの》河内守から「手鎖《てじょう》五十日」の処分が下されました（この筆禍事件の詳細については、棚橋前掲書に詳しい）。

理由はこれらの著作が「好色本之類は、風俗之為ニもよろしからざる」ということのようですが、禁令を守ろうともしない作者、版元に対し、有名人を槍玉に挙げる一罰百戒の意味が大きかったようです。以降、京伝は滑稽本、読本（小説）、合巻（長編小説）などに活路を見出していくようになります。

第二十九章 化物

虚を虚として楽しむ

『狂歌百鬼夜狂』

『論語』（八佾篇）に次のような章句があります。

祭ること在《いま》すが如くし、神を祭ること神在すが如くす。

前半は何を祭るのかが記されていませんが、先祖の祭祀のことと考えられています。先祖にしても神にしても、眼の前におられるように祭りなさいというのです。先祖の霊のことを鬼《き》といいます。神や鬼の存否や役割についての議論を「鬼神論」といい、江戸の儒学者や国学者の間で真剣な議論が行われています。詳しくは拙著『反「近代」の思想』で一章を設けて詳述しています。

『論語』で説かれているのは、それらがフィクションだとしても、それが一定の役割を果たしているなら、あえて否定することもないのではないかという考え方です。

第二十二章で取り上げた平賀源内に『天狗髑髏鑒定縁起《てんぐしゃれこうべめききえんぎ》』という一文があります。ある時源内の許に大場某という人物が「異物を携」えて訪ねてきて、愛宕山下の桜川から拾い上げた「怪しき物」で、どうも姿形から推すに天狗の髑髏ではないかと思われます、「先生鑑定よろしくお願いします」というのです。

そこで源内は弟子も交えてその真贋を検討しますが、ある者は駝鳥の頭といい、ある者は大魚の頭といい、またある者は天狗は「魑魅魍魎《ちみもうりょう》」であり、決まった形のあるものではない、様々に画かれていてもそれらは画工の思いつきにすぎない。それに似たようなものを天狗の髑髏ではないかと持ってくるのは、われらを担《かつ》ごうとする企《たくら》みではないかなど意見はまとまりません。そこで源内節が炸裂します。これは「薬を売《う》るものは両眼、薬を用る者は一眼、薬を服する者は無眼」から始まる一奇文で、大変興味深いものですが、要は、

諸人 自《みずから》 甘ンじて天狗といふて嬉しがるならば、其波を揚《あげ》その醨《しる》をすゝりて、天狗にするが卓見なり。

ということです。諸人が喜ぶならそこに調子を合わせ、お酒でも飲んでつき合ったらよいというのです。

そして最後に狂歌、

天狗さへ野夫《やぼ》ではないとしやれからうべ極めてやるが通りものなり

野暮の見本のような天狗でも、野暮でなく洒落（髑髏《しゃれ》）者であると鑑定してやるのが通人だとしています。

この大人の対応、よくわかります。わかりやすい例でいえば、サンタクロースでしょう。子どもはクリスマスイブにサンタのプレゼントをもらおうとして靴下を吊るしておきます。両親は何が喜ぶかなと思案してプレゼントを靴下に入れておきます。これを子どもがサンタなんかこの世にいないんだから、靴下なんか吊るさないといったらどうでしょうか。プレゼントはもらえないばかりか、お互いに気まずい思いが残るのではないでしょうか。「通りもの」の対応ではありません。

一言でいえば「虚を虚として楽しむ」ということです。

その例は枚挙に遑がないともいえますが、江戸中期に流行した「怪談会」、中でも「百物語」は、江戸の人々が「虚を虚として楽し」んだ好例といえるでしょう。

月のない闇夜です。会場の奥座敷には百本の灯心を備えた行灯を置き、参加者が一話話すごとに一つずつ灯を消してゆきます。灯が消える毎に辺りが少しずつ暗くなって、次第に化物が出そうな条件が整います。最後に残った灯心の火を消すと、その瞬間物《もの》の怪《け》が出現するというものです。出るのが怖いので九十九話で止めるとか（実際、百になっても出てこないと困ります）、一夜で百話は無理なので十話を十夜続けるとか、妖怪愛好家は様々に楽しんでいたようです。

ここで化物と妖怪について付言すれば、江戸時代は主として化物が使われています。妖怪という言葉が一般に使われ始めたのは明治二十年代に井上円了が「妖怪学」を提唱してからとされています。

大田南畝を中心とする狂歌愛好家が天明五年（一七八五）十月十四日に集まって、狂歌で百物語を作ったのが、『狂歌百鬼夜狂』です。「夜狂」は勿論「百鬼夜行」のもじりです。

四方山人（南畝の狂名）の序には「箱根よりこなたに野父（野暮）とばけ物なし、ないものは喰ひたく、こはい物はみたし」と、もう初めから化物の存在なんかありえないと言い切っています。そして最後は「よむものはこはきや、はたおかしや」と、どうだ面白いだろうというような口ぶりです。
これを読むと、いかにも天下泰平の時代の文人の言語遊戯との感を深めます（以下、江戸狂歌研究会『化物で楽しむ江戸狂歌』〔笠間書院、二〇一四〕に拠ります）。いくつか例を見ていきましょう。

一つ目小僧　　　　　　　　ひかる（頭光《つむりのひかる》）
雨ふりてふり出《いだ》したる一つ目の小僧はろくろ首のうら目《め》歟《か》

雨が降っているので双六でも遊ぼうと振った賽《さい》の目は一が出た。ろくろ首の六の目の裏側だというのです。雨降りと振り、轆轤と六が掛詞、一つ目、六、うら目が賽の縁語です。

轆轤首　　　　　　　　　　真顔（鹿都部真顔《しかつべのまがお》）
窓の戸のすきと信ぜぬろくろ首ぬけでるうそをたがつたへけん

ろくろ首は窓の戸の隙間から抜け出るというような信じ難いウソを誰が伝えたのだろう。すき（すっかりの意）と隙、ぬけ出る（群を抜いたの意）と（隙を）抜け出るが掛詞。

のっぺらぼう　　　　　　　めし盛（宿屋飯盛《やどやのめしもり》）
むさしの丶のっぺらぼうはとらまへてはなしにさへもならぬにげ水

武蔵野に現れるというのっぺらぼうは、目も口もないのでつかまえても話もできない。武蔵野の逃げ水のようにとらえどころがない。はなしは話、放し、歯なしの掛詞、とらまえ、はなし、逃げは縁語。

　　文福茶釜　　　　　　　　酒ふね（問屋酒船《とんやのさかふね》）
　文福の茶釜にばけのはへたるは上手の手から水のもりん寺

文福茶釜は狸が化けたものだが、その毛が生えていたので、正体を見破られてしまった。上手の手から水が漏れるようなものだ。化け（毛）、水のもり（茂林寺）の掛詞、茶釜、水、漏りが縁語です。

四例を挙げてみましたが、いずれもよく知られた化物です。またいずれも掛詞・縁語を多用し、技巧的な作品となっています。そして、その存在の有無だとか、意義だとかを問う、そんな「野暮」な狂歌は一つもありません。本来怖いはずの化物も狂歌の題に使われ、歌の作りもすべて遊戯化していて、秀歌が出れば会場は笑いにつつまれたでしょう。

そもそも化物も笑いも、「虚を虚として楽しむ」という点では、相似た存在です。当時の「咄之本」は怪談集と笑話集を意味していたことや、また「咄の会」も怪談話と笑話が中心であったこと、今でも〝化物屋敷〟や寄席には多くの人が集まりますが、いずれも人にはそこでいわば非日常を味わいたいという欲求があることを示しています。

ここで化物と笑いが相似形だとすると、例えば化物の中でどのようなものが本当に怖いのかを考えることは、笑いの深さを考えることにつながるのではないでしょうか。

一つの例として「のっぺらぼう」について考えてみましょう。

のっぺらぼうの原型は、中国古典の『荘子』（応帝王篇）にある「渾沌《こんとん》」ではないかという説があります。

世に南海の帝儵《しゅく》、北海の帝忽《こつ》、中央の帝の渾沌がある。儵と忽が渾沌の地に会した時、渾沌が手厚くもてなしたので、この二人は渾沌の恩に報いようと思って、

鳥山石燕『画図百鬼夜行』「ぬつへつほふ」

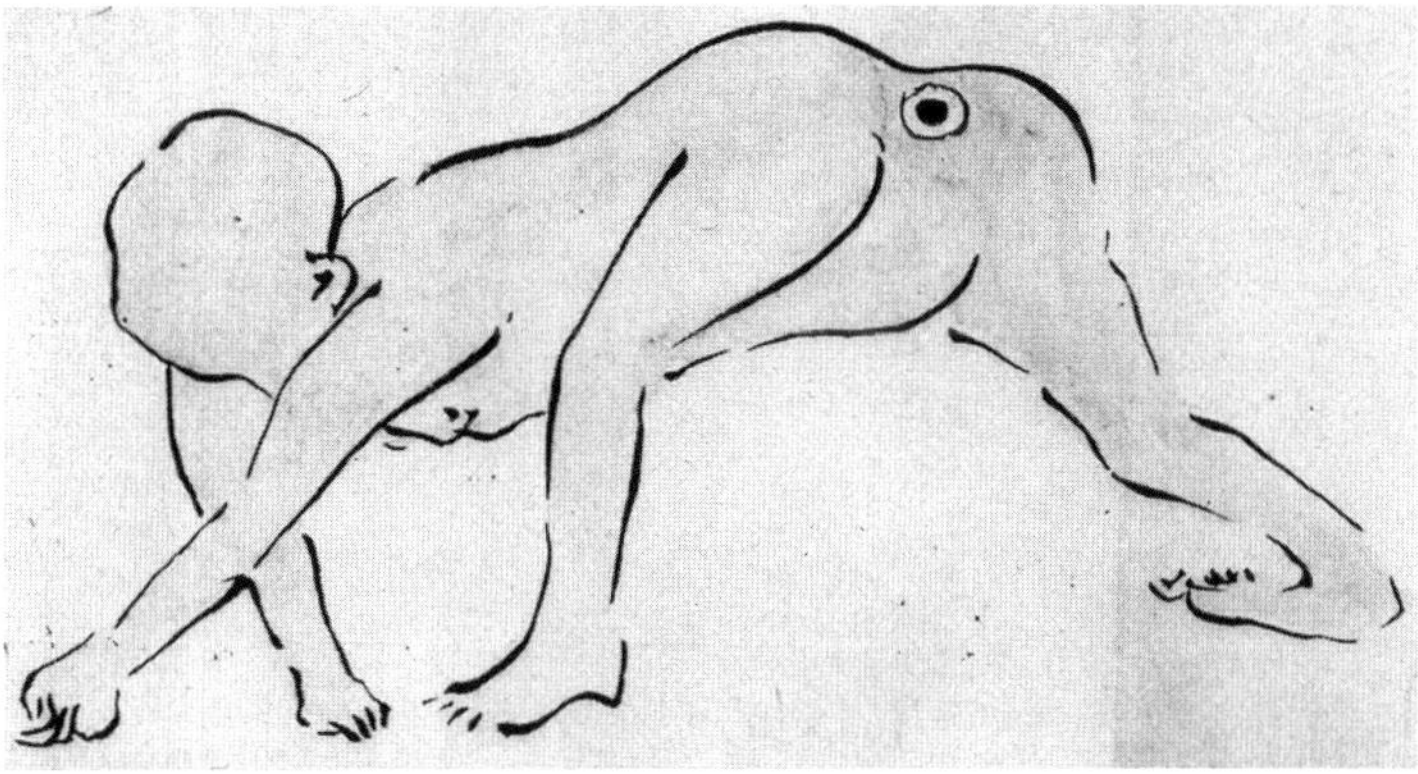

与謝蕪村『妖怪絵巻』「ぬつほり坊主」

人みな七竅《きょう》ありて、以て視聴食息す。（渾沌）此れ独り有ることなし。嘗試《こころみ》にこれを鑿《うが》たんと。日に一竅を鑿《うが》てるに、七日にして渾沌死せり。

七竅とは、目耳鼻と口の七つの穴をいいます。それがあってはじめて、見たり、聴いたり、息をしたり、食べたりすることができるのです。渾沌にはそれがないのが気の毒だと、儵と忽が一日一穴を掘っていったところ、七日目に渾沌は死んでしまったというのです。この寓話は何を意味しているのでしょうか。最もわかり易く耳に入りやすいのは、人為（儵と忽）のさかしらな智恵が余計なお節介をして自然（渾沌）を破壊してしまうことのメタファーだというものです。

のっぺらぼうも目鼻口を欠いていますから、「混沌」に似ていますが、顔の部品を欠く顔というのは、荘子ならずとも誰もが思いつくような代物ではないかと思います。ただ江戸時代の化物図絵を見てみますと、いくつか類型があって、顔はないがお腹の皮膚のたるみが目耳鼻口のように見えるもの（鳥山石燕『画図百鬼夜行』）や、顔の部分が真っ白で何も描かれていないもの（与謝蕪村「ぬっほり坊主」）などがあります。

そして最後にラフカディオ・ハーンの『怪談』（むじな）にある話を引用しておきましょう。

ある晩のこと、ある商人が（赤坂の）紀の国坂を登ってくると、女がしゃがみ込んでしくしく泣いています。どうしたんだろう、身でも投げるつもりではないかと心配になり、商人は女の側に寄って、何があったのか話してごらんと声をかけます。女が相変わらず泣き続けるものですから、商人が女の肩に手をかけてかきくどくように「お女中、お女中ったら」といった時、女は商人の方へ向き直ったと思うと片方の手で自分の顔をペロリとなでる（化けているのがむじなのでこういう動作になるのでしょう）と、商人は女の顔に目も鼻も口もないのを見てキャッといって逃げ出します。息せき切って走っていると蛍火のような提灯がぶら下っていて蕎麦売りがいました。商人は一息ついて女の一件を語る。すると蕎麦売りが向き直って「その女がおまえさんに見せたのは、それ、こんなんじゃねえのかえ」といって同じように自分の顔をペロリとなでると、その顔が卵のようになったという話です。

渾沌からこの蕎麦売りまで、いずれものっぺらぼうの話で何かのメタファーのような抽象的な存在から具体的な存在に変わっていきます。そして誰もが一番怖いと思うのは蕎麦売りのところでしょう。

ここに化物の本質が表れています。身近なもの、より具体的な存在、それも特に人に化けて立ち現われた時が一番怖いのです。これを笑いに応用してみると、身近なもの、より具体的な存在、狂言の太郎冠者、落語の熊さん八っつあんなど、彼らはどこにでもいるより具体的な存在であるからこそ、自分と見比べて一体化できる訳です。

このように「虚を虚とする」以外に「虚を実とする」「実を虚とする」「実を実とする」の三つのケースが考えられます。これらについて若干付言しておきましょう。

まず「虚を実とする」というのは、中身もないのにお化粧したり、針小棒大に誇張するいわば粉飾決算のようなケースです。楽しみで誰もが一見してわかるようなものは罪がありませんが、言葉巧みに投資話をもちかけるようなものの多くは詐欺行為といってよいでしょう。第二の「実を虚とする」というのは、真実を歪曲して嘘八百を並べたてるようなケースで、これは名誉毀損に発展するような話でしょう。それでは「実を実とする」がいいかといえば、何の問題もない訳ではありません。人によっては知られたくない「実」があり、また特に権力者にとっては「実」を知られることが困ることとなる場合も少なくないからです。

その例として、宝暦八年（一七五八）に起こった馬場文耕の事件をご紹介しておきます。これは思うに「実を実として」御政道の秘部を暴露して、その怒りを買い極刑に処された事件です。

馬場文耕（一七一八～五八）は、世話物講談（義理人情を主題とした講談）の分野を開拓し、近世講談の祖ともいわれている人です。自ら講釈師として舌耕する傍、実在の人物について、町の噂話やその性癖、行為を仮借なく記した『当代江都百化物』などの著作も残しています。この書物では例えば第二十二章でご紹介した深井志道軒について、

浅草観世音地内に、志道軒と言《いう》えせ坊主、軍書のこうしやく（講釈）して久しく御当地をば（化）かす者有。（中略）……かれが云処は外道《げどう》の術に似たり。甚以世をまどわし、父子兄弟の情を破り、大悪人にひとしき罪人也。もろこし聖賢の御代ならば、きやつはとらへられ、はつゝけ（磔）ごくもん（獄門）に上ゲらるべき者を、寛仁の御代に生れ、きやつが仕合《しあわせ》也。（下略）

などと記しています。しかし、「人を呪わば穴二つ」という言葉がありますが、実際に「獄門」に処せられたのは文耕の方でした。

もともと「化物《ばけもの》」といえば、一般には先に例示した四例のように妖怪変化、狐や狸が化けたり、怨霊が変化して奇怪な姿となったものをいいます。しかし、人間も、異常な能力があったり、表向きの顔とは全く違った面を持った人を「あの人は化物だ」といったりします。そもそもばけものの「化」という字はニンベンに匕と書きます。この匕という字は「人」のひっくり返った姿で、従って「化」は人にして人にあらずを意味するそうです。文耕のこの本では「序」に定義があって、「化物」とは、「おのれがすがたを異形にして、能く人と交わらざる者」、「昼は見えねど夜顕われ出るの類」そして「人にして人を化かすもの」を集めたとしています。志道軒の場合は「人を化かす」の範疇に入る訳です。そして、江戸南町奉行、幕府表坊主、勘

定吟味役、出雲藩主、歌舞伎役者、画師、医師、俳諧宗匠など二十七人が実名で「化物」として指弾されています。

このような悪罵が個人に向けられているうちはまだしも、宝暦四年に起こった美濃郡上八幡の郡上一揆に始まる金森家騒動に関し、文耕が私に幕府の裁きを批判したことが当局の逆鱗に触れ、文耕は「町中引廻之上於浅草獄門」に処されています。「獄門」とは斬首の上、その首を刑場の木架の上に晒す極刑です。

これが「実を実とした」ために招いた最も恐ろしい悲劇です。以上、「化物」の観点からその恐ろしさの順位を下からいえば、

五、「混沌」のようなメタファーとしての化物
四、「のっぺらぼう」のような奇怪、異常な形をした想像上の化物
三、「蕎麦売り」のように、何者かが人間の姿形に化けた化物
二、非業の死を遂げたかして恨みを持った人間が、死後怨霊となって祟りをなす化物（本章では記しませんでしたが、例えば平治の乱で敗れ讃岐に配流された崇徳院の怨霊、上田秋成『雨月物語』白峯に登場）
一、人

文耕の一件を見てもわかるように、一番恐ろしいのは人です。志道軒のように人を「化かす」か否かにかかわらず、人及び人の組織は、ひと度敵対関係に陥れば、相手の生命を抹殺することを厭わないからです。残念ながら、人類の歴史が始まって以降、今日に至るまでそのことが変わっていないことをわれわれは見せつけられています。何時になったら「虚を虚として楽しむ」「通り者」が評価される時がくるのでしょうか。

第三十章
捷才
笑いのない笑い
『芝浜』

第十九章で、上方落語発祥の地として生國魂神社の米澤彦八顕彰碑について見てきましたが、江戸落語発祥の地というものはなく、あるのは「寄席発祥之地」碑で、浅草の下谷神社（台東区元浅草）に建てられています。

「寛政十年（一七九八）六月、下谷稲荷社境内に於て咄の会が初めて有料で催され、これが江戸の寄席の発祥と伝えられる。二百周年に当たり之建《これをたつ》平成十年（一九九八）四月十一日寄席二百年顕彰会」と側面に刻まれ、更に背面には、「鈴本演芸場、新宿末廣亭、浅草演芸ホール、池袋演芸場世話人一同」とあります。

ここでまず「咄の会」に注目したいと思います。江戸中期は天下泰平の下、特に江戸、大坂、京のような大都市では様々な会合が開かれていました。歌会、連歌・俳諧の会、茶会、謡の会、名物会及び物産会（各自名物奇物を持ち寄って優劣を議論します）、そして前章で触れた怪談会や咄の会などです。

まずこれらの会は、宗匠や家元などが主宰し、それを生計の資とした前半謡の会までと、同好サークルのような形で三々五々集まるような名物会以下ではかなり性格が違っていました。また後者の場合開催場所も、同人の自宅の回り持ちや料亭・待合のような所で日を決めて集まったりしていました。

しかし咄の会などは、才能のある咄の巧者には多くの人が集まってきますから、次第にそれがビジネスとして成り立つようになってきます。碑文に「有料で」とあるのが、それを示している訳です。

そもそも江戸の落語界は、鹿野武左衛門の遠島事件（第十九章 元禄七年〔一六九四〕）以降、火の消えたようになってしまったといいます。（本稿主として、関根黙庵『講談落語今昔譚』〔東洋文庫、一九九九〕及び延広真治『江戸落語』〔講談社学術文庫、二〇一一〕によります）

しかし同好サークル的な咄の会は宝暦年間（一七五一～六四）頃から盛んに行われるようになり、その活動の中から佳話を集めた「小咄」本がいくつか刊行されるようになります。広敷番頭などを勤めた幕臣木室《きむろ》卯雲《ぼううん》の『鹿の子餅』、書肆笹屋嘉右衛門の『楽牽頭《がくたいこ》』、薬舗の主人小松百亀の『聞上手』などで、いずれも明和安永年間（一七六四～八一）に刊行されています。

これらには中々面白い話が多いのですが、『聞上手』から一話引用しておきましょう。

貧家
この上もない貧乏人の所へ盗人はいりて、そこらさがいて見れど、何もなし。亭主は天徳寺〔紙ぶすまのこと〕を引っかぶり、知らぬ顔で寝ていれば、「エ、、いま〱しい。このやふな何もない内《うち》〔家〕も、又あるまい」と小言をいふ。亭主、あまりおかしさに、くつ〱笑へば、「イヤ、笑いごっちゃない」

この類話が落語の「出来心」です。やはり貧家に入った泥棒と貧乏人の八公の話、八公が取るものもないので何も取られていないのに、家賃を免除してもらおうと思って大屋さんにあれも取られたこれも取られたといいたてているのを聞いていた泥棒が腹を立て、嘘いうなと陰から出てきて、八公は大屋さんに「これも出来心で」というお話です。

そして天明年間（一七八一〜八九）に、立川《たてかわ》（烏亭）焉馬《えんば》（一七四三〜一八二二）が出て、江戸の落語はその隆盛を復するようになったことから、焉馬は「江戸落語中興の祖」と称されるようになります。この間上方では、五郎兵衛や彦八の後継者達が活躍していたのとは著しい対照をなします。

焉馬は本名中村英祝《ひでのり》、本所相生町の生まれ、生業は大工の棟梁で、その傍ら足袋木綿類の商いをしていたといいます。俳諧や狂歌戯文をも嗜み、狂名は鑿釿言墨曲尺《のみのちょうなごんすみかね》と棟梁らしく名乗っています。この焉馬が初めて落噺を披露したのが天明三年（一七八三）、場所は柳橋の料亭河内屋、そして天明六年には向島の料亭武蔵屋で有名な咄の会を開催しています。参会者は、大田南畝や鹿都部真顔、頭光、宿屋飯盛などの狂歌仲間を中心に百余人に達したとされています。

このような咄の会は以降定例化し、寛政四年（一七九二）以降は正月二十一日を咄初めと称し、第一回には五世市川団十郎も出席しています。またこれとは別に焉馬の自宅では月例の定会が開かれるなどして、落噺愛好者が数々の噺を持寄り競い合って、江戸落語隆盛の母体をなしたのです。

この焉馬が落噺の秀逸作を集めたものが『詞葉《ことば》の花』で、寛政九年（一七九七）に上梓されています。

これも一例、引用しておきましょう。

ふぐ汁　　　　蓬雨作

「コレ、おれは此中《このじゅう》（このあいだ）、吉原の鉄砲見世へ行って、ふぐ汁を食って、酒をでっちり（沢山）飲んだ。あったまっていいよ」といへば、「めった（むやみ）に食って、ころりと死ぬな。食らひ物で死ぬとはあんまりだ」と友達が意見。そばにゐる年寄が「しかし若いうちは、ふぐでも食ってみるがよい。まず一体、てう（ふぐの卵巣の俗称）が毒だ」「ム、、そんなら、今度から岡場所で食をふ」。

「鉄砲見世」とは吉原でも最下級の店をこう呼んだそうです。また当たると死ぬことがあるふぐ料理もてっぽうといいます。吉原の話をしているので、「てう」を五丁目と称された吉原のことと誤解して、私娼地たる岡場所が出てくるのです。

焉馬はまた五代目市川団十郎の贔屓団体「三升連」の主宰者でもあり、その構成メンバーは焉馬の咄の会とほとんど重なっていたようです。その一人つむり（頭）光の狂歌、

我等代々団十郎ひいきにて生国は花の江戸のまん中

当時の江戸っ子の意気軒昂たるところがよく表れています。

焉馬の次に位置し、江戸における職業的落語家の鼻祖とも称されるのが、三笑亭可楽（一七七七～一八三三）です。可楽は、もと櫛職人で俗名を京屋又三郎といい、はじめ「山椒は小粒でもピリリと辛い」をもじって山生亭《さんしょうてい》花楽《からく》を名乗り、同好の友を誘って、下谷柳町稲荷社の寄席で噺家としてスタートしたとされて

います。冒頭引用した「寄席発祥之地」碑はこれに基づくものです。この時二十三歳、未だ素人藝の域を出でず僅か五日で種が尽きて終演となってしまったようです。

ここでいう「寄席」がどの程度のサイズのものだったかの記録はありません。因みに「寄席発祥之地」碑を建立した都内の四つの寄席（落語定席といいます）の中で最も席数の少ないのが池袋演芸場でおよそ八十人くらいです。この「寄席」もおそらく百人を超えない規模だったと思われます。高座の演者の声を明瞭に聞くには適当なサイズと思われます。

なお、付言すれば当時の寄席の木戸銭は、十六文から高い所で四十文くらいであったようです。（この項、安藤優一郎『大江戸の娯楽裏事情』朝日新書、二〇二二による）また寄席では今日でも色物といわれますが、奇術、漫談、紙切りなどの他、軍談、講談、浄瑠璃などの音曲も合わせて上演されていました。寄席の数は江戸で文政年間に百二十軒、天保年間に二百三十軒、弘化年間には七百軒を超えたようです。

職業的落語家が出現し、彼らが寄席で演じるようになれば、当然のことですが、話の内容も変わっていきます。単なる小咄、落し噺から、時間は長くなり、話にストーリー性が生まれてきます。そして分野や演じ方も多彩になってきます。

ここで「咄」「噺」「話」が一文に出ましたから、その使い分けについて触れておきます。まず「咄」は音はトツで「咄嗟」という熟語があるように、瞬間に口をついて出てくるような語感があります。「小咄《こばなし》」などにはよく使われています。「噺」は日本で作られた国字で音はありません。新奇なはなしという語感で、「噺《はなし》家《か》」や「落《おと》し噺《ばなし》」にはこれを使うことが多いようです。これらに対し「話」は中立的な感じがあり、汎用的な使い方がされているようです。

特に可楽が得意としたのが「三題噺」という演じ方です。「三題噺」というのは、観客から御題を三つ出してもらい、それを使って一つの落語をその場で直ちに作り上げるというものです。

文化元年（一八〇四）六月の落語の会で、弁慶、辻君、狐の三題で話を作り上げたとされ「可楽は捷才頓《しょうさいとん》智《ち》の人」と、注目を集めるようになります。「捷」とは「敏捷」の「捷」、すばやいという意味ですから、題が決まったらすぐ話が始まったのでしょう。

この三題噺は、客席から題を募る訳ですから、双方向のコミュニケーションです。ただ黙って聞いているのと違って客席は大いに盛り上がったに相違ありません。

また「捷才頓智」は可楽天性のものだったのでしょうが、題を与えられて瞬時に何か思いつき、話しながら考えて一つのストーリーを作り上げる能力とは大変なものです。現在の落語家でもそのような能力に秀でたグループ（例えば「笑点」出演者など）と、古典落語を忠実に再現しているグループに分けられますが、筆者は前者こそ、草創期の落語の活気と客席と一体となった興奮を伝えているものと考えています。

よくいわれるように笑いは伝染するものです。その空間が小じんまりしていること、そして話者と聴者の間が双方向のコミュニケーションになっていることが相乗効果を上げて、可楽の席は一瞬の内に笑いの坩堝になっていったと思います。

可楽もその成功に自信を深めたらしく、可楽の落語本『種が島』の口絵には、裃姿の可楽が平伏して口上を述べる姿が描かれており、紙面上部には狂歌、

てつぽう（鉄砲）ときくもはなしのたねがしままたしん作をねらひあてたり

と記され、「三題噺元祖　三笑亭可楽戯作」とあります。

この三題噺の名作とされるのが「芝浜」です。その三題とは「酔っぱらい、革財布、芝浜」だったそうです。ただこれは可楽ではなく、可楽のひ孫弟子に当たる初代三遊亭圓朝が幕末の頃に作ったものとされます。「芝浜」は江戸落語の最高傑作の一つとされ、筆者もそれに心より賛同していますので、本章で取上げてみたいと思います。

登場人物は二人、腕の良い棒手振《ぼてふ》りの魚屋勝五郎とそのおかみさんです。

二人は芝増上寺の鐘が聞こえる辺りの裏長屋に住んでいます。勝五郎は腕は確かなのですが酒に目がなく、飲んじゃ何日も商売《あきない》に出ることもなく何だかんだと口実をつけて酒に浸っています。

そんな亭主におかみさんは、それじゃ歳末《とし》が越せないいじゃないかと何とか説得して送り出したその朝、勝五郎が芝浜で汚い革財布を拾います。中を見ると二分金が何十枚と入っているようです。勝五郎は体が小刻みにふるえだし、商売もそっちのけに一目散に家に帰ります。

落語はあまり解説調になってしまうと、その独特のテンポやリズムが損なわれてしまうのですが、ここでいくつか補足します。

まず芝浜とは芝の浜、当時魚河岸といえば日本橋です。今も商業の中心地で、往時から続く老舗も数多く残っています。対するに芝浜は小規模な魚市で、主に穴子や蝦蛄《しゃこ》などの江戸前の小魚を扱っていたようです。特定の地名は、そこに本拠を置く組織やそこに多く集まる階層や職業などを喚起する力があります。当時の人は芝浜という題を聞いて、そこに集まる威勢の良い魚の仲買人や勝五郎のような天秤棒を担いで魚を売って歩く棒手振りを想像したことでしょう。次に革財布、当時は紙幣やカードはありませんから、これは今日の長財布ではなく、巾着型の、口には紐が通してあり、その紐でくくるような形状のものでしょう。そんな想像をしていたら、先日偶々ある長寿企業の方から、その家で江戸時代に使っていた集金用の財布を見せていただきました。長さは二尺、幅は八寸程度の紺染めの布財布です。これなら沢山のコインが入るなと納得しました。そして二分金です。これは一両の半分の価値があり、文政年間（一八一八〜三〇）以降何度か発行されたものとされています。重さは一枚六・五六グラムです。

これが何枚入っていたかというと百枚、金額としては五十両、重さにすると六百五十六グラム、かなりずっしりと重い財布を拾ったのです。

勝五郎のような棒手振りには、見たことのない金額です。酒飲みですからまず考えることは、これだけあれば明日から商売なんかに行かなくたって、毎日酒を飲んで暮らせるということです。

朝早くから家を出ていた勝五郎はそんな夢を抱いて一寝入りしてしまいます。しかし、心配になったのはおかみさんです。この拾った金を勝手に使ってしまってよいものだろうか、お上からお咎めを受けるようなことはないのだろうか。そこで勝五郎が寝ている中に大屋さんに相談に行くと、まずはお上に届けること、それをしないでいると悪くすれば島送りになるかもしれない、あとは私に任せなさいと諭され、これは夢だったということにして時期を待つことになりました。

勝五郎が昼寝から醒めると、おかみさんは早く商売《あきない》に行ってくれとせっつきます。勝五郎が芝浜で拾ったお金があるんだ、それを数えて渡したじゃないかというと、おかみさんは「情けないねえ、この人……いくら貧乏してるからって、おまえさんそんな夢を見たのかい、しっかりしておくれよ」といって、「おまえさんがね、もう少し身を入れて商売をしてくれりゃあ、あのくらいのものはすぐに浮いちまうよ」というと勝五郎も、「おっかァ、おれァ酒飲まないで一所懸命に商売する。おめえに苦労かけてすまねえ、おれァもう酒飲まねえから安心してくれッ」と改心するのです。

それから勝五郎は人が変わったようになって商売に精を出すと、もとより持ったその腕の良さが見込まれて、三年たつと表通りに小体《こてい》な魚屋を出すまでになります。

そしてその年の大晦日、勝五郎が家に帰ると、畳も障子も新しくなっています。思わず「畳の新しいのと、女房の……古いのはいいな」といって、どうしたんだと訊くと、おかみさんは例の革財布を取り出して、「おまえさん、これに見覚えはないかい」といって、夢ではなく、大屋さんに相談した経緯、お上から下げ渡されたことなどを説明し、この間「あたしが隠し事をしていた事をお詫びして、腹が立つだろうねえ……気の済むまで、あたしのことをなぐっておくれ」といえば勝五郎は両手をついて「堪忍するもしねえもねえ、おらァおめえに礼を言いてんだ」と答えます。

そしておかみさんが用意した酒で機嫌直しに一杯飲んでもらおうと思って差し出しますと、勝五郎はしばし逡巡した挙句、「あ！　よそう……また夢になるといけねえ」と有名な落ちになります。

この話、どこに笑いがあるのかという疑問もあるでしょう。滑稽な話でもないし、洒落や地口が連発される訳でもありません。実際どこで観客が笑っているかといえば、演者にもよりますが、おかみさんがふるえ声で二分金を「ちゅうちゅうたこかいな」と数えているのを、勝五郎が「何をちゅうちゅういっているんだ」と急《せ》かす場面とか、おかみさんにいいくるめられて勝五郎が「そういえば餓鬼の時分からやけにはっきりした夢を見るくせがあるんだ」と妙に納得する場面などです。

しかし聞く人は、この話を聞きながら次第に口元がほころび、心が温かくなっていくのではないでしょうか。おかみさんの愛情や勝五郎の改心が、人に共感を生んでいくからです。

落語の演目は現在普通に演じられているものでもおよそ三百くらい数えられています。落語にはそれだけの数の笑いがあるのです。

そして中にはこの「芝浜」のように笑い声を立てない笑いもある。ある意味でこれこそ最も洗練された笑いではないかと思います。

今一つ落語の素晴らしいところは、日本人の心の共鳴盤となっているという点です。「芝浜」でいうと、例えばおかみさんが、この拾ったものをまず「人様のものに手をつけちゃいけないよ」と思って大屋さんに相談に行っています。わが国では現金を含め、拾ったものを警察署などに届ける人の割合が諸外国と比較して突出して高いという統計があるそうです。落語の登場人物、熊さん八っつあん、大屋さん、定吉等々には、この人の道が深く根づいています。それが心の共鳴盤という所以です。このこともまた落語が長くわれわれに愛されて続いている理由です。

第三十一章 滑稽

卑俗コンビの人気

『東海道中膝栗毛』

「弥次喜多《やじきた》」といえば、いうまでもなく十返舎一九（一七六五〜一八三一）の滑稽本『東海道中膝栗毛』の主人公で、弥次郎兵衛と喜多八のことですが、いわば普通名詞化して、「弥次喜多道中」「弥次喜多コンビ」など、滑稽で楽しいという意味を持つまでになっています。

それだけポピュラーになるのは、この本がよく読まれ庶民に親しまれたからです。初編が出たのが享和二年（一八〇二）、それが本人も版元も予想もしない好評を博し、以下続篇を次々に出して、八編で完結したのは文化六年（一八〇九）でした。これは「東海道」の話で、続篇で金毘羅参詣、木曽街道、善光寺道中、中山道など各地を遍歴することとさらに十余年、このシリーズは文政五年（一八二二）まで続いています。

同時代人の滝沢馬琴はこのことを、「げに二十余年、相似たる趣向の冊子のかくまでに流行せしは前代未聞の事也」（曲亭馬琴『近世物之本江戸作者部類』）と記しています。

何がそんなに面白く、世間の喝采を浴びたのか。それを考えるために、まずいくつか「弥次喜多道中」の現場を見てみましょう。

まず第一は、鞠子《まりこ》の宿（静岡市駿河区、今でも一五九六年創業の丁字屋というとろろ料理のお店があります）の場面、府中から安倍川の川越えをした所にあります。

喜多「コウ飯をくをふか、爰《ここ》はとろゝ汁のめいぶつ（名物）だの」弥次「そふよモシ御ていしゆ（亭主）、とろゝ汁はありやすか」ていしゆ「ハイ今できず」弥次「ナニできねへか、しまつた」ていしゆ「ハレじつきにこしらへずに。ちいとまちなさろ」トにはかに、いも（芋）のかは（皮）もむかずして、さつ〳〵とおろしかゝり ていしゆ「おなべヤノ〳〵このいそがしいに、あによ（何）ヲしてゐる。ちよつくりこい〳〵」

まずこの文体、平仮名ばかりで読み難いですが、当時の庶民の会話をそのまま写し取っていてかえって臨場感があります。ト書の部分は第二十八章でも見ましたが、情景を説明する戯作の常套手段です。おなべというのは亭主の女房の名前です。

この後この亭主とおなべが些細なことで喧嘩となり、芋をする擂りこ木を振り回したり、とろろ汁の入った擂鉢を投げつけるなどの大立ち回りとなって、とろろ汁が一面に散ったからたまりません、二人とも折り重なってすべったり転んだり、体中とろろ汁だらけになって大騒ぎになります。むかいのおカミさんが仲裁して何とか収まりますが、弥次喜多は頼んだとろろ汁が出てきそうもないので、弥次「こいつははじまらねへ。さきへいかふか。トおかしさをこらへて、こゝをたちいで 喜多「とんだ手やい（合）だ。アノとろゝ汁でいつしゆ（一首）よみやした

けんくは（喧嘩）する夫婦は口をとがらして鳶《とんび》とろゝにすべりこそすれ

口をとがらす（烏）と鳶を縁語で出し、またとろゝは鳶の鳴き声です。この『膝栗毛』はいわば「狂歌紀行」の体裁も備えており、事件が一段落する毎に、狂歌が詠まれるのです。

次に赤坂の宿（愛知県豊川市赤坂町、旧東海道に面して昔の旅籠が一部保存されています）の場面を見てみましょう。

赤坂の旅籠に入ると、亭主が今夜は祝い事があるのでお酒を差上げたいといいます。これはしめたと肴とともに運ばれてきた酒を二人で飲み始めると、離れ座敷から謡曲「高砂」の謡《うたい》の声が聞こえてきます。まもなく手締めがあって婚礼も終わったようだと思っていると、女中がやってきて、

「あなたがた、もふお床をとりましよか」弥次「そんなことにしやせう」喜多「コレ女中、祝言《しゅうげん》はもふすみ（済）やしたか。さだめて娵御《よめご》はうつくしかろふ」女「アイサむこさまもよい男、よめごさまもゐらい、きりやう（器量）よしでおざります。おきのどく（気の毒）なことは、あちらの座敷に、ねやしやりますから、むつごと（睦言）がきこへましよ」

襖一枚隔てた隣に新婚さんが泊まるというのです。筆者は江戸時代に作られた旅籠旅館に泊まったことがありますが、その時は隣室の睦言どころか鼾がうるさくて閉口しました。

二人は布団から出て、隣の様子に聞き耳を立てていると、話し声が止んだので、いよいよと思って弥次さんが襖のすき間からさし覗《のぞ》きます。

二人は、

喜多「コウ弥次さん、娵《よめ》はうつくしいか。おいらにもちつと見せてくんな」弥次「コリヤしづかにしや。肝心の所だ」喜多「ドレ〳〵見せねへ」弥次「アレサひつぱるな」喜多「それでもちつと退《のき》なせへ」

と揉み合っていると、はずみで襖がバッタリと倒れ、二人とも襖の上に転げてしまいます。倒れてきた襖に打たれてムコがはね起きたところ、行燈がひっくりかえって真っ暗闇。弥次さんはすかさず逃げましたが、喜多さんはムコに手をつかまれ、小便に行こうとしていただけだ、漏れそうだから早く手を放してくれと弁解して放免してもらいます。ここでの狂歌は、

ねてきけばやたらおかしや唐紙とともにはづれしあごのかけがね　弥次

聟娵のねやをむせうにかきさがしわれは面目うしなひしとて　喜多

こうした道中が続き、宮の渡し（名古屋市熱田区、熱田神宮門前です、常夜灯や時の鐘楼が再建されています）に着きます。ここから舟に乗って対岸の桑名まで行くのです。海上七里といって、大体四時間くらいかかったようです。前の日、宿の亭主に、舟で行くか陸路（佐屋回り）で行くかを尋ねられ、弥次が「ふねではなぜか小便するのがこはくて」といった時、亭主がそういう人のためにいつも竹の筒を切ってご用意させてい

ただいておりますのでご安心下さいというので、舟路を取ることになりました。翌朝、舟着き場で、亭主が竹筒を持って、

「サア〳〵お客さま、そこへなげますぞ」喜多「なんだ火吹竹か」弥次「これをあてがつてナ、とやらかすのだ。よし〳〵。イヤ御ていしゆさん、大きにおせは。サア是で大丈夫だ。ハ、、、、、」

おのづから祈らずとても神ゐます宮のわたしは浪風もなし

この歌は、菅原道真作と伝えられる「心だに誠の道にかなひなば祈らずとても神や守らむ」を踏まえています。誠を至高の価値と考える日本人の心性をよく表したものです。

やがて船を乗出して、順風に帆をあげ、海上をはしること矢のごとく、されど浪たひらかなれば、船中思ひ〳〵の雑談《ぞうだん》に、あごのかけがねもはづるゝばかり、高声に笑ひのゝしり行ほどに、あきなひ舟、いくそうとなく漕《こぎ》ちがひて「酒のまつせんかいな。めいぶつ（名物）かばやき（蒲焼）のやきたて、だんご（団子）よいかな。ならづけ（奈良漬）でめしくはつせんかいな〳〵」

当時の渡し舟の様子が生き生きと目に浮かぶように描かれています。しばらくすると弥次さん尿意を催したので、亭主の作ってくれた竹筒にこそこそと小便をする。そもそもこの竹筒は先に穴があいていて、船べりにこれを添えて用を足して海中に放出する仕掛けになっていますが、弥次はそれを知らず溲瓶《しびん》のようにためておくものと思って、船中で用を足したものですからたまりません。ただでさえ混み合った船中ビショビ

ショになって大騒ぎになります。喜多さんから汚いからそんなモノ早く捨てろといわれても、弥次さんはまだ「火吹竹になる」などというので、喜多さんに誰がそんなものを使うものかと窘められて一件落着します。

この後二人は伊勢参宮道を通って伊勢神宮に詣でた後、伏見を通って京都に入ります。さすが王城の地見るべきものは沢山ありますが、八坂神社の南、二軒茶屋（第二十六章参照）での出来事をご紹介しておきましょう。店の女に案内されて奥に入ると、

女「おちやあがりませ」喜多「でんがく（田楽）で飯《めし》にしよふ。酒もすこし」女「ハイ〳〵」弥次「京では何でも他国もの（者）と見ると、とほう（途方）もなく、高くとるといふことだから、ゆだん（油断）はならぬ」喜多「ホンニそれ〳〵、三文でも割をくつちやアごうはら（業腹）だ」

と警戒を怠りません。まず酒の値段を聞くと六〇匁と答えます。弥次さんは「それじやアわからねへ」といって次に丼の値段を聞くと五分と答えます。食事が始まって、まず肴に硯ぶた（硯蓋のような長方形の器に付き出しのようなものが載ったもの）が出ます。値段二匁五分、二人は次から次へと出てくる皿にその都度値段を聞きます。食事を堪能したところでお勘定を頼むと勘定書を見て、

喜多「ヲヤ〳〵拾弐匁五分たアごうせへにたけへ〳〵。弐朱ぐらひのものだ。弥次さんまけて貰ひなせへ」弥次「イ、ヤやすいものだ。ソレつりをもつてきな。サア〳〵きた八。荷物ができた。これをみな持てけへ（帰）るのだぜ」

と、硯ぶた、大ひら（平皿）、どんぶりなどを鼻紙で拭いて片付けようとするものですから、

喜多「弥次さん、それをどふする」 弥次「コレ女中、コリヤアみな、もつてけへりやすぞ」 女「イヱそれは……」

店の女中が困惑するのは当たり前です。しかし弥次さんは自分は硯ぶたはいくらかと聞いているので、もしさかなの値段を聞くならここに盛っているさかなはいくらだと聞きますなどと強弁します。騒ぎを聞いて奥から前垂れをした男が出てきました。

男「ハイこれは、あなたの御尤《もつとも》よござります。おもちなされませ。そのかはり、道具の代物《だいもつ》（代金）はいたゞきましたが、あがつたものゝおはらひは、まだいたゞきませんわいな。それを御勘定下さりませ」 弥次「なるほど〱、くつたものは、たかゞしれてある。はらひやせう、いくらだ」 男「ハイ七拾八匁五分でござりますわいな」 弥次「とほう（途方）もねへことをいふ」

男は役者が一枚上だったようです。その後高い理由をさんざん聞かされ、最後には「たかいとおぼしめすなら、あがつたものを、残らずおもどし下さりませ」と言われ、完敗します。

又してもぎおんの茶屋にでんがくのみそをつけたる身こそくやしき

ここで当時の通貨制度を簡単に整理しておきましょう。金、銀、銭の三貨制です。金は計数貨幣で、一両＝四分＝十六朱で四進法です。銀は秤量貨幣で一匁は三・七五グラムです。匁の下は分と厘となり十進法です。銭は計数貨幣で一〇〇〇文で一貫となります。この間の交換は時によって異なりますが、江戸中期以降はほぼ金一両＝銀六〇匁＝銭四〇〇〇文と考えてよいと思います。また、金は主として江戸を中心とした経済圏、銀は主として上方経済圏で使われていました。また、当時と今日で単純に比較はできませんが、大雑把にいって一両およそ十万円とみてよいでしょう。即ち金一両＝銀六〇匁＝銭四〇〇〇文＝十万円ということです。

まず酒の値段が「六〇匁」といわれて、弥次さんは「それじゃあわからねえ」といっていますが、これは四斗樽の値段を称する慣習があったようです。一合に直すと二百五十円、リーズナブルな値段です。次に丼の値段「五分」というのは、一匁の半分ですから、八百三十円余り、硯蓋「二匁五分」は四千二百円くらい、勘定の「十二匁五分」は二万円余りになります。喜多八が「二朱くらい」といっているのは、江戸者で金《きん》づかいの頭でみているからです。二朱は八分の一両ですから、一万二千五百円くらいになります。最後に止めをさされた「七十八匁五分」は、十三万円くらい請求されたということで、これは昼食にしては法外な値段でした。なお、初めに喜多八が「三文」でもといっている三文は、七十五円になります。

以上、四つのエピソード、飯屋、宿屋、舟中、都見物におけるドタバタ劇を選んでみました。他のところも大同小異です。まず気づくことは、弥次喜多の旅は、東海道の名所・旧跡を訪ね、往時を懐古するとか、寺社仏閣に詣で後生を、あるいは現世の御利益を願うとか、山野を跋渉して自然に親しむといった旅ではありません。関心はあくまでも人事、特に女（性欲）と飯（食欲）に集中しています。読者に笑いを楽しんでもらおうと思って書いているのですから、人事を主題とするのは当然ですが、ここまで徹底するとは。

従って、主人公の造形とその行動は、俗物根性剝き出しで卑俗に描かれています。誰もが多少は俗物根性を持ち合わせていますが、普通はここまで露骨で破廉恥にはなれません。

自恃の意識があるし、世間の目も気にしているからです。読者の立場からすると、まさに「旅の恥は搔き捨て」を実践している弥次喜多は、半ば羨ましくもあり、半ば軽蔑の対象でもある訳です。人は人を自分よりも一段下にあるとみた時に、安心して笑えるのです。一九はそのような人間心理をよく承知しています。なお、この四つのエピソードを、鞠子、赤坂、宮、祇園と選びましたが、これらは今でも往時のままに商いを続けていたり、弥次喜多の時代を偲ばせる姿が一部に残っているという点でも共通しています。一九が取材に歩いていたのがちょうど二百年ほど前になりますが、あらためて今でも自らの生業や地域の景観を大切にしている人々に感謝したいと思います。

この江戸後期は、いわばグラン・ツーリズムの時代でした。社会は安定し、街道は整備され、経済は全国市場が形成されていました。伊勢参りが典型例ですが、庶民に至るまで大勢の人が街道を往来するようになりました。また旅行者のための各地の「名所案内記」や道中の便となる「ハウツー本」も多く出版されています。『膝栗毛』はそのような時代にマッチした、旅行案内記になったのです。

一九は、そのような世相と人々のニーズをよく見ていました。筆一本で生きていく職業作家として当然の選択です。このことは当時の戯作者が多く知識階級にあって、そこまで徹し切れないのと格好の対照となっています。

そのことを同時代人の滝沢馬琴が、越後塩沢の商人、『北越雪譜』などの著作で知られる鈴木牧之に宛てた手紙で、次のように記しています（『鈴木牧之資料集』）。

彼仁《かのじん》は寔《まこと》に戯作一通りの仁に候。画もかかば出来候故、おのづから愛相になり申候。但し文人のかたには遠し。学者のかたにはいよ〳〵遠し。天晴《あっぱれ》の戯作者に御座候。十遍舎は能《のう》を妬むことなく、おのれを衒《かざ》り不中事は尤《もっとも》賞すべき事と覚申候。

「職業的」であるとは、お客様（読者）第一主義ということです。己れの書きたいものを書くのではなく、読者の読みたいものを書く。「文人」の活動とは、本来科挙官僚の余技から生まれてくるものですし、「学者」の活動とは、真理のためにするもので、誰か読者を想定しているものではありません。そして人の「能を妬むことなく、おのれを衒」らないというのは、人間としても素晴らしいことです。

十返舎一九は、明和二年に駿河府中（静岡）の町奉行所の同心重田与八郎の長男として生まれています。同心とは奉行所などにあって、与力の下で見廻りなどの警備に当たり、武士階級としては末端に当たる存在です。一九はその代々の役職を継がず、若い時に大坂町奉行所に勤め、そこで浄瑠璃の作者になったり、志野流の香道に打ち込んだり、もともと武というより文の人としての修練を重ねます。（本稿主として、棚橋正博『十返舎一九』〔新典社、一九九九〕による）

寛政六年（一七九四）に帰江して、書肆蔦屋《しょしつたや》重三郎の食客となり、翌年には蔦屋から『心学時計草』という黄表紙を出しています。

なお、この蔦屋は京伝の黄表紙・洒落本などを出版し、京伝の手鎖五十日の処分の時（寛政三年）も連座して当該書の絶版と重過料の処分を受けました。また、写楽の浮世絵の版元でもありました。彼には、若い才能を見抜く目が備わっていたようです。

最後にいくつかコメントすれば、第一に、お笑い・滑稽の二人組といえば漫才を連想します。どちらかといえば、弥次がボケで喜多がツッコミでしょう。しかし、この滑稽本を漫才の源流とすることはできません。今日の漫才のスタイルは昭和の初め吉本興業によって作られたもので、その典型が、横山エンタツ、花菱アチャコのコンビによるものとされています。

第二に、主人公が全国を旅するいわばマンネリ・シリーズとして、松竹映画『男はつらいよ』も連想されます。しかし弥次喜多と寅さんの決定的な違いは、寅さんには純情すぎる女性観と、すべてをやさしく許してくれるさくらを代表とする家族があることです。それを欠く『膝栗毛』は主人公への共感を生みません。笑いも共感があれば陰翳がついてより味わいの深いものになるのですが。

一九に至って、日本の笑いも「神の笑い」から世俗の「人の笑い」まで落ちた、あるいは広がったといえるでしょう。

第三十二章　漫画　「笑門来福」の教え『北斎漫画』

前章で、鞠子の宿とろろ汁屋の夫婦喧嘩の話が出てきましたが、次は団子屋の夫婦喧嘩を川柳にしたものです。

団子屋の夫婦喧嘩は犬も喰ひ　卍

実景ではないでしょうが想像するだに愉快な光景です。本当に犬が好きなのは骨付き肉のようなものですから、上五をお肉屋のとすればよいようなものですが、それではあまりに当たり前で滑稽味が生まれません。この卍というのは葛飾北斎の号で、これは絵にも使っていますが、川柳の場合は卍や万字、万二などが多く

使われているようです。この他の秀句を挙げれば、

蜻蛉《とんぼう》は石の地蔵の髪を結《ゆ》ひ　卍

北齋はよく旅行しましたから、どこかでこの一瞬を目撃したのでしょう。坊主頭に蜻蛉が止まっているのを髪を結っているみたいだと表現する可笑味、何とも味わいのある佳句です。

鼾《いびき》には国なまりなし馬喰町《ばくろうちょう》　卍

当時、馬喰町は宿屋街であったようです。日中は諸国からの人々で様々なお国言葉が交わされている。でも夜になると、あちこちで同じ鼾声が聞こえるという、これも一つの発見。

顔《がん》氏のたまわく丘《きゅう》ぼう未《いま》だ寝ず　卍

顔氏は孔子のお母さんです。孔子の両親の夜の会話、孔子のファーストネームは丘でしたから、家では「丘坊」と呼ばれていたとして、「丘坊がまだ寝ないのよ」と夫にいっているところまで想像しています。聖人だって父母から生まれ、子どもの時があったんだとする健全なものの見方。

これらに光っているのは、類稀な北齋の観察力、想像力、表現力です。川柳にしても絵画にしても、北齋にはこの三つの力が備わっていたからこそ、あれほど人を釘づけにする作品を生み出し続けることができた

のではないかと考えています。

北斎の画業が、その長い人生の中で、幅広いジャンルで数多くの作品を生み出したことは、あらためていうまでもありません。「それ人の人を知るはおのおのその倫《ともがら》においてす」（荻生徂徠『弁名』）ですから、筆者のような凡才が北斎の天才を云々することは、そもそも不可能なことですし、言語で絵画を表現することに限界があることはいうまでもありません。

本章では笑いの日本史という観点に立って、北斎がわれわれに残したものは何かということと、北斎がルーツと考えられる日本の「漫画」、マンガ、Manga の強みはどこにあるのかについて考えてみたいと思います。

葛飾北斎（一七六〇～一八四九）は、本書の登場人物の中で、否、日本の歴史を通じてすべての日本人の中で、最も世界によく知られた人物です。数多くの画業の中でも、『富嶽三十六景』「神奈川沖浪裏」、一瞬の大波の形、翻弄される三艘の小舟、遠景に冠雪した富士が小さく描かれています。雄大でありかつ繊細、誰もが一度見たら忘れられない絵です。

この大波、物理学的には水の運動ということになりますが、これを仔細に観察し研究していたのがレオナルド・ダヴィンチで、その残された手稿には、「水の上に落ちる水」「乱流」「洪水」「砕ける波の流線」などのデッサンが残されています。この最後のデッサンは、まさに北斎の「浪裏」図に相似するもので、筆者はこれを見た時、天才が天才の作品を見たらどう反応するか、訊いてみたい気がしました。

では北斎には、ダヴィンチのような科学者のような眼はなかったのかといえば、そんなことはありません。

例えばこれは人物画についてですが、「人体の骨格をしらざれば、真を得ること能はず」として接骨医に弟子入りして接骨の術を学んだという逸話も残されています。（飯島虚心『葛飾北斎伝』明治二十六年刊、岩波

文庫、一九九九）

また、『北斎漫画』には、「高波、引波、渦巻水、浅瀬」（二編）、「阿波鳴門、総州銚子、奥州外ヶ浜」（七編）、「双流、斜流、薄流、裏見」（十三編）など数多くの波や海の表情が描かれています。そこにあるのは、水の運動の諸相をどう捉えるかという科学者的な眼で、どう面白く描くかという視点は遠景に遠ざかっています。ここから筆者は、北斎が『漫画』を通じてものの本質にどう迫るかを教示しているのではないかと思いました。即ち、どのような条件（地形、天候、総量など）の下で、どのような動きが見えるのかを、数多くのデッサンを通じて学ぶということではないかということです。

この『富嶽三十六景』と『北斎漫画』は、十九世紀中葉のヨーロッパに紹介され、当時の印象派の画家達に強い影響を与え、いわゆるジャポニズムが流行する一端となったとされています。北斎の画業はその他にも、狂歌絵本、読本挿絵、錦絵、肉筆画と多岐にわたり、また画題も妖怪物や春画に至るまで幅広く手掛けていますが、『富嶽三十六景』と『北斎漫画』の二つが、最も北斎らしい、その天才が完全に発露されたものであることは、誰も異論のないところでしょう。

今回は笑いの観点から『北斎漫画』（以下、『漫画』とします）を取り上げたいと思います。

まずここで「漫画」という言葉は北斎が初めて使った言葉だとされていますが、その意味は漫然に近く、思いつくままにというような意味で、今日のジャパンクールといわれるような「マンガ」もしくは「Manga」とは違います。仔細に見れば四コマ漫画的なものや、諷刺漫画的なものもありますが、およそ四千に達する絵の大多数は、世の中の森羅万象、人間の姿態や風俗、人間の作り出す器物や建造物、また人間の想像力が生み出す神仏や神話上の英雄など、また妖怪や奇人、山川草木やそこに打ちつける雨、雲や風、そして鳥獣魚鼈《ぎょべつ》、昆虫や蛙や蛇などの動きを描いています。

その動きと笑いとの関係でいえば、自然の滑らかな動きに笑いは生まれません。「不自然な」という言葉がありますが、こわばったり、ぎこちない動きに、あるいは思いもかけない動きに笑いは生まれます。『漫画』の中でそのような例を挙げれば、顔面を縦横に抑えたり引っ張ったりしている絵（十二編）や、虫眼鏡で人の顔を大写しにしている絵（十二編）、巨大なタコに捕えられている絵（十五編、北斎には似たような構図の春画があります）、群盲象を撫でる絵（八編）、風の絵、強く吹く風にお経や傘や洗濯物などが飛ばされている人物の絵（十二編）、長脚《あしなが》、長臂《てなが》、長耳《ちょうじ》、後眼《こうがん》（後に目がある）、無腸、三身、三首など想像上の畸人達の絵（三編）、煙管を咥えたろくろっ首の絵（十二編）などを挙げることができるでしょう。それらでは、単なる絵手本、デッサン帳の範疇を遥かに超えて、北斎の豊かな創造力が滾々《こんこん》と湧き出る水のように溢れています。『漫画』はいうなれば、アートと笑いのコラボです。そのコラボによって、これまで縷々《るる》述べている知を触発する力も何倍にも高まるのです。

あの「神奈川沖浪裏」の大波の波しぶき、専門家の計算によると、四〇〇〇分の一秒のシャッタースピードで初めて見える姿だといいます。そのような北斎の眼から見れば、すべてのものが動いて見えたでしょう。そういう人間から見た理想の姿は何でしょうか。それは動かざるものです。動かざるものといえば、当時の人々はまず、北辰＝北極星を思い浮かべたでしょう。

さらに「北辰」といえば、当時の人は『論語』（為政篇）にある、「政《まつりごと》を為すに徳を以てすれば、譬えば北辰の其の所に居《い》て、衆星のこれに共《きょう》するが如し」という章句を思い出したでしょう。

この読下しは金谷治によるものです（岩波文庫、一九六三）、ここで共とは、拱（手を前に組む礼）のことで、衆星が挨拶すると解しています。「共」の読み方については、「めぐる」がごとしとする貝塚茂樹釈（中公クラシックス、二〇〇二）、「むかう」がごとしとする吉川幸次郎釈（朝日選書、一九九六）、そして「と共《とも》にする」がごとしとする加地伸行釈（講談社学術文庫、二〇〇四）など諸碩学間でも意見が分かれていますが、筆者は貝塚訳を採択したいと思います。冬の夜空、天極の長時間露光写真を見たことがありますが、まさに北極星を中心として周囲を衆星が同心円状にめぐっていました。北斎のイメージした北極星のイメージもまさにこれであったに違いありません。

自分が描いてきたのは、すべて動きのあるものだ。動きのあるものの真実に迫るには、自らは不動でなくてはならない、その象徴的な存在が北極星なのであると考えていたように思われます。

実は北斎はこの北極星が神格化した妙見信仰に帰依し、本所の柳島妙見には足繁く通っていたとされます。飯島前掲書には、「嘗て柳島妙見に賽せし途中、大雷のおつるに遇ひて、堤下の田圃に陥りたり。其の頃より名を著はしたりとて、雷斗と名づけ、又雷震といふ」。岩波文庫の注には雷斗、雷震の号の使用例は見られないと付されていますが、問題はそういう点ではなく、北斎がここで何らかの神がかりの啓示を受けたのではないかということです。

北斎は生涯様々な画号を使っています。春朗《しゅんろう》、宗理《そうり》、辰政《ときまさ》、北斎、戴斗《たいと》、為一《いいつ》、画狂老人、卍などです。春朗は役者絵で知られた勝川春章《しゅんしょう》の弟子としてその名を得、宗理は琳派俵屋宗理の号を継承したとされています。このうち辰政から為一までは北斎が信仰篤かった妙見信仰に因む号でしょう。

即ち、辰政の辰は北辰の辰、北斎の斎は身を清めて神を祀るという意味ですから、北辰に対する姿勢を表しています。戴斗は文字通り北斗星を戴くということで、為一は、多くの識者は還暦を迎え一から出直す意味と取っていますが、筆者は「一と為す」、北辰と一体化する思いを表わしたものではないかと考えています。

妙見信仰の本尊は妙見大菩薩です。北極星及び北斗七星を神格化した仏とされていますが、実は中国の道教にある北極星信仰と仏教の菩薩（仏の次の位）信仰が習合したものです。我が国においては、日本神話においても星に対する関心が低いことが指摘され、また『万葉集』でも七夕に関する歌があるくらいです。しかし、奈良時代の官衙《かんが》の跡などから「天罡《てんこう》（北極星のこと）呪符」と称されるものが数多く出土し、八世紀初めの正倉院文書にも妙見信仰の根拠法典『七仏所説神呪経』が見られるところから、妙見信仰は奈良末から平安初期にかけて広く日本社会に浸透していたと考えられています。（増尾伸一郎『道教と中國撰述仏典』汲古書院、二〇一七）

『漫画』においても、妙見信仰の影響は歴然としています。（なお、『漫画』の中の妙見信仰との関連については、有泉豊明『北斎漫画を読む』（里文出版、二〇一〇）に多くを御教示いただきました。）

『漫画』第九編では編頭に北斗七星が軍配の左右に書き分けられています。因みに各編の編頭に何が描かれているかみていきましょう。初編は高砂、二編は鳳凰、三編は唐子、四編は節分、五編が麒麟、六編が龍、七編に芭蕉（植物でなく、俳人の方）、八編は、美しい絹糸の上を蚕（蛾）が飛び、桑の葉が数片舞っています。これは妙見に養蚕の無事を祈っているメタファーではないかと解されています。そして九編は上述の通りですが、十編が鯱《しゃち》の背中に魁星が乗っている絵が描かれています。魁星は北斗七星のさきがけの第一星のことです。十一編は寿老人、十二編は文昌帝君が描かれています。科挙の神様で、中国の道観（道教寺院）ではよく見かけます。前に『漫画』の中で笑いを催す絵の例をいくつか挙げましたが、十二編に多く集中しています。それはこの文昌帝君の教えに「笑門来福」があるとされるからで、実際編頭の次には、「笑門に福来る」として、鯛ならぬ河豚《ふぐ》（ふく＝福）を釣り上げた恵比須神、大きなお腹に「福笑い」のおかめのような顔を描いた布袋和尚、二股大根にかけられた女物の衣裳をめくってニヤニヤしている大黒天、そしてその長い頭を鼠小僧のように布で頬かむりした寿老人が描かれています。十三編は「北斗七星」を埋め込んだ

笑門ふ
福来る

葛飾北斎『北斎漫画』「笑門来福」

琴、十四編は金の鯱鉾（尾張＝おわり）、おまけの十五編は、桃太郎の家来の猿が「北斎漫画十五編」と記された掛軸を松の木に吊るしています。描かれていない同じく家来の犬は「去《い》ぬ」、雉は「飛び去蔦《さった》」。そして猿もここで「去《さ》る」を意味しているのだそうです。

当時の読者は、これらの絵を見ながら、謎解きをするような楽しみを味わっていたのです。

断片的ではありますが、北斎の画業を見ていくと、それが日本の笑いの伝統に合った営みであることをつくづくと思わざるをえません。即ち、その多様性、遊戯性、連続性（自然と人間、動物と人間を連続的・一体的なものと捉えること）などです。またここで感じられる追求完美（完璧な美しさを追求する精神）もまた日本人が長年にわたって培ってきた美意識です。（拙著『純和風経営論』中央公論新社、二〇一五）「マンガ」の強みも、この日本人の持つ連続性と追求完美の精神のしからしむるところではないかと考えています。

このように見ていくと、『漫画』が、「漫然と、思いのつくままに」描かれているのではないことに気づきます。世の中の森羅万象、動かざるものはない、しかし北辰のみは動かざるものとして天空に君臨している。その妙見の神の最も大切な教えが「笑門来福」である、さあ皆さんもこの『漫画』で、同じ気持ちになって下さいと、北斎は訴えているように思われるのです。

北斎がしばしばお参りに来たという柳島妙見（東京都墨田区）は、丁度北十間川に横十間川が突き当たる位置にあります。当時この辺りは人家も疎らなさみしい土地であったと想像されます。筆者はそこで、小舟に乗った北斎が夜空に光る北辰を見やって何か口で呪文のようなものを唱えている姿を想像しました。

嘉永二年（一八四九）四月十八日、北斎は齢九十にして亡くなりました。

その四年後には、ペリーの来航があり、その五年後には、安政の大獄が始まります。そしてその十年後に徳川幕府は斃れ、明治維新となります。

数々の笑いを生み出した豊饒の文明が終りを告げようとしていました。

第三十三章 日本の笑い

これまで「神楽」から「漫画」まで、『古事記』から『北齋漫画』まで、「笑いの日本史」を辿ってきましたが、最終章では、そこから抽出される日本の笑いの特色、それを生んだものは何だったのか、そして今、現在を生きる日本人はそこから何を学び、何に生かしていくのか、さらにわれわれの先祖が生み繋いできたその豊かな遺産を護り、後世に伝えていくには何をすべきかなどについての筆者の考え方を述べてみたいと思います。

日本の笑いの特色として第一に挙げられるのは、多様性ということではないでしょうか。

まず表現方法の多様性からふりかえってみましょう。

その大きな流れは、短詩型文藝にあります。やまと歌における戯笑歌（②、章別を表します）、俳諧歌（④）、今様（⑥）、連歌・俳諧（⑮）、川柳（㉓）、狂歌（㉔）など綿々と、日本人は五七五七七を中心とした短詩型文藝で笑いを表現してきました。また散文の分野でも、随筆（⑤⑨）、小説（③⑱⑳㉕㉘㉛）、ノンフィクション（⑦）、お伽話（⑩）、寓話（⑯）、笑話（⑭⑰⑲㉒㉚）など、様々なジャンルで笑いを表現しており、一部は伝統藝能（狂言⑭、落語⑰⑲㉚）としても伝えられています。

さらに絵画の分野では、戯画（⑧）、禅画（⑪）、俳画（㉖）、漫画（㉜）などを見てきました。

この他にも、本書では取上げませんでしたが、様々な笑いを日本人は生み出しています。なぞなぞ遊びの笑い（「謎立て」など）、落首・落書、民話の笑い（大分県の吉四六《きっちょむ》話など）、俄《にわか》（博多俄など）、幇間（太鼓持ち）や万歳（三河万歳など）及び漫才、畸人（『近世畸人伝』など）や狂者（『江戸狂者伝』など）の笑い、歌舞伎（「道化《どうげ》」）の笑い、艶笑咄や道話（『鳩翁道話』など）の笑い、また絵画でも判字絵（絵なぞなぞ）や春画の笑いなど議論する材料は数多くあります。

このような多様な表現方法で取上げられている主題も多様です。言葉遊びから始まって、世の中の森羅万象に渉っているといっても大袈裟ではありません。

このような多様性を生んだものが何かといえば、多元主義的な日本の成り立ちや社会のあり方、そして思想や人々の考え方にあるでしょう。

世界は日本のような国ばかりではありません。

例えば、二〇一五年、パリで起こったシャルリー・エブド事件です。預言者ムハンマドの諷刺画を掲載したフランスの新聞社が襲撃され、漫画家など多くの人が犠牲となりました。今日でも宗教や思想が一元的に人々を支配している国や地域は数多くあるのです。

今一つ中国について見てみましょう。あれほど長い歴史を持ち、広い国土に多くの国民を抱えている国ですが、笑いの観点に立つと今日見るべきほどのものはありません。周作人（一八八五〜一九六七）によれば、かつて豊かであった笑話の伝統も、「道学と八股《はっこ》の興起」によって消えてしまったとしています（『日本談義集』）。道学とは人間を鋳型に嵌めようとする朱子学のことですし、八股とは科挙試験の答案に記すべき特殊な文体のことをいいます。

幸いにしてわが国は、これまで特定の宗教や思想が一元的に支配したこともなく、道学や八股のようなものに振り回されたこともありませんでした。

これまで見てきたように、わが国は「八百万」の神々に護られた多神教の国です。日本人に影響を与えた外来宗教としては、仏教、儒教、道教、キリスト教などを挙げることができますが、いずれもこれらが絶対化することはなく、「宗論」などはありましたが、欧州中世にあったような異端審問や宗教裁判などの例はほとんど見られません。悪くいえば曖昧で不徹底かもしれませんが、この日本のような多元主義的な生き方は、今世界であらためてその価値が再認識されつつあります。

第二の特色は、遊戯性ということです。日本語は、その特色から同音異義語、類音異義語が生まれ易く、それらを前提とした地口、洒落、駄洒落などの笑いに溢れています。このことが数多くの言語遊戯の基礎にあり、文章が絶えず遊戯化する契機ともなっています。その頂点は、江戸中期の狂歌や戯作に遺憾なく発揮されています。

これを裏からいえば、諷刺性や論理性に弱点があるとも考えることができます。これを言語面でいえば、言霊信仰がどこかにあって徹底的な糾弾を諷刺の笑いで実行するには、多少の躊躇を感じざるを得ないということかもしれません。また日常的に言語遊戯の瞬間藝に馴染んでいる人にとっては、しばらく考えてみないとその面白さがわからない法律論争のような笑い（いわゆるユダヤ・ジョーク集などに多いものです）は、どうしても敬遠したくなるものです。

　また遊戯性ということでいえば、「手練手管」などの遊里文学の笑いも、虚を虚として楽しむ日本の笑いの一類型といってもよいでしょう。

　第三の特色は、あまりこなれた表現ではありませんが、共同性ということです。即ち、わが国では文化藝術活動においても集団で共同して制作し、その成果も集団で享受するというスタイルが多く見られ、笑いもその中で多く生まれているということです。その初期の姿は和歌の応酬、贈答から始まりますが、中世以降の連歌・俳諧は「座の文藝」といわれるように連衆による共同制作によるものですし、江戸中期の狂詩・狂歌の会や、怪談や笑いについての噺の会も、「百物語」に典型的に示されているように共同制作です。それらの主目的は、何か高尚な成果物を生み出そうというものではありません。同好の士が集い、それぞれにアイデアや思いを披露し合って、場面の展開（連歌・俳諧の場合）や奇想・パロディ（噺の会の場合）を一緒に楽しもうということが目的です。

　ただ自分の、あるいは同人の共同成果物を世に問いたいという思いは、誰もが持っています。そこで中にはプロデューサーあるいはオーガナイザーのような者が生まれ、誰を集め、どのような風味の成果物を生み出すか、どのような形で世に問うかなどを企画することになります。それが連歌師であり狂歌師で、ものによっては彼ら主宰者の個性が滲み出た作品が生まれていることを付言しておかねばならないでしょう。

　この共同性という点は、西欧では藝術文化活動が基本的には個人を前提として制作、鑑賞、評価されてきたこととと著しい対照をなす点です。

　第四に、これもこなれた表現ではありませんが連続性も日本の笑いの一つの特色です。

　連続性とは、第一に前章で自然と人間、動物と人間を連続的・一体的なものとして捉える考え方と定義しています。かつては、則ち後進国日本として西欧諸国の物差しでものの優劣を決めていた時代は、これらは未開なもの遅れたものとして否定的な自己評価をしていました。しかし、その行き着く先が地球環境の破壊であり、生物多様性の否定であることが明らかとなった今日こそ、自然と人間、動物と人間との連続性を持った日本の笑いの文藝や絵画の価値を、われわれ自身がもっと見直すべきでしょう。

連続性の第二の使い方として、笑いの藝の連続性を上げてみたいと思います。笑いも一部の領域においては、家の藝として保持され継承されているからです。例えば狂言では、大蔵流と和泉流という二大流派があり、またその流れの中に例えば大蔵流では、茂山千五郎家、茂山忠三郎家、山本東次郎家という三つの分流があります。これらの流派では各々家の藝と称される独特の様式や技が代々伝えられており、それを習得するために四、五歳の時から厳しい稽古や口伝の伝授が行われているとされます。狂言に限りませんが、このようないわば家元制は、藝の固定化、マンネリ化につながるという批判も見られますが、藝能文化活動の習得・成熟には長い年月を要することから、藝の保持、継承そして品質の高度化には、このような仕組みも一定の役割を果たしていると考えています。なお、同じ伝統藝能でも落語の場合、世襲は比較的少ないようですが、一部の名跡は弟子に代々継がせるといった慣行があります。思うに落語の方が、演者による演技の幅がより広くなっているためでしょう。

最後に国民性のようなものとして、他者志向性と実学志向性を挙げておきましょう。

よく日本人の笑いについて「沈黙の微笑」とか、「日本人は国際会議で三度笑う（最初は沈黙の微笑、二度目はなぜみんなが笑っているのかわからずに笑う付き合い笑い、三度目は誰かからなぜおかしいのか教えてもらって笑う笑い）」とかいわれますが、これらは、他者に不快に思われないように忖度して笑っているのであって、欺瞞的なものだとする批判は当たりません。そもそも笑いというのは一人で楽しむものではなく、集団の中での笑いこそがその本来の姿でしょう。日本人の他者志向性は、笑いに適合的な国民性であるといえるかもしれません。

次に実学志向性についてですが、わが国においてはこれだけ多様な笑いの歴史があるにもかかわらず、笑いを哲学的に考察したものはほとんどありません。僅かに平賀源内にその端緒のようなものはありますが、本格的に笑いを哲学したものとしては、梅原猛『笑の構造』（角川書店、一九七二）が挙げられるくらいでしょう。これは例えば遊里の「諸分」について、あれだけ実践的（実学志向的）な方法論が書き残されていることと著しい対照をなします。十六世紀に渡来した宣教師の報告書に、日本人はわれわれが持ち来たった器物には異様な関心を示すが、それを動かす原理には関心が乏しいということが書かれていますが、この実学志向性は長い武家政権の時代に醸成されたものではないかと筆者は考えています。

以上、日本の笑いの特色として、多様性、遊戯性、共同性、連続性、他者志向性、実学志向性などをその背景も論じつつ挙げてみました。そこで、これから何を学び何に生かしていくのかになる訳ですが、そもそも笑いは笑い自体として価値があり、何らかの効果・効用を求めて笑うものではありません。従ってそんなことを論《あげつら》うこと自体野暮の極みなのですが、以下この点につきいくつか論点を整理しておきましょう。

第一は心身の健康効果です。

昔の文章ではよく「頤《おとがい》（アゴ）が外れる」という表現が出てきます。弥次さんも「はずれしあごのかけがね」と詠んでいます。しかし、笑いは口の回りの筋肉だけでなく、横隔膜や腹回りの筋肉なども使った全身運動です。それによって血行が良くなり、自律神経のバランスが改善し、ストレスの軽減や免疫機能がアップし、さらにはアンチエイジングにつながります。このようなメカニズムは近年科学的にも解明されつつあり、それらの知見を活用して医療機関や老人ホームでも笑いを活用した種々な予防、治療、体質改善の取組みが行われています。

第二は組織の健康効果です。

人間の体と同様に組織、政府や会社、慈善や宗教などの諸団体、NPO法人なども、心身同様健康でなければ、本来の役割を果たせません。筆者が存じ上げているある会社では、会議中に参加者が必ず一回は笑いを取ることをルールにしています。そういう会社ですから好業績を続けています。

何故かを考えてみますと、共に笑うことで一体感を高めていることは勿論ですが、笑いには時にリアリティを気づかせる機能があるからです。企業経営で考えてみると、そのリスクは様々にありますが、無謀な投資計画、楽観的な収支見積り、顧客ニーズの読み違い等々、冷静に考えれば起こり得ない間違いを組織は侵してしまうものです。社長直々のプロジェクトだと忖度するとか、競争相手にこれだけは負けられないと背伸びするとか、リアリティを無視した事業が成功することはありません。当事者は別として、周囲の人はそのリスクに薄々気づいていても、余程のことでない限り、それを口にすることはしません。こんな時は笑いの出番です。

また、トップが企業不祥事につながりかねないようなおかしな事（ここの「おかしし」は不正という意味です）に手を染めているような場合、当然諫《いさ》めなければなりませんが、真っ正面から否定する（「正諫《せいかん》」）のではなく、何かに譬えて笑いを込めてやんわりと悟らせること（「諷諫」）が最も有効です。

第三は社交効果です。人と人とが出会い、目を交わし口許に笑みを湛えていれば、相互に敵意を抱いていないというサインで、社交の第一段階です。そして話が弾んで会話の中に笑いが挟まれると、双方の距離は一挙に縮まります。笑いが両者の共通基盤を露呈させ、そこに共感が生まれてくるからです。これが社交の第二段階です。そして双方の出会いが新しい人間関係やビジネスの展開につながっていきます。これが社交の第三段階です。

実はこの社交と笑いは、いわゆる知の触発に必須のものと考えています。前者はその場ですし、後者はその触媒となります。

第四は触発効果です。

社交の場は、お酒を飲んで四方山話をするだけではありません。知と知がぶつかり合う真剣勝負の場でもあります。そこでは人と人との間に火花が散る中で、新しいアイデアやコンセプトが生まれ、新しいビジネスの種になったり、社会の問題解決の糸口になったりします。これがケミストリー（Chemistry）と呼ばれる現象です。それは化学反応ですからAとBが反応して全く違うCになってしまうのです。それは怖いことです。これまでの自分を全部もしくは一部捨てなければならないからです。特に権威や立場のある人々には身を切られるようなつらさがあります。そういう人の頭の中を変えるのに有効なのが笑いなのです。笑いは、脳にこびりついた既成概念を砕き、拭い去ってくれるからです。

この社交と笑いの触発効果で筆者が注目しているのが、室町中期と江戸中期です。これまで本書で見てきたように、前者では日本の伝統文化の主流にある茶の湯や能・狂言が生まれ、後者では日本の笑いの頂点を極めたともいうべき戯作、狂歌、川柳、落語が大成しました。いずれにおいてもその場としての社交と触媒としての笑いが息づいています。さらに加えるならばそれを促進した思想として、前者においては禅が、後者においては古文辞の思想が挙げられます。

振り返って今日の日本はどうでしょうか。筆者は、バブル経済崩壊後の日本経済や社会の凋落の一因に、この社交の場が衰え、笑う機会が減少し、結果ケミストリーも生まれなくなったことがあるのではないかと考えています。それはわれわれ自身がそうしてしまったのです。その認識に立って最後に、今我々が何をすべきかについての筆者の考えを述べます。

第一に、日本語を大切にすることです。最近カタカナ語やアルファベット三文字の略称が、口頭でも文章でも矢鱈《やたら》と増えました。このような言葉に依存するのは、いわば思考停止です。またこのようにして使われる言葉には言霊効果がありませんから、いくら使っていてもそこから新しいものが生まれてくることはありません。何故ならば、言霊は言葉と言葉が響き合って生まれるものですから、ネイティブでなければその恩恵を受けることが出来ないからです。

日本語を大切にすると、われわれの父祖と仲良くなり、彼らの智恵を享受することができます。そして今やそれは一部異文化にもなっていますから、一定の触発効果も期待できるのです。その早道は、狂言や落語に親しむことです。それで健康効果と触発効果を一挙両得にすることが出来ます。

もう一つは、これまでわれわれが保ってきたいわば多元主義の世界観を護持し、まかり間違っても原理主義的な思想に毒されないことを挙げておきたいと思います。既述したように十八世紀の豊饒の海は、荻生徂徠などが山崎闇斎などの原理主義を批判したところから生まれています。原理主義は一貫した論理の体系ですから、その硬直ぶり、唯我独尊ぶりは笑いの対象とはなりますが、そこから笑いが生まれることはありません。笑いが生まれないと、ますますリアリティから離れていってしまいます。その危険をよく認識すべきでしょう。

そして北斎も帰依した「笑門来福」の教えに従っていくことです。平賀源内は「笑ふ門に来るてふ、福の神はいづちいにけん」(第二十二章)としていますが、少なくとも社会全体で考えれば、笑いの総量が増えるほどその効果も高まりますから源内が間違っていることは明らかです。

あとがき

「九牛の一毛」という言葉がありますが、日本人には笑いに関して厖大な蓄積があり、筆者が本書で引用した笑話を始めとする笑いに関する文藝・絵画は、そのほんの一部にしか過ぎません。ところが、これだけ豊富な知的遺産がありながら、多くは今日の日本人には見向きもされていないのが現実です。

笑いはすぐれて文化的な行為です。その国の文化や伝統、価値観や人々の意識を前提として営まれ、共感され、愛好されて続いていくものです。従って、そのような文化的蓄積を大切にしないということは、笑いの幅が狭まり、種が小さくなっていくことに外なりません。

それが小さくなると、いろいろな分野で様々な影響が出てきます。笑いは一種の潤滑油ですから、これが切れてくると社会はギスギスし、企業では手続や説明責任のようなことばかりが重視され、家庭は氷のように冷え切っていきます。また、笑いには一種の触発力がありますから、これが少なくなると、社会は沈滞し、企業は進取の気象を失い、家庭から子どもは生まれなくなってしまいます。

それでいい筈はありません。

では何故これらの膨大な蓄積が見向きもされなくなったのでしょうか。

筆者は長年にわたり、和漢の古典の知恵をいかに現代に活かすかということを考えてきましたが、そのような観点からいえることは、日本の「近代」というものが自らそれらを振り捨ててきたのではないかということです。

日本の「近代」は、帝国主義列強の脅威の前に、いかに民族の独立を保っていくかという苛酷な環境の下で始まっています。従ってそのスローガンは、「文明開化・富国強兵・殖産興業・脱亜入欧」などでした。「追い付き追い越す」ために、日本人は肩をいからせ、眼を血走らせて、突進せざるをえなかったのです。そのような時代では、すぐには役に立たないもの、精神を弛緩させるもの、時代遅れのもの（第二十八章で紹介した京伝の黄表紙などがその典型です）は、見向きもされず、笑いの蓄積の多くが弊履のごとく棄てさられていったのです。

「近代」にようやく追い付いたと思ったら、その「近代」が作り上げてきた世界秩序が動揺し、それが主導してきた価値観の転換を迫られているのが今日の世界です。多元的秩序への復古と地球環境問題の深刻化などです。筆者は前著『反「近代」の思想――荻生徂徠と現代』の中で、そのことを考え、これからのわれわれの生き方に徂徠の思想が数多くの示唆を持つのではないかと考えてきました。

徂徠は、「相親相愛相生相成相輔相養相匡相救」が人間の生きる基本であるとしています。「お互いに親しく愛し合い……匡《ただ》し合い救《たす》け合う」ことです。筆者はここに「相笑」をつけ加えたいと考えています。このような考えは、いわゆる地政学とか近代経済学に染まった頭からは笑うべき謬見と一蹴されるでしょうが、それらこそが、絶えざる戦争を生み、地球を破壊してきたのではないでしょうか。今こそ人間の生きる基本とは何かを考える必要があります。そして笑いは人間存在そのものに根差していますから、考えるに当たって最適な素材なのです。

そのような観点から、本書では、日本人がこれまで作り上げてきた、笑いの蓄積を「一毛」にしか過ぎませんが辿ってみました。読者はそこに、驚くべき多様性に富んだ、そして奥深い日本人の笑いを見出すものと思います。そして自分の中に今まで眠っていた笑いの記憶が呼び醒まされるような思いを抱かれることでしょう。何故かといえば、「笑いはすぐれて文化的行為」ですから、これらに親しむことによって日本人の持つ世界観、価値観、人間観などが刺激されるからなのです。

その意味で、本書は日本の経済社会のあり方と笑いとの関連について関心を持つ多くの人々、とりわけ日本経済再興の担い手たるべき企業経営に携わる人に読んでほしいと思って書きました。企業が本来持つべき進取の精神の回復なしに日本の経済社会の復活はないと考えるからです。

令和五年五月

著者

装丁・本文組　山田信也［ヤマダデザイン室］

船橋晴雄（ふなばし・はるお）

1946年生まれ。中央省庁で勤務の後、シリウス・インスティテュートを設立し、一貫して和漢の古典を繙き、現在に活用する活動を展開している。著書に、『日本経済の故郷を歩く』『新日本永代蔵――企業永続の法則』『中国経済の故郷を歩く』など。

笑《わら》いの日本史《にほんし》

2023年6月25日　初版発行

著者……………………船橋晴雄

発行者…………………安部順一

発行所…………………中央公論新社

〒100-8152　東京都千代田区大手町1-7-1
電話　販売　03-5299-1730
　　　編集　03-5299-1740
URL　https://www.chuko.co.jp/

印刷……………………図書印刷

製本……………………大口製本印刷

Published by CHUOKORON-SHINSHA, INC.
Printed in Japan　ISBN978-4-12-005666-6　C0095

定価はカバーに表示してあります。
落丁本・乱丁本はお手数ですが小社販売部宛お送りください。
送料小社負担にてお取り替えいたします。

純和風経営論

カタカナ言葉を極力避けて、経済・経営を語ってみよう。和語を用いることで、日本的経営の本当の強みや良さが見えてくる。いにしえの経営者・経済人の今日にも通じる創意・工夫を知る。二〇一五年刊

平安人物志

若冲・応挙・蕭白らを生んだ時代とその精神

一八世紀後半の京都は、ルネッサンス時代のフィレンツェのように、多くの天才が現れた。若冲、蕪村、大雅、蕭白、応挙、蘆雪。彼らの略伝、交友関係を辿りながら、天才を生んだ時代の深層に迫る。二〇一六年刊

藝術経営のすゝめ

強い会社を作る藝術の力

藝術を、「すばらしい感動を共有する営み」と捉えると、それは企業経営に大きな示唆を与えるものとなる。企業の活動に藝術を生かす術とその効用を、先人たちの知恵に学ぶ。二〇一八年刊

反「近代」の思想

荻生徂徠と現代

人々が追求してきた「近代」の価値が揺らいでいる。荻生徂徠の思想は、「開化」「近代化」に抗しうる最も強力なものだろう。その思想を漱石、孫子、武蔵、ドン・キホーテらと対話させながら語る。二〇二〇年刊